A cura di **Simonetta Vernocchi e Sergio Novelli**
Immagine di copertina di **Vanessa Fantinati**
Con il patrocinio dell'Istituto Europeo di Scienze Forensi e Biomediche - eFBI
I Edizione Aprile 2018
Copyright Istituto Europeo di Scienze Forensi e Biomediche - eFBI
www.fbi-bau.eu.
Via Pier Capponi, 83, 21013 Gallarate (VA)
Tel. +39 346.631.1059   +39 (0) 331 142.05.42   Fax +39 (0) 331 142.05.39

L'uomo che se ne va

Migranti, una realtà antichissima ma ancora attuale

Curatori:

Sergio Novelli
Simonetta Vernocchi

Con la collaborazione di:

Elisabetta Aldrovandi
Adolfo Antonio Bonforte
Daniele Cesaretti
Luana Cunsolo
Barbara Di Giovanni
Angelo Garanzini
Massimo Gelardi
Federica Monte
Elena Spini

Con il patrocinio dell'Istituto Europeo di Scienze Forensi e Biomediche

Indice

Introduzione

Con il termine "immigrazione" si definisce ogni movimento migratorio internazionale, individuale o di massa, originato da motivi economici, di studio, lavoro e familiari o dall'intento di sfuggire da situazioni di persecuzione, conflitti, catastrofi naturali, eventi rivoluzionari.

Gli immigrati sono persone "in movimento" tra due mondi, sospesi e divisi tra abitudini di vita e culturali a loro proprie e un ambiente, almeno in parte, sconosciuto e sono di solito mossi dalla ricerca di condizioni di vita migliori. Spesso i paesi di provenienza sono poveri oppure in questi paesi non vengono rispettati i diritti civili.

Il mondo intero è affidato in custodia all'intera umanità e non abbiamo alternativa se non coltivare insieme questo immenso tesoro. Siamo tutti ospiti sulla Terra e il modo in cui viaggiamo e siamo ospiti, il modo in cui andiamo incontro ad altri migranti mostra quale sia il nostro atteggiamento nei confronti della nostra misteriosa origine e destinazione.

Questa non vuole essere un'opera organica, sono punti di vista e testimonianze differenti, di chi nel concreto vive l'accoglienza ed opera nel cercare di favorire l'integrazione di queste persone.

Analizzeremo l'aspetto legislativo, quello personale e psicologico.

Cercheremo di portare alcune esperienze dirette raccontate da chi le ha vissute.

Definizioni

Immigrato o emigrato o immigrante o emigrante o migrante
persona che abbandona volontariamente il proprio territorio (Paese) d'origine per dirigersi verso un territorio straniero. Un emigrante emigra da, si sposta da, esce dalla sua terra. La stessa persona quando esce da un paese ed entra in un altro risulta per quest'ultimo un immigrato uno che entra in un paese che non è il suo. Il termine migrante è più generico, indica solo una persona che si muove, migra, si sposta, non specifica la direzione del movimento della persona.
Un migrante non è un perseguitato nel proprio Paese e può far ritorno quando vuole in condizioni di sicurezza nella sua casa.
Un immigrato è stato a sua volta un emigrante, e spesso viene considerato "espatriato" per l'amministrazione del paese.

Straniero
persona che non possiede la nazionalità del paese in cui risiede.
Un immigrato nato all'estero non è automaticamente uno straniero e uno straniero non è automaticamente un immigrato.

Immigrati di seconda o terza generazione
persone che non sono affatto immigrate (in quanto nate nel nuovo paese) spesso nemmeno più straniere in quanto naturalizzate per nascita, decreto o acquisizione di nazionalità.
L'uso di tale terminologia ci dà informazioni aggiuntive su persone che sono giuridicamente compatrioti.

Richiedente/aspirante asilo
persona che abbandona il proprio territorio d'origine per condizioni belliche o scompiglio socio-politico o catastrofi naturali o carestie che generano esodi di intere popolazioni e chiede il riconoscimento dello status di rifugiato o altre forme di protezione internazionale. Ha un diritto di soggiorno regolare nel paese.
Prima di ottenere il riconoscimento di profugo il soggetto è necessariamente un richiedente asilo; solo pochi di questi soggetti verranno riconosciuti come profughi.

Il profugo

è un termine generico che indica colui che lascia il proprio paese a causa di guerre, rivolte o catastrofi naturali, a questa persona viene riconosciuto lo status di rifugiato.

Emigrante irregolare/emigrante illegale

con la prima definizione ci si riferisce al richiedente asilo qualora non venga riconosciuto come profugo ed essendo respinto dovrebbe rientrare nel paese d'origine; i minori non accompagnati sono da considerarsi emigranti in transito ma non automaticamente emigranti irregolari.

Si tratta di categorie spesso non definite o mutevoli per area geografica. Un emigrante irregolare è illegale ma non per questo clandestino nel senso che potrebbe essere entrato in modo legale ma non abbandonare il paese nei termini previsti

Immigrato clandestino o immigrato irregolare

la persona che entra nel paese ospitante in modo illegale, per esempio senza passaporto e senza visto, ha avuto accesso in un paese evitando i controlli di frontiera, oppure è entrato in un paese con un visto turistico ma alla scadenza di quest'ultimo è rimasto irregolarmente.

Un immigrato clandestino può comunque regolarizzare la propria posizione.

Immigrato regolare

la persona che entra nel paese ospitante in modo legale, per esempio con permesso di soggiorno rilasciato dall'autorità competente.

Apolide

è una persona che, avendo perduto la cittadinanza di origine e non avendone assunta alcun'altra, non è cittadino di alcuno stato.

Beneficiario di protezione umanitaria

non è un rifugiato poiché non è vittima di persecuzione individuale nel suo paese, ma necessita comunque di protezione o assistenza perché particolarmente vulnerabile sotto il profilo medico, psichico o sociale. Le norme europee definiscono questo tipo di protezione "sussidiaria."

Storie da un remoto, recente passato

A cura di Novelli Sergio

Decine di feriti e dieci immigrati morti, linciati da una folla di civili cittadini in un tranquillo paese di provincia: così potrebbe essere il riassunto in cronaca, la cronaca di un massacro.

Il clima è teso da tempo, come anche nel resto nel paese: si sta vivendo la psicosi dell'invasione.

La stampa di destra e xenofoba ripete strenuamente che la manodopera degli immigrati *toglie il lavoro agli onesti cittadini*, questi stranieri sono sporchi, straccioni e dediti ad attività illegali come il furto o peggio.

L'integrazione e la tolleranza sono decisamente lontane, gli stranieri vengono preferiti ai locali perché più disperati e disponibili a lavorare per una paga inferiore. La notte vivono in decine dentro baracche malsane e fatiscenti, spesso pagandone l'affitto in nero.

È successo un grave scontro tra residenti e immigrati: nel paese è girata la voce, poi risultata mendace, che fosse morto un abitante locale per mano di un immigrato, ma grazie all'intervento della polizia è stata riportata la calma. Calma tuttavia momentanea, in città il passaparola è iniziato, c'è la convinzione che gli immigrati abbiano ucciso diversi residenti.

L'eccitazione non è più controllabile: c'è il desiderio di impartire una lezione ai maledetti stranieri. Circa cinquecento cittadini, muniti di randelli, cominciano la caccia allo straniero.

Gli stranieri cercano rifugio dove possibile, persino nella questura e nelle carceri cittadine. Si contraddistinguono dei *giusti*, che salvano molti degli assaliti da morte certa. Come il parroco che accoglie gli immigrati nella sua abitazione privata o la signora proprietaria di una panetteria, che fa barricare gli assaliti nel suo negozio e con loro resiste per ore eroicamente all'assedio e ai tentativi d'incendio.

La situazione è ormai degenerata. I rivoltosi si dirigono dove maggiore è la concentrazione degli immigrati. Il capitano della polizia si impegna pubblicamente ad espellere gli stranieri. L'obiettivo è quello di scortarli fino alla stazione locale e mandarli via con il primo treno per salvare loro la vita. Ma la scorta delle forze armate non fu sufficiente: il massacro ebbe inizio.

Un sopravvissuto racconta: «Tutta questa gente si è avventata contro di noi e ci gettava pietre. Ho anche sentito parecchie fucilate (...) la folla ci ha travolto. Siamo fuggiti da ogni lato; ci inseguivano come fossimo un gregge di pecore; io sono stato buttato nel canale con alcuni compagni. I locali si erano piazzati dall' altro lato del canale, tra le vigne, e quando tentavamo di uscire, le pietre ci cadevano in testa come neve».

I ragazzi, aizzati dagli adulti, erano persino più crudeli nel tirare le pietre, per loro era un gioco...

È una assolata giornata di agosto, un natante attraversa il mare. Sopra, tra gli altri, ci sono 1.200 migrati ammassati come dei sacchi di carbone delle stive e nei locali confinanti.

Ci sono donne, bambini, vecchi e uomini che fuggono dalla fame con il miraggio di trovare una vita migliore in una nuova terra. Improvvisamente, una manovra azzardata, e gli scogli fracassano lo scafo: in pochi minuti ogni locale viene coperto dall' acqua. Molti passeggeri non hanno il tempo di risalire in coperta.

I passeggeri avrebbero forse potuto salvarsi tutti, ma l'evacuazione è talmente caotica da dar origine ad un bilancio apocalittico: 292 morti. Si pensa in realtà che le vittime possano essere molte di più, nessuno si è preoccupato di censire i migranti imbarcati, sicuramente le altre merci saranno state quantificate molto più accuratamente...

Nei due precedenti racconti mancano evidentemente date, nomi e luoghi, non è ovviamente una svista ma un atto deliberato. Vediamo ora di aggiungere i dettagli mancanti.

Il massacro di migrati è preso da *La Repubblica* del 16/08/2016 e si riferisce ad un fatto datato 16/17 Agosto 1893, dunque ben più di un centinaio di anni fa, ma tuttavia imbarazzantemente attuale.

I migranti erano lavoratori stagionali italiani, quasi tutti piemontesi e toscani, impiegati come manodopera a basso costo nelle saline di Aigues-Mortes, un paese vicino a Marsiglia in Francia. Gli assassini non vennero mai trovati, per la verità non vennero mai nemmeno cercati, i morti non erano granché rilevanti, non erano cittadini, rubavano il lavoro per due soldi e spesso vivevano come bestie, erano poco più che bestie.

Il naufragio racconta invece la vicenda della nave *Sirio*, in viaggio dal porto di Genova al Sudamerica, al Brasile per essere più precisi.

Avvenne il 4 agosto 1906, una grande nave con cabine di 1^ e 2^ classe e una parte inferiore con grandi camerate dove 1.200 italiani erano pigiati come sardine: avevano venduto tutto per acquistare il biglietto di sola andata. Avevano davanti il miraggio della *Merica* dove altri compaesani avevano potuto lavorare e vivere in modo dignitoso. Provenivano da tutta Italia dal Veneto alla Sicilia.

Allora i migranti eravamo proprio noi, figli di braccianti in cerca di fortuna, con vestiti sgualciti e le tasche piene di sola speranza, speranza estinta da una tragedia che occupò per settimane le prime pagine dei giornali. La compagnia di navigazione lasciò i pochi sopravvissuti praticamente senza indennizzo.

La nave probabilmente si incagliò sugli scogli. Chi aveva le cabine di 1^ e 2^ classe vicino alle scialuppe di salvataggio si salvò, una buona parte della 3^ classe non riuscì invece ad uscire dalle stive e morirono così. Ufficialmente 292 morti, quasi tutti italiani.

E da Genova
In Sirio partivano
Per l'America varcare
Varcare i confin
Ed a bordo
Cantar si sentivano
Tutti allegri
Del suo destin
Urtò il Sirio
Un orribile scoglio
Di tanta gente
La misera fin
Padri e madri
Bracciava i suoi figli
Che si sparivano
Tra le onde del mar

Così Francesco De Gregori e Giovanna Marini raccolsero e cantarono questa canzone popolare: *Il tragico naufragio della nave Sirio.*

Su temi analoghi, può essere nominato il film *Sacco e Vanzetti* di Giuliano Montaldo: nel 1927, in USA, vennero uccisi sulla sedia elettrica gli italiani Nicola Sacco e Bartolomeo Vanzetti, un pugliese e un piemontese, colpevoli solamente di professare le loro idee non gradite ai conservatori americani, e soprattutto di essere immigrati italiani. Il fatto che fossero innocenti fu ritenuto un dettaglio non importante dall'opinione pubblica. Non fu nemmeno celebrato un nuovo processo dopo la confessione del vero colpevole. Si volevano giustiziare le ideologie, non le persone, come monito a tutta la loro razza.

Più di cento anni fa venne perpetrato verso italiani un massacro deliberato e pianificato, consciamente o inconsciamente, da coloro che facevano del *ci rubano il pane* e del *ci rubano il lavoro* forti slogan propagandistici.

Più di cento anni fa un naufragio nell' Oceano Atlantico, con tantissime vittime italiane, non può non farci ricordare le numerose vittime del Mediterraneo.

Il togliere qualsiasi riferimento di cronaca permette di leggere l'avvenimento immaginando protagonisti diversi. Il nostro punto di vista varia: il racconto da *etico* è diventato *emico*, per utilizzare espressioni di Harris.

Lo scopo di questi racconti è mostrare come le nostre emozioni, le nostre idee e i nostri preconcetti possono modificarsi profondamente semplicemente cambiando gli attori del medesimo fatto di cronaca. Tutto questo dovrebbe spingerci a riflettere e a non accettare ciecamente le verità che ci vengono veicolate, ma a vagliarle con la nostra ragione e la nostra coscienza.

Sia lode al dubbio! (Bertolt Brecht)

Leggete la storia e guardate
in fuga furiosa invincibili eserciti.
In ogni luogo
fortezze indistruttibili rovinano e

anche se innumerabile era l'armata salpando,
le navi che tornarono
le si poté contare.
Fu così un giorno un uomo sulla inaccessibile vetta
e giunse una nave alla fine
dell'infinito mare.
Oh bello lo scuoter del capo
su verità incontestabili!
Oh il coraggioso medico che cura
l'ammalato senza speranza!

Si ringrazia il prof. Gianni Zanirato per la gentile condivisione della sua proprietà intellettuale e per le innumerevoli chiacchierate e racconti di vita vissuta.

I fenomeni migratori

Daniele Cesaretti, a cura di Sergio Novelli

Il costante aumento della popolazione mondiale, la distribuzione degli abitanti tutt'altro che uniforme e l'accesso alle risorse primarie profondamente iniquo, causano da sempre fenomeni migratori che caratterizzano la storia dell'uomo fin dall'antichità. Al giorno d'oggi è molto improbabile che si spostino interi popoli se non come conseguenza di lunghe guerre o disastri naturali, tuttavia i fenomeni migratori individuali stanno acquistando sempre più rilevanza sia economica sia mediatica.

Le ragioni economiche sono alla base delle migrazioni

Questo fenomeno è dovuto essenzialmente ai grandi squilibri demografici ed economici esistenti tra i luoghi di provenienza e quelli di destinazione.

Le persone infatti tendono a spostarsi dai Paesi meno sviluppati e più poveri verso i Paesi economicamente più sviluppati e più ricchi, con l'obiettivo di migliorare le loro condizioni di vita.

La povertà non è però l'unica causa dei moderni movimenti migratori: si spostano oggi anche lavoratori qualificati, tecnici e scienziati, soprattutto dall' Europa e dall' Asia verso gli Stati Uniti.

Vantaggi economici e sociali

Le correnti migratorie, temporanee o definitive, hanno ricadute consistenti sui paesi interessati, contribuendo attivamente al loro sviluppo economico; gli immigrati soddisfano infatti le richieste anche più umili del mercato del lavoro, accettando spesso mansioni decisamente inferiori alla loro qualifica: braccianti agricoli stagionali, facchini, addetti alle pulizie, badanti. Inoltre contribuiscono in parte anche al miglioramento del Paese di origine attraverso le "rimesse", cioè le somme di denaro inviate dagli emigrati alle famiglie rimaste a casa. Dal punto di vista demografico, l'arrivo di persone giovani e prolifiche incide positivamente sulla composizione della popolazione dei Paesi di arrivo, di cui tende a far salire la natalità. A livello sociale, l'emigrazione determina un contatto quotidiano tra individui e gruppi appartenenti a culture nuove, mettendoli nella condizione di conoscere idee, costumi e modi di pensare diversi.

Le difficoltà di integrazione
All'integrazione si oppongono però numerose difficoltà pregiudizi, diffidenze e paure, ma anche comportamenti non sempre onesti che non favoriscono convivenza e fiducia reciproche. Solo buone politiche di accoglienza e regolazione del flusso migratorio possono aiutare a gestirlo, incanalarlo e trasformarlo in una reale fonte di ricchezza, progresso e benessere per tutti. Per questo motivo, tutti i governi dei Paesi meta di immigrazione stanno cercando di mettere in atto politiche comuni per gestire l'immigrazione, con provvedimenti di vario tipo, alcuni più restrittivi altri più liberali.
Quelli restrittivi più diffusi sono la previsione di quote di ingresso annue, la possibilità di trattenere gli immigrati in "campi di permanenza" e di espellerli in caso di reato, fino alla definizione della stessa clandestinità come reato.

Il dramma dei profughi
Una tipologia di migrante che dovrebbe essere particolarmente tutelata è costituita dai profughi, siano essi sfollati all' interno del loro Paese o rifugiati in un Paese vicino; per profughi si intendono persone, a volte popolazioni intere, che temono con ragione di essere perseguitate per motivi di razza, religione, nazionalità, appartenenza a gruppi politici (art. 1 della Convenzione ONU del 1951 sui rifugiati).
I profughi si trovano soprattutto nelle numerose aree di crisi del mondo: Ruanda, Congo e Sierra Leone in Africa; Bosnia, Kosovo e regione caucasica in Europa; Afghanistan, Iraq e Pakistan in Asia. Vi sono inoltre popoli che vivono ormai perennemente in condizione di rifugiati, come palestinesi e curdi, questi ultimi perseguitati in Turchia e Iran.

Le Migrazioni In Europa

Le migrazioni hanno sempre caratterizzato la storia della specie umana. Le comunità di *homo sapiens* hanno colonizzato a poco a poco i vari continenti partendo dall' Africa, la nostra terra d'origine.

L'Europa ha caratteristiche ambientali favorevoli, perciò è stata sempre meta di spostamenti di popoli che, in genere, provenivano dall'Asia. Numerosi flussi si sono registrati anche da una regione all'altra del continente europeo. Nella seconda metà del Novecento ci sono stati numerosi flussi migratori all'interno del continente europeo. Dapprima gli spostamenti hanno riguardato numerose persone dell'Europa meridionale, compresa l'Italia, verso l'Europa centrale, poi ampi movimenti si sono registrati dall'Europa orientale verso quella occidentale.

Negli ultimi venti anni sono avvenute crescenti immigrazioni nei Paesi europei da altri continenti, in particolare Africa, Asia, America centro-meridionale.

I motivi che spingono i migranti verso l'Europa sono tre:

- La ricerca di lavoro e di migliori condizioni di vita, sfuggendo alle difficili condizioni economiche dei Paesi d'origine;
- La necessità di salvarsi, sfuggendo a guerre, persecuzioni politiche e religiose;
- Il bisogno di sfuggire a disastri ambientali che hanno colpito i loro Paesi.

I migranti che sfuggono a conflitti, persecuzioni e disastri ambientali possono fare domanda di riconoscimento della condizione di profughi o rifugiati, previsto dagli Stati europei a quanti possono dimostrare che sono stati costretti ad abbandonare il paese d'origine e che rischierebbero la vita se vi ritornassero.

L'arrivo di migranti non è sempre accettato dalle popolazioni locali, che temono una vera e propria invasione e manifestano preoccupazioni per la presenza di abitudini e culture diverse dalle proprie. Questo atteggiamento può portare a posizioni razziste e fortemente discriminatorie.

Una fuga disperata che spesso si conclude con la morte
Le guerre sanguinose e la crescita della popolazione in alcune parti
dell'Africa e dell'Asia aumentano la fuga dai Paesi d'origine di
uomini, donne, spesso minori non accompagnati. Ogni giorno
vengono trasmesse dai media le drammatiche condizioni di viaggio
di queste persone che affrontano il Mediterraneo in barconi
stracolmi e malconci con l'intento di sbarcare in Europa. Il bilancio
delle vittime di queste fughe è sempre più alto.
Per raggiungere l'Europa il principale approdo è l'Italia; questa
situazione pone complessi problemi umanitari e di accoglienza. La
penisola italiana è in molti casi una terra di passaggio verso altri
Paesi.
Anche se il numero di emigranti che ogni anno arriva in Italia
rimane alto, il dato di popolazione straniera residente nel nostro
Paese è sostanzialmente stabile.

Prima accoglienza ai migranti

Luana Cunsolo

Arrivata la nave che portava i clandestini attendiamo l'ordine: dopo aver avuto il permesso di salire a bordo: eccoli tutti in fila...cominciamo a farli scendere...erano uomini, donne e bambini... una bambina forse di 4 anni, si nasconde alla vista della divisa, allora mi tolsi il giubbotto e aprendo le braccia mi sedetti accanto a lei. Dopo un po' mi prese un dito con la sua manina, e solo allora la feci scendere e la portai come di protocollo dal medico per il controllo. Venni a sapere che aveva subito dei maltrattamenti da uomini in divisa nei campi, prima della partenza.
Massimo Gelardi

Secondo i dati forniti dal ministero degli Interni che registra tutte le persone immigrate nel nostro Paese attraverso il "cruscotto statistico giornaliero" nel 2016 sono giunte sul nostro territorio 174.602 persone, mentre nel 2017, sono 119.310.

I migranti garrivano per lo più dal mare: i porti maggiormente interessati allo sbarco sono Augusta, Catania, Pozzallo, Lampedusa, Reggio Calabria, Trapani, Palermo, Vibo Valentia, Messina, Salerno, Crotone, Cagliari. Le nazioni di provenienza dei migranti dichiarate al momento dello sbarco sono: Nigeria, Guinea, Costa D'Avorio, Bangladesh, Mali, Eritrea.

I Minori non accompagnati sono rispettivamente nell'Anno 2014: 13.026, nel 2015: 12.360, nel 2016: 25.846 e nel 2017: 15731.

L'esperienza personale di questi anni come Infermiera Volontaria della Croce Rossa Italiana mi ha condotto a prestare assistenza agli sbarchi nel porto di Catania. È stata un'esperienza unica che mi ha portato a vivere tante le emozioni.

Sul molo del porto di Catania giungono, per lo più salvati dalle imbarcazioni militari, centinaia di persone: nel 2017 sono 15583.

Quello fornito da noi infermieri volontari è solo un piccolo servizio che permette di aiutare gli altri e che come ricompensa restituisce semplicemente amore.

All'inizio di questa "piccola-grande" esperienza fui colpita dai migranti, centinaia di persone che arrivavano al porto dopo molti giorni di navigazione. Quei loro gran begli occhi che spiccavano tra il colore della loro pelle che, attraverso la loro limpidezza trasmettevano a noi volontari forti emozioni: la tristezza, la paura e il dolore dovuto alla perdita della loro identità.

In un giorno particolarmente afoso del mese di luglio, ricordo in particolare due donne gravide che scesero per prime dal barcone, in relazione al loro evidente stato di gravidanza, sul molo affollato ed assolato.

I loro sguardi erano molto impauriti, in particolare una delle due era molto sofferente perché aveva avuto delle forti contrazioni forse dovute alla disidratazione, per l'alta temperatura della giornata e per il lungo viaggio sostenuto in condizioni terribili.

Le condizioni in cui queste persone sono costrette a viaggiare sono disumane: uomini, donne e bambini tutti ammassati, l'uno accanto all'altro, per vari notti e giorni senza neanche avere la possibilità di fare i propri bisogni, senza cibo e con poca acqua.

Purtroppo quel giorno per mancanza di volontari atti a svolgere il compito di "mediatori culturali" non si riusciva a comunicare efficacemente con i nuovi giunti. La figura del mediatore culturale è fondamentale perché grazie alla conoscenza delle varie lingue (arabo, francese, ecc..) permette di mettere in comunicazione il migrante con il personale d'accoglienza volontario. In questo modo possono essere esplicitate tutte le loro esigenze e nei limiti del possibile si tenta di metterli in contatto anche con la propria famiglia d'origine.

Il nostro medico volontario iniziò a fare l'ecografia alla prima delle due donne gravide, e la rassicurò subito con gesti che tutto andava bene, poi passò all'altra, ma per qualche motivo non chiaro, non riuscì a sentire il battito del bambino. Qualsiasi donna gravida, specie se in prossimità del termine, si allarma se ritiene il proprio bimbo in pericolo. Infatti la donna si agitò a tal punto che era impossibile calmarla a gesti, perché credette di aver perso il bambino, così il medico decise di farla trasportare urgentemente al pronto soccorso ostetrico più vicino al porto.

Purtroppo non essendo facile comunicare solo con gesti, più noi cercavamo di tranquillizzarla più la neomamma pensava all'aborto e l'agitazione si trasformò in una crisi di panico.

L'immagine che ho impressa di questa povera donna e che ancora oggi mi porto nel cuore è stata quella di vederla impaurita mentre i soccorritori la preparavano legandola alla barella per farla salire sull`ambulanza, credendo chissà cosa le sarebbe successo...sul suo viso le scese improvvisamente una lacrima... lacrima di disperazione e abbandono essendosi trovata catapultata in un altro paese senza aver alcun contatto con qualche amico o parente... completamente in un'altra realtà senza aver avuto modo di comunicare e non essere stati in grado di interagire con la donna che credeva di aver perso il proprio bambino. Da quel giorno compresi l`importanza della figura del mediatore culturale, non è solo rilevante agire mettendo in pratica la propria professionalità (lavoro infermieristico o medico) ma è di fondamentale valore la comunicazione, riuscire ad interagire con persone che hanno realtà completamente diverse dalle nostre per cercare di aiutarli in tutti gli aspetti (conoscenza della cultura, della lingua, delle religioni, delle tradizioni, dei costumi) nel migliore dei modi.

In fuga dalla violenza
Barbara Di Giovanni

Portala via! Te la regalo, io non voglio un frutto di una violenza.

Se con il termine **Integrarsi** si vuole indicare qualcosa o qualcuno da reinserire in un contesto socio-culturale moderno la Donna è l'icona per eccellenza.

La donna è innanzitutto una persona, non può essere vista solo in funzione della nuova vita che porta in grembo, certo un bimbo è un valore aggiunto che richiede rispetto. La donna non deve essere considerata un oggetto. Nei porti Siciliani dove continuano ad arrivare Migranti da ogni parte dell'Africa la situazione delle donne talvolta è drammatica.

Ho soccorso negli ultimi anni tantissimi migranti, ed ogni volta scoprire quanta sofferenza esiste ad un paio di miglia dalla nostra penisola fa capire che bisogna fare qualcosa.

Violenza sessuale violenza di gruppo
Vi racconto un episodio tra i più drammatici che mi sono capitati.

Arriva la nave al porto vengono segnalati dagli organi competenti i casi di violenza. Come infermiera della Croce Rossa salgo a bordo per il primo contatto. Trovo due donne con i segni evidenti di percosse. La prima con tumefazioni sul viso, frattura nella regione frontale e zigomo sinistro, altre contusioni meno gravi su tutto il corpo. Mi avvicino a lei, non parla piange.

Fatta scendere dalla nave dopo i controlli ci siamo un po' appartate per capire quello che era successo.

Un racconto degno di una trama da film horror. Con le lacrime iniziò a parlare con un filo di voce.

"Sono scappata dal mio paese di notte sotto i bombardamenti. Una mia amica mi disse *"sai con cinquemila euro possiamo raggiungere l'Italia, si sta bene lì"*. Presi con me qualche indumento e partì. La prima tappa fu in Libia dove ci hanno rinchiusi per quasi un mese dentro un capannone buio e umido. In qualunque angolo ti rigiravi trovavi escrementi… che solo alla vista non ho toccato cibo per quattro giorni. Ho visto molta gente morire….il mio obiettivo era la salvezza.

Finalmente è arrivato il giorno della partenza, una barca azzurra di media grandezza ci viene a prendere. Ero felice ma ignara di cosa sarebbe accaduto. Partimmo di notte, eravamo in molti, avevamo a disposizione per ciascuno di noi meno di due metri di spazio, gli arti inferiori bloccati ma con la speranza in cuore. Si unì a noi una terza persona, una ragazzina di soli 16 anni che veniva in Italia dove l'attendeva la sorella più grande.

Al secondo giorno di viaggio si avvicinano a noi dei ragazzi che avevano intenzioni diverse dalle nostre. In cinque minuti si scatenò l'inferno, presero con forza la ragazzina e la violentano in modo selvaggio. Gridavamo *"Aiuto"* a squarciagola ma nessuno venne in nostro aiuto. Abbiamo provato a difenderla ma la forza brutale di questi ragazzi era indomabile. *"Mi hanno preso a pugni e calci in testa, in faccia, ho perso i sensi, non ricordo più nulla"*…al momento del risveglio non trovai più la mia amica, ma solo la ragazzina in una pozza di sangue per le lacerazioni subite. Era stata stuprata e con un fil di voce mi disse *"mi stava aiutando ma l'hanno buttata in mare…..Perdonami"*.

Voleva solo morire in quel momento, ma finalmente vengono soccorsi da un pattugliatore che li ha portati a terra.

Una triste realtà che si ripete quotidianamente. Dopo le cure ha raggiunto un centro di accoglienza nel Nord d'Italia. Poi è stata ospite in una Casa Famiglia. Adesso aiuta le donne vittime di violenza a superare i momenti difficili.

Si dovrà lavorare tanto…. si può …e si deve

Si potrebbe parlare tanto, ma le parole a volte non bastano.

Il frutto della violenza

Un altro fatto terribile. Una violenza di gruppo subita in attesa del "Viaggio della speranza", la gravidanza in viaggio, la nascita di una bimba a poche miglia dal Porto, il frutto della violenza subita.

Una mattina di metà giugno sopraggiunge comunicazione di sbarco. Si attiva la catena dei soccorsi in quanto ci viene comunicato che a bordo vi sono due partorienti in travaglio.

All'arrivo della nave il comandante mi fa salire a bordo consegnandomi una scatola porta documenti con al suo interno avvolta in una metallina una bambina nata alle 3:00 del mattino.
Una *"Bambina bellissima, con un peso quasi 3kg senza alcuna patologia"*.
Si fa scendere anche la mamma una ragazza appena ventenne fatta imbarcare senza il marito e padre della bambina, perché non avevano soldi a sufficienza per pagare gli scafisti.
È ancora sporca di sangue, in attesa del trasferimento in ospedale si prestano le prime cure....Mi rivolgo a lei dicendo *"attaccala al seno ....fai sentire il tuo odore...lei ti riconosce....parla con lei"*...Tutto avviene in modo naturale e spontaneo.
Il comandante richiede nuovamente la mia presenza a bordo, mi consegna un'altra scatola con al suo interno un'altra bambina nata da meno di un'ora...bellissima, come la sua mamma, una ragazzina diciassettenne...
Mi presento a lei ma piange disperatamente...."*Guarda la tua bambina è bellissima.....lei mi spinge via ..rifiuta la bambina"*.
Capì subito che qualcosa di grave era successo. Fatta scendere dalla nave e controllata, la bambina sotto il profilo sanitario non aveva alcuna patologia, cercai nuovamente di approcciarmi a lei mostrandole la bambina....ma lei rifiuta nuovamente...*"Guarda la tua bambina ha bisogno di te allattala "* ma lei mi risposto *" Te la regalo io non voglio un frutto di una violenza di gruppo...portala con te altrimenti la butti in mare."*
A queste parole rimasi senza parole, ma non mi sono arresa, gli avvicinai la bambina, la poggiai sul suo seno e con le sue piccole labbra iniziò a succhiare....L'emozione era incontrollabile....Ancora una volta la natura vince sulla violenza.
Chiamò la sua bambina *"sunny day"* giorno di sole.
Si raccontano solo due episodi, tra i molteplici.
La violenza sulle donne, l'incapacità a ribellarsi alle violenze, la ribellione che conduce alla morte o a segni indelebili, nelle società moderne, emancipate, civili non dovrebbe più accadere.
Il reinserimento nei contesti socio-culturali fa sì che la donna non rimanga solo una vittima, ma chieda ed ottenga rispetto. Possa a sua volta essere d'aiuto ad altri.

La fuga

Angelo Garanzini

Ogni essere umano ha diritto a vivere in modo dignitoso.
Massimo Gelardi

Una sera come tante, ero in servizio presso un centro di accoglienza profughi dove circa 100 uomini, hanno trovato rifugio, ed attendono…non sappiamo e non sanno cosa attendono, un lavoro, un permesso di soggiorno, un amico…questa sera era dedicata alla socializzazione pertanto mi sono avvicinato a un uomo seduto in un angolo del salone.

A differenza di altri era sempre solo, con sguardo perso e assente non sorrideva e non parlava mai con nessuno, avvicinandomi, con uno sguardo ho raccolto lacrime che fluivano in un racconto strozzato a tratti disperato di un ragazzo anagraficamente, visivamente di un uomo.

Questo volto era consunto, eroso dal tempo, una fronte ampia corrugata, due occhi scuri e profondi contornati da solchi che si estendevano come radici sino alle guance infossate su un viso non databile, mani ruvide, spesse, nodose, con braccia minute ma forti, ampie cicatrici sulla schiena bruna, profonde come campi arati, polsi e caviglie con segni inequivocabili, catene….

L'amico che traduceva comprendeva solo in parte il suo atavico dialetto, che traduceva in un francese approssimativo…

Sono un pastore, una notte una banda di cinque predoni mi ha rubato il gregge, 12 capre in tutto, quella notte sono stato picchiato e legato, il giorno seguente il mio padrone non ha voluto sentire ragione mi ha bastonato fino perdere i sensi, io dovevo restituirgli il bestiame o il denaro, non potendo risarcirlo in alcun modo il mio padrone mi ha venduto come schiavo nei campi di lavoro….

Dopo tre anni in catene, sono fuggito per essere catturato e schiavizzato da un altro padrone per oltre un anno sino alla nuova fuga per poi essere oltre confine, arrestato, selvaggiamente picchiato tenuto chiuso in cella e poi in un container con atri uomini, come animali, odiati disprezzati, disumanizzati, svuotati, senza passato né futuro in un presente pericolosamente inconsistente e solo in ultimo imbarcato... io non ho pagato per emigrare, mi hanno detto o ti imbarchi o ti fuciliamo....

Su quella pelle liscia e scura, come dune di sabbia informi una moltitudine di cicatrici, occhi vividi brillavano.

Sono qui sono vivo, ma di nuovo perso, smarrito, isolato, straniero tra neri, in terra straniera, so parlare solo il mio dialetto non so leggere non so scrivere ma voglio vivere.....

Ho teso le mie mani alle sue stringendole forte, senza parlare ci siamo ascoltati nel silenzio, guadando quegli occhi pieni di vita e di speranza attonito con un nodo in gola, ripetutamente con forza ho esclamato:

ici vous êtes en sécurité.

Qui tu sei al sicuro.

Immigrazione
Elena Spini

Ero piuttosto impaurito, e vedendo passare per le strade un'infinità di gente mai vista, pensai che non avrei trovato neanche un viso conosciuto...e sentii una cosa strana, come una grande sofferenza che non potevo contenere. Cominciai a rievocare la casa, e gli amici...
M. Delibes, Diario di un emigrante.

Con il termine "immigrazione" si definisce ogni movimento migratorio internazionale, individuale o di massa, originato da motivi economici, di studio, lavoro e familiari o dall'intento di sfuggire da situazioni di persecuzione, conflitti, catastrofi naturali, eventi rivoluzionari.
Una prima osservazione riguarda la dimensione internazionale che caratterizza, proprio nell'attuale momento storico i processi e, di conseguenza, le politiche e le normative dell'immigrazione.
Le ondate migratorie mettono in questione equilibri già spesso precari tra "minoranze" e "maggioranze", tra migranti e cittadini. La situazione di chi chiede di entrare è spesso paradossale perché', da un lato, i mass-media propagandano una vita dotata di tutti i comforts, dall'altra spesso tutti questi vantaggi sono destinati solo ad una piccola parte della popolazione.
 Alcuni migranti si inseriscono secondo le aspettative ma altri restano bloccati ai livelli più bassi della gerarchia sociale. Da questa situazione non possono che scaturire conflitti.
La condizione di marginalità sociale si caratterizza soprattutto in relazione al pericolo che viene ad assumere nei confronti dell'ordine pubblico. Gli immigrati sono persone "in movimento" tra due mondi, sospesi e divisi tra abitudini di vita e culturali a loro proprie e un ambiente, almeno in parte, sconosciuto e sono di solito mossi dalla ricerca di condizioni di vita migliori.
Spesso i paesi di provenienza sono poveri oppure ivi non vengono rispettati i diritti civili. Per fuggire a tali situazioni i migranti mettono a rischio la propria vita, sono obbligati a viaggiare in condizioni disumane e possono essere oggetto di sfruttamento e

abuso. Le condizioni di povertà estrema, guerre, espatri forzati, sovraffollamenti, disoccupazione, criminalità, sono spesso passaggi significativi del percorso migratorio, e danno origine a una **vulnerabilità individuale** sia mentale sia fisica, che ha probabilità di ripercuotersi anche sulle generazioni successive.

I momenti a rischio di sfruttamento sono:

- il momento di *reclutamento* che avviene nel Paese d'origine;
- il momento del *trasporto* fino al Paese di destinazione;
- lo *sfruttamento,* tipico del fenomeno di tratta, che avviene di norma nel paese di destinazione.

La fase del reclutamento

Le organizzazioni criminali che gestiscono i traffici istruiscono e addestrano gli emigranti consenzienti ad emigrare illegalmente, fornendo loro tutti gli strumenti necessari per eludere le norme sull'immigrazione e inserirsi nel mondo del lavoro sommerso (nero).

Le persone vengono assoldate, o talvolta letteralmente rapite, per mezzo del ricatto, dell'inganno (metodo più subdolo e probabilmente più efficace per reclutare le vittime e ottenere il loro consenso, poiché agisce sui sentimenti della persona, alla quale viene prospettato un futuro di benessere per se e per la famiglia: offerte di lavoro onesto, imponente remunerazione, legami affettivi tra vittima e trafficante). Il ricatto è utilizzato, insieme alla violenza, per creare nella vittima uno stato di totale asservimento psico–fisico nei confronti del padrone. Serve anche ai criminali, per salvaguardare la propria impunità, imponendo alla vittima di mantenere un comportamento omertoso per evitare azioni violente sulla sua persona o sui familiari rimasti in Patria.

Il trasporto

Il trasporto si realizza con mezzi diversi a seconda della rotta da seguire e delle tappe da effettuare. L'ingresso nel Paese di destinazione può avvenire:

- **via mare**, utilizzando gommoni o carrette del mare;

- **via terra** principalmente in auto, in pullman, in treno o in tir dotati di un doppio fondo dove nascondere i clandestini;
- **via aerea.**

Lo sfruttamento

Nella fase di reclutamento i soggetti deboli, i bambini, le donne, le persone che vengono da condizione di estrema povertà e senza un'istruzione di base possono essere vittime di schiavismo.

Mafia ed immigrazione

Le organizzazioni mafiose richiedono alle reti criminali transnazionali la fornitura di cittadini stranieri, diversificando poi i settori illeciti in cui utilizzarli (si pensi alle giovani donne dell'est europeo sfruttate a fini sessuali, agli stranieri sfruttati nel lavoro dei campi e in alcuni segmenti del lavoro "in nero").

Il trasporto dei migranti attraverso il Mediterraneo è gestito da organizzazioni criminali molto potenti stanziate nei Paesi di origine e di transito dei flussi migratori, con referenti nei Paesi di destinazione che favoriscono anche la fuga dai centri di accoglienza.

Lavoro nero-coatto

I clandestini in taluni casi restano debitori dei loro datori di lavoro che ne hanno organizzato l'espatrio, accettano paghe bassissime e offrono una capacità lavorativa molto alta e manodopera di straordinaria economicità.

Vivono in baracche senza acqua né luce, in condizioni igieniche inaccettabili, spesso sono affetti da patologie infettive e respiratorie a causa delle condizioni di vita disagevoli in cui trascorrono la loro permanenza nel paese di arrivo. Arrivano sani e tornano malati.

Invisibilità sociale

L'invisibilità sociale caratterizza alcune situazioni contemporanee di povertà economica e mantiene un suo peso anche nel caso delle forme più "visibili" di povertà e di indigenza, come è il caso dell'accattonaggio e dell'elemosina su strada.

L'accattonaggio si caratterizza per la richiesta di soldi a chiunque, per strada, in metropolitana, nelle stazioni, sui marciapiedi, appena fuori dai supermercati.

Prostituzione

La principale fonte di arricchimento consiste nello *sfruttamento* degli esseri umani trafficati (caratteristica esclusiva del fenomeno di tratta).

I mercati nei quali vengono inserite le persone oggetto di sfruttamento sono vari: senza dubbio il mercato più fiorente è quello legato allo sfruttamento sessuale e in particolare allo sfruttamento femminile e minorile.

Le vittime in molti casi, sono consapevoli di essere destinate allo sfruttamento e accettano tale stato per fuggire da situazioni di difficoltà di varia natura esistenti nel Paese di origine e per evitare ritorsioni e violenze contro i familiari rimasti in Patria. L'assoggettamento della vittima da parte dei gruppi delinquenziali su base nazionale, con caratteri spesso di vera e propria riduzione in schiavitù, ha connotazioni differenziate a seconda della nazionalità.

I gruppi criminali **stranieri** trovano forme di convivenza e di divisione del territorio con altri gruppi criminali nello sfruttamento della prostituzione. Sono in genere formati da persone provenienti dalla stessa città, dallo stesso quartiere e, addirittura, dallo stesso nucleo familiare.

Il gruppo si impone sul territorio grazie alla capacità intimidatoria, avvalendosi del fiancheggiamento di altre bande composte da individui di identica nazionalità e abituati a commettere, con analoga ferocia, lo stesso tipo di reati. Tra le bande esiste un accordo, tacito od espresso, di spartirsi il territorio, che consente alle ragazze di prostituirsi nella zona loro assegnata senza essere disturbate da altre persone o dai loro protettori.

Tali gruppi hanno una struttura generalmente orizzontale, usano il sistema del terrore per diffondere il messaggio di un potere al quale è quasi impossibile sottrarsi ed dimostrano particolare efferatezza nell'uso dei mezzi di coercizione della volontà delle vittime che manifestavano una qualche volontà di resistenza o il desiderio di sottrarsi allo sfruttamento.

Esse vengono sfruttate in virtù del debito che hanno contratto per emigrare all'estero, nel rispetto di un contratto stipulato.

Le ragazze vengono reclutate da membri dell'organizzazione criminale che si recano periodicamente nei Paesi d'origine alla ricerca di nuove vittime, alle quali viene prospettata l'opportunità di svolgere all'estero un lavoro pulito (la falsa meta è quella di un impiego nel campo dello spettacolo). Una volta giunte nel paese, munite di documenti falsi oppure nascoste in grossi camion, le giovani vengono dislocate in varie abitazioni e costrette, anche con la violenza fisica e le minacce, a prostituirsi sotto il costante controllo degli sfruttatori.

In tale contesto accade anche che le vittime, una volta affrancatesi, si propongano quali gestori di nuove case d'appuntamento e collettori per il procacciamento di nuove clandestine da avviare alla prostituzione.

Un approccio psicologico alla migrazione

Sul piano dell'adattamento i comportamenti sociali devono essere riletti per il significato profondo che hanno nella realtà interna, nei legami emotivi e nelle relazioni affettive intime degli individui. È diverso essere partito con un progetto migratorio costruito ed appoggiato dalla famiglia nel paese di origine, o scappare, o essere un esiliato o un profugo! L'emigrazione forzata per ragioni di guerra e esilio possono provocare sofferenze d'identità.

Dal punto di vista psicodinamico il sentimento di identità è il risultato di un processo di interazione continua tra *tre vincoli di integrazione psichica*.

1. *Il vincolo spaziale*, che implica la relazione fra le diverse parti del sé, compreso il sé corporeo. E' la dimensione intrapsichica, nel senso delle relazioni oggettuali interiorizzate, sulla base delle prime esperienze relazionali, che sono alla base della costituzione del mondo interno.

2. *Il vincolo temporale* che unisce le diverse rappresentazioni di sé nel tempo, stabilendo fra loro una continuità e creando la base al sentimento di essere se stesso nel passato, nel presente e nel futuro.

3. *Il vincolo di integrazione sociale* che permette il senso dell'appartenenza nel riconoscimento profondo delle dimensioni implicite ed esplicite del contesto sociale.

"L'altrove" è un luogo lontano dai suoni, dagli odori, dalle sensazioni che costituiscono le prime tracce su cui si è stabilito un codice di funzionamento psichico. Significa trovarsi a metà strada tra due culture. L'emigrazione è un'esperienza potenzialmente traumatica. È strappare le proprie radici dalla terra d'origine, cercando un modo di trapiantarsi nella nuova terra, con la necessità di non rinunciare a sé stessi e alla propria identità.

Ogni emigrazione è segnata da passaggi dolorosi:

- il distacco
- il viaggio
- l'arrivo
- l'inserimento in una realtà nuova e sconosciuta.

Quali possono essere i fattori psicosociali distruttivi o al contrario protettivi nel sostenere l'elaborazione di questi passaggi? L'emigrazione è una esperienza emotiva che dura tutta la vita, fino al faticoso raggiungimento della consapevolezza di essere un immigrato/emigrato.

La nostalgia degli affetti familiari e del proprio paese.

Per i migranti il senso di incertezza e di paura per il futuro proprio e della propria famiglia e la difficoltà nella ricerca di una sistemazione lavorativa e alloggiativa sono realtà quotidiane.

L'emigrazione è un'esperienza che unisce la dimensione emotiva della nostalgia, della paura, ma anche della speranza e della progettualità. In ogni emigrazione c'è un progetto di vita. Gli emigranti si spostano con la loro storia ed il loro carico di sogni e speranze, con il desiderio di trovare finalmente condizioni migliori di vita (sia che vengano da paesi in guerra, sia che vengano da paesi più poveri o comunque da condizioni economiche difficilmente sostenibili), si ritrovano a vivere i piccoli ed i grandi problemi della vita quotidiana da soli, senza il supporto della rete familiare e amicale. Chi parte deve far fronte sempre a paure primarie di separazione e di abbandono e di incontro con lo sconosciuto.

Il migrante è reso fragile, poiché non è più inserito nella cornice di elementi protettivi, che hanno costituito il suo ambiente e la sua storia fino alla partenza. Resta sospeso tra due mondi, non ha più una cultura omogenea con cui confrontarsi, vive in una doppia assenza: quella del proprio luogo, e quella del nuovo mondo. Si crea così una situazione di isolamento fatto di silenzio per il fatto di non comprendere la lingua, di un non rispecchiamento nell'altro, di paura di nostalgia, l'emigrazione comincia molto prima della partenza, e se comincia nel paese di origine, nella famiglia, nel gruppo, sarà più protetta. Se nel gruppo può essere condiviso un "rituale della partenza", la persona sarà più in grado di elaborare le complesse dinamiche emotive che lo attendono.

L'arrivo in un paese straniero, la solitudine, la non conoscenza della lingua, la ricerca del lavoro, della casa attivano:

- ***angosce di tipo paranoide:*** sensazioni di non essere compreso, di essere escluso, giudicato, discriminato, osservato…;

- ***angosce di tipo confusionale***: si confondono le lingue, i luoghi, i ricordi, il tempo e di tipo depressivo: sensazioni di tristezza, di non speranza, di chiusura nella nostalgia, di ambivalenza affettiva espressa sia nel <u>desiderio di integrarsi</u> nella nuova realtà, sia nell' angoscia di perdita delle proprie appartenenze d'origine. Quanto più la realtà interna del soggetto è minata nella possibilità di elaborazione di questa area del lutto e della separazione e quanto più la realtà esterna è difficile, tanto più ci saranno elaborazioni patologiche fino a vere malattie psichiatriche: depressioni, psicosi confusionali, psicosi persecutorie.

Vi sono, poi, meccanismi di difesa che possono essere messi in atto quali:

- ***l'iper-adattamento maniacale***: identificarsi cioè rapidamente con i costumi e le abitudini della gente del nuovo paese, cercando di dimenticare, o denigrare il proprio;

- ***l'esprimere una chiusura*** solo nei propri usi, costumi, lingua.

Spesso *disturbi del comportamento* o *dell'apprendimento* nei bambini e negli adolescenti sono il sintomo di una sofferenza emotiva che non trova parole e pensieri per essere comunicata.

L'eredità culturale è un'estensione dello «spazio potenziale» tra l'individuo e il suo ambiente.

Tale spazio è subordinato alla formazione di uno spazio tra *l'Io e il non-Io,* tra **il "dentro"** (gruppo di appartenenza) e **il "fuori"** (gruppo ricevente), tra passato e futuro.

L'emigrazione ha bisogno di uno spazio potenziale che serva da luogo di transizione e tempo di transizione, tra il "paese-oggetto materno" e il nuovo mondo esterno. Se la creazione di un tale spazio non avviene, si determina una rottura nel rapporto di continuità tra l'ambiente circostante e il Sé. La rottura che si genera può essere paragonata alle assenze prolungate dell'oggetto desiderato dal bambino, le quali portano alla perdita delle capacità di simbolizzazione e al bisogno di ricorrere a difese più primitive. La madre crea quello che Winnicott definisce l'ambiente di holding, uno spazio fisico e psichico in cui il bambino è protetto senza sapere di esserlo, in modo che proprio questa dimenticanza costituisca la base dalla quale può partire spontaneamente l'esperienza successiva. Anche un emigrante, con la perdita di oggetti rassicuranti, subisce una diminuzione delle sue capacità creative, il cui recupero dipenderà dalla possibilità di elaborare lo stato di deprivazione e dalla capacità di superarlo.

L'emigrazione è una delle circostanze della vita che più espongono la persona a forme di *disorganizzazione.* Se l'individuo possiede sufficienti capacità di elaborazione, riuscirà a superare la crisi e la assumerà come *"rinascita",* processo che aumenterà il suo potenziale creativo.

Diversi autori considerano la *migrazione come un rischio* da una parte, per la condizione economica e sociale in cui colloca gli individui e i gruppi migranti; dall'altra, per il fatto di minare l'integrità identitaria del soggetto attraverso uno shock culturale.

Gli immigrati possono manifestare problemi congiunti di comunicazione, di apprendimento di una lingua/cultura diversa e distante dalla loro, di dubbi rispetto alla loro permanenza nel paese, di difficoltà d'inserimento e accettazione delle differenze.

L'immigrato richiama categorie d'inclusione ed esclusione sociale **interno** alla società come *partecipante allo sviluppo economico*, ma anche **esterno** in quanto *non cittadino*. Essere dentro significa: sentirsi appartenente a un gruppo, nel quale ci si rispecchia, ci si sente accettati e amati. Il dentro è concepibile solo se si configura un fuori, inteso come estraneità simbolizzata come "nemico".

L'appartenenza si trasforma in **difesa dal nemico comune ove** ci si unisce nell'idealizzazione di un "ente" comunemente riconosciuto come superiore e a cui offrire la propria dipendenza condivisa (in questo caso la Patria, la religione, le associazioni, ecc.) Tutto ciò che è fuori è concepito come diverso, altro, forestiero, minacciante. Verso "l'altro" si vive un duplice atteggiamento che va dall'attrazione, desiderio d'esplorazione e di conoscenza, a rabbia distruttiva, invidia, sfida.

Anche quando la partenza dal proprio paese è una libera scelta – ci sono sentimenti di paura e di colpevolezza per aver abbandonato la propria patria, la propria famiglia. La migrazione si manifesta come elemento critico-generativo di potenziali vantaggi (come l'accesso a una nuova opportunità di vita e di orizzonti) e di un insieme di difficoltà e di tensioni.

L'emigrante che si trova ad affrontare una situazione nuova e inusuale prova spesso **incertezza e smarrimento** che richiedono un tempo di adattamento più o meno prolungato. Il migrante che arriva in terra straniera sperimenta questo quando entra in contatto con la società che lo ospita. Viene definita "Sindrome di Ulisse" il senso di disagio di fronte all'ignoto. La persona può avvertire l'ambiente come ostile, intollerante, talvolta solo indifferente; viene privato della propria identità culturale e invischiato in una realtà che spesso fatica a comprendere. Spesso si associa ad un sentimento di **estrema solitudine** che egli avverte in quanto lontano da familiari e amici, sradicato da ogni tradizione e proiettato in un mondo a lui estraneo.

Le motivazioni della partenza, la concezione della migrazione stessa, la cultura d'origine sono elementi che possono definire il carattere e l'esito del progetto migratorio.

A volte però, l'impatto con una società distante e inospitale distrugge le *attese e le speranze* del migrante che tende a sperimentare un profondo disagio interiore, espresso preferibilmente attraverso il corpo.

Ciò può portare ad un disturbo mentale o culminare con il ritorno in patria Nell'impatto con la nuova cultura, l'immigrato ha bisogno di un momento di assestamento e riflessione, che gli dia la possibilità di conoscere il contesto e di adattarsi.

Le sofferenze emotive sono spesso nascoste a causa dei problemi concreti della vita quotidiana: la casa, il lavoro, i permessi di soggiorno, i soldi.

I problemi e le sofferenze non sono esclusi dalla comunicazione poiché non c'è una lingua condivisa per esprimere i pensieri e le emozioni. Tali difese psichiche, sottili e profonde, rendono le persone distanti le une dalle altre.

L' emigrazione e le diverse età della vita.
Le esperienze migratorie hanno un impatto diverso nelle varie età.

1. **Nell'infanzia** i bambini, da una parte, sono facilitati nei nuovi adattamenti per la loro plasticità psichica di apprendimento della lingua, della comunicazione non verbale, delle regole di socializzazione, dall'altra però, sono molto più dipendenti dal clima emotivo familiare per il loro sviluppo psico-affettivo e in questo senso sono molto esposti alle emozioni e ai disagi dei genitori.

I bambini immigrati possono affrontare una separazione dai genitori, rimanendo affidati a parenti possono sperimentare più volte le separazioni dell'emigrazione, tornando nel paese di origine, nell'età della scolarizzazione o nell'adolescenza. Essi presentano una vulnerabilità psichica specifica sul piano psicopatologico e cognitivo.

I bambini tendono a strutturarsi su una scissione: il mondo interiore legato all'affettività e all'universo culturale dei genitori da una parte e il mondo esterno, della scuola e dei media retto dalle regole del contesto di immigrazione dall'altra.

Il bambino esprimerà il suo disadattamento attraverso un attaccamento esagerato alla madre. Mostrerà fobie, isolamento, rifiuto della scuola, difficoltà scolastiche, sentimenti persecutori, comportamenti aggressivi. Mostrerà il proprio malessere con disturbi del comportamento alimentare inappetenza, voracità - disturbi del sonno, enuresi, propensione agli incidenti. Il bambino di una famiglia immigrata, è un bambino esposto al rischio trans-culturale.

La nascita ed i primi attaccamenti avvengono con una mamma spesso sola e sradicata, la mamma è esposta ad esigenze contraddittorie che possono spiegare incertezze, contraddizioni e preoccupazioni.

La scolarizzazione comporta il passaggio da una filiazione ad una affiliazione e, se è vissuta come scelta impossibile fra due mondi, può portare il bambino ad abbandonare il proprio potenziale creativo: inibizione all'apprendimento, turbe del comportamento, abbandoni scolastici.

I bambini possono sentirsi esposti a situazioni che creano in loro sentimenti di vergogna: sentirsi diversi ed incapaci di competere con bambini della loro età nell'uso della lingua, dei linguaggi segreti, della complicità dei codici culturali. E i conseguenti dubbi su chi sono i buoni e i cattivi, i capaci e gli incapaci, su chi vale e non vale, e che cosa ha valore.

2. **L'adolescenza** è l'età di ricerca e consolidamento del sentimento di identità con tutta la violenza emotiva che questo comporta, ed è l'età in cui al massimo si coniugano risorse vitali e proiezioni nel futuro. Se l'emigrazione è scelta insieme alla famiglia, la famiglia può risultare protettiva e spronante altrimenti è coercitiva. Studi recenti rafforzano l'ipotesi della relazione tra stress dovuto all'accumulazione e forme di psicopatologia tra giovani immigrati (depressione, abuso di sostanze, comportamenti antisociali, ansia, difficoltà di concentrazione. Avere due culture è ricchezza, vivere in una doppia assenza è spaesamento.

3. **Nell'età adulta** *l'emigrazione* determina fattori potenzialmente stressanti quali i pericoli del viaggio spesso clandestino, la disoccupazione ed il basso reddito, le difficoltà di adattamento sociale (disparità economica e culturale, lingua, trauma vissuto nel paese di origine), le

difficoltà di accesso all'istruzione, la Xenofobia ed il conflitto culturale intergenerazionale.

L'integrazione che viene offerta, è spesso sostanzialmente economica sul piano del mercato del lavoro e della partecipazione all'uso di beni di consumo, ma è carente dal punto di vista affettivo e sociale.

Molte persone che arrivano dal paese di origine con un bagaglio culturale medio-alto, vivono "un'involuzione" dal punto di vista professionale, non essendo riconosciuti, nella società ricevente, i titoli di studio acquisiti o le professioni praticate nel paese di origine che comporta una sofferenza causata da un crollo dell'autostima, da una perdita della propria identità e dalla difficoltà di definirne una nuova.

Cause di disagio sociale sono dovute al cambiamento del ruolo dell'uomo all'interno del nucleo familiare determinato dai processi migratori, che vede la figura maschile assumere una funzione subalterna talvolta alla donna, che si inserisce nel mondo del lavoro e questo cambiamento può essere difficilmente accettato.

La difficoltà di ridefinire una nuova identità in un contesto in cui vengono a mancare i punti di riferimento sociali, familiari e culturali. In tale ambito il consumo di alcol si inserisce come meccanismo di sedazione dell'ansia e di senso di alienazione da una realtà in cui non ci si riconosce più.

La mancanza di contesti aggregativi e di socializzazione dovuta all'assenza di luoghi aggregativi spontanei e socializzanti pari a quelli del paese originario, il forte stress lavorativo dovuto al fatto che spesso le persone straniere sono fonte di "tratta" economica ossia sono in continuo contrasto personale e professionale, rispetto al lavoro, il senso di solitudine e di precarietà, molto frequente nelle donne immigrate che hanno perso il lavoro e devono affrontare la gravidanza, lontane dal loro paese d'origine e dalla loro famiglia, l'indifferenza in cui spesso la donna è costretta a vivere portano facilmente al disadattamento. Tuttavia si evidenzia una maggiore "solidità" della donna rispetto all'uomo, nell'affrontare tale disagio.

4. **Gli anziani** migranti hanno, pressappoco, gli stessi problemi che incontrano gli anziani poveri e riguardano la difficoltà di accesso alla protezione sociale, ai problemi economici e di salute, l'isolamento e la solitudine, il dover, spesso,

condividere gli spazi abitativi con famiglie numerose. I migranti anziani, talvolta, assumono il ruolo di leader nelle comunità di appartenenza, partecipando attivamente alle decisioni e alle attività collettive e contribuendo ad applicare misure per la pace.

Le cause, le differenze e gli effetti della mancata integrazione

Possiamo analizzare i fattori che concorrono alla mancata integrazione.

Rabbia-aggressività-disprezzo

I problemi a monte dell'espressione della rabbia e del comportamento aggressivo trovano origine nell'emarginazione sperimentata nel periodo infantile-adolescenziale. Se una persona si sente presa in giro dai coetanei per il colore della pelle, le fattezze fisiche, le possibilità economiche, può reagire in due modi: o si chiude in sé stessa e con il tempo cercherà di superare il tutto, oppure decide di fare le stesse cose su altre persone più deboli emotivamente.

Disturbo oppositivo-provocatorio

Il comportamento sistematicamente provocatorio, negativista ed ostile (collera, litigiosità, sfida, provocazione, ecc).

Disturbo della condotta

Tendenza stabile alla violazione delle regole e dei diritti altrui (aggressioni a persone o animali, distruzione di proprietà, furti, gravi violazioni di regole, fughe).

1. **Disturbo della condotta di tipo socializzato:** associato ad attività antisociali nel gruppo dei coetanei
2. **Disturbo della condotta di tipo non socializzato:** associato ad incapacità a formare legami interpersonali.

Aggressività impulsiva o reattiva improvvisa

Spesso associata ad uno stato affettivo intenso (rabbia, paura), non programmata né finalizzata all'ottenimento di un vantaggio, esplosiva ed esplicita. Legata alla percezione non realistica e persecutoria di una minaccia esterna, della quale il soggetto è del tutto convinto (distorsione cognitiva), per cui egli tende a reagire con aggressività eccessiva.

Aggressività predatoria

Non impulsiva, finalizzata all'ottenimento di un vantaggio, programmata, spesso subdola e furtiva, spesso non associata ad uno stato affettivo significativo. L'obiettivo è ottenere il possesso di un oggetto (*object-oriented*) o il dominio su una persona (*person-oriented*). Si esprime attraverso la coercizione, o l'attacco a scopo di furto, o la vittimizzazione dei più deboli.

Il comportamento aggressivo

Secondo Skinner il livello di aggressività ontogenetica, non può essere trattata unicamente con un sistema sociale punitivo: significherebbe spostare l'attore aggressivo dal soggetto alla istituzione e creare le condizioni per aumentare l'aggressività ontogenetica, visto che i rinforzi negativi, e una risposta aggressiva aumentano il livello complessivo di aggressività.

Una sua soluzione sociale al problema dell'aggressività ontogenetica passa dalla moralizzazione della società che non deve più comunicare l'efficacia della violenza e che deve controllare i comportamenti aggressivi per mezzo dell'impegno delle persone su attività che permettano di occupare il tempo e scaricare l'aggressività (ad esempio lo sport).

Lewin sostiene che la legge dell'aggressività all'interno di un modello che considera il comportamento come l'esito dell'incontro tra persona ed ambiente psicologico dove la struttura collettiva e il clima gruppale possono incidere sul comportamento del soggetto più di quanto possano fare le sue istanze mentali interne.

L'aggressività risulta da molti fattori ambientali e personali. Esiste un rapporto tra sentimento di tensione ed aggressività e sugli effetti dell'aggressività determinati dal grado di rigidità del gruppo. Il grado di tensione necessario a generare aggressività è dato dal grado di irritazione proveniente dall'esterno (stimoli percepiti come disequilibranti), dalla pressione relazionale esercitata da colui che ricopre il ruolo di leader e dallo spazio fisico all'interno del quale ci si può muovere, aspetti che sulla base della loro intensità e frequenza generano la forza propulsiva dell'aggressività. Un clima di punibilità e una rigidità strutturale del gruppo fanno aumentare l'aggressività. Milgram si domanda: *Quanto una persona, che per valori e principi è contraria a fare del male, sotto pressione di un comando è disposta ad essere aggressiva e violenta?*

Un ambiente percepito come autoritario ed impositivo, la possibilità dell'aggressore di deresponsabilizzarsi mettendosi al di fuori delle regole contribuiscono fortemente a generare agiti violenti ed aggressivi, anche in soggetti naturalmente non portati a compiere tali atti. L'aggressività si ottiene da situazioni ambientali e su qualsiasi persona se si riesce a generare conflittualità e disequilibri emozionali nei soggetti i quali, non riuscendo a fuggire o a ribellarsi (anche in assenza di punizioni), risolvono tale situazione attraverso il "contro-antropomorfismo" cioè de-umanizzando i propri agiti, de-responsabilizzandosi, come se l'azione aggressiva sia opera di "un'anima" diversa da quella del diretto aggressore.

Questo avviene attraverso uno scarico di responsabilità del diretto aggressore sull'autorità e/o sull'istituzione: "*Anche se le persone non sono motivate ad essere aggressive, possono da un momento all'altro partecipare a comportamenti aggressivi e distruttivi*".

Bandura afferma che l'aggressività è un fatto sociale e non biologico, dato dai modelli aggressivi rappresentati dalla società e dalla capacità latente della persona di apprendere dagli stessi modelli *(modeling)*. Il comportamento aggressivo non è l'effetto di una frustrazione, né di una pulsione, ma l'effetto della possibilità di imparare da modelli aggressivi *(modeling)*, specie se questi sono percepiti come socialmente accettati, efficaci e premiati. La scelta del comportamento aggressivo, sia per qualità che per forza, dipende dalla pressione dei messaggi, dalle narrazioni socio-culturali dominanti e dalla capacità della persona di apprendere dai modelli, attraverso il "cemento" del "rinforzo vicario" ovvero attraverso la possibilità di prefigurare come ritenuti socialmente positivi o negativi gli esiti di una nostra azione. Esiste la capacità di apprendere per sola esposizione -a prescindere da condizioni mentali soggettive– e l'aggressività può esserci unicamente a partire da come la persona pensa sia il giudizio sociale su una data azione e quindi dal potersi prefigurare in anticipo conseguenze premianti o punenti il proprio agito.

L'angoscia nei confronti del diverso, dell'invasore, serve a focalizzare le paure e le insicurezze dei cittadini verso un "nemico comune", svia dai reali motivi di inquietudine che derivano da periodi di crisi economica, politica o di sfiducia nelle istituzioni.

La paura deriva spesso dalla mancanza o dalla erronea lettura delle informazioni a proposito di una determinata manifestazione. Il contatto diretto e l'integrazione con "l'altro" porta a ridimensionare la visione del problema. La mancata integrazione, deriva anche dal fatto che i giovani immigrati della seconda generazione si sentono cittadini di serie b, con minori diritti e minori possibilità economiche rispetto agli autoctoni.

Il fallimento del "progetto migratorio" può portare a problemi di tossicodipendenza, emarginazione e la criminalizzazione e punizione dei comportamenti devianti quali: azioni criminose seriamente punibili, ma anche l'accattonaggio, il vagabondaggio, il lavoro nero, il frutto di situazioni di povertà e disagio. La vera sicurezza del cittadino, non si difende con la criminalizzazione di soggetti deboli o cedendo al panico dell'invasione straniera. La vera sicurezza del cittadino non passa solo attraverso il controllo ma anche attraverso la solidarietà e l'integrazione.

L'integrazione dell'immigrato

Il processo di integrazione nella nuova comunità ospitante comporta inevitabilmente sentimenti di persecuzione, diffidenza e dolore da ambo le parti in gioco. Sia il gruppo che accoglie, sia lo straniero che chiede di essere accolto, devono confrontarsi con il riattivarsi dell'angoscia catastrofica derivante dall'impatto con il nuovo, alla base dell'incontro con chi appare diverso, estraneo o sconosciuto.

L'esperienza dell'integrazione comporta per entrambe le parti in gioco un vissuto di rinuncia e il dovere di lottare con le angosce scatenate dall'ignoto e i sentimenti di ambivalenza, rabbia, rifiuto e avversione che possono scaturire come intolleranza della frustrazione. Il nuovo venuto deve confrontarsi inizialmente con la confusione, il caos, la paura di perdere le proprie radici e quella dell'ignoto, l'inadeguatezza e la mortificazione di sentirsi non voluto e ai margini del nuovo gruppo sociale.

Il gruppo che accoglie deve venire a patti in un certo grado con la perdita della sicurezza che il contatto con l'esperienza della diversità induce.

Ogni processo di integrazione comporta la perdita di una condizione originaria, con i vantaggi del senso di stabilità e di protezione che essa garantiva, per aprirsi a una nuova esperienza di cambiamento che se elaborata potrà contrassegnare un'ulteriore salto di crescita sia per il singolo che chiede accoglienza, sia per il gruppo o la comunità che lo riceve.

Quando questo processo può realizzarsi compiutamente, allo scombussolamento, al dolore e allo sforzo, da ambo le parti in gioco, di lottare con le angosce persecutorie, confusionali e depressive che si riattivano, consegue gradualmente un senso di amore ritrovato, che segna un avvenuto processo di fecondazione e di arricchimento reciproco.

La comunità si sentirà arricchita dall'incontro con il nuovo venuto, così come questi, dal canto suo, si sentirà grato di sentirsi accettato e accolto dal gruppo stesso.

Contenitore e contenuto potranno fecondarsi reciprocamente dando luogo a un'esperienza generativa di crescita per entrambi; ciò che in sintesi è il risultato dell'integrazione.

Quando dominano le tendenze persecutorie prevalgono le difese patologiche in risposta a un'angoscia catastrofica troppo forte per potersi esprimere con uno stato di *dubbio senza persecuzione* alla base della capacità di avere curiosità per ciò che è nuovo o diverso, della possibilità di tollerare l'attesa e l'incertezza in uno stato di temporanea sospensione dal giudizio.

Il gruppo manifesta preventivamente un senso di chiusura verso lo straniero o il diverso, a protezione dell'angoscia da esso scatenata e riattivata. Il singolo può rifiutarsi di compiere il necessario sforzo insito nell'esperienza inevitabile di perdere taluni aspetti di sé necessaria all'integrazione con il gruppo. Può reagire con un maniacale senso di identificazione grandiosa e superficiale con la cultura del gruppo, coprendo con il diniego il dolore per la perdita di quelle parti di sé legate all'investimento e al mantenimento delle proprie radici.

Quindi l'emarginazione sociale, come controparte patologica del processo di sana integrazione, si può presupporre che sia data essenzialmente da un fallimento nella possibilità di condividere.

L'adattamento sociale

Il gruppo organizzato in senso maniacale offre solo l'illusione di una vera condivisione affettiva. In realtà quello che emerge al proprio interno è piuttosto un vuoto di condivisione, derivante dal deserto di relazioni umane autenticamente significative. In un'era in cui la socialità e la socializzazione si estendono sempre di più e sempre più rapidamente, paradossalmente sembra venir meno il livello di profondità nelle relazioni affettive intime. Prima ancora di qualsiasi forma di coercizione la società persuade i propri membri ad adottare i comportamenti "normali" attraverso quel complesso processo di trasmissione della cultura e dell'identità collettiva che viene indicato col termine *socializzazione*.

Per effetto della socializzazione le persone aderiscono spontaneamente alle regole di comportamento stabilite (che vengono appunto dette "norme") e ai valori che ne stanno alla base. Tutto ciò che si discosta dalla norma viene giudicato negativamente e rifiutato. Quanto più un comportamento minaccia una norma importante, tanto maggiore è la reazione del sistema sociale. Mettere ai margini della società chi ha un comportamento contrario alle regole stabilite è uno dei più elementari (e utilizzati) sistemi di autodifesa usati da ogni società.

L'emarginazione è la condizione di coloro che, per qualche aspetto del loro comportamento, si discostano dalla normalità accettata (i cosiddetti "diversi").

Ci sono, in Italia, minori in condizioni di marginalità, a rischio di devianza e nel circuito penale; minori stranieri che giungono soli in Italia, senza una rete familiare di sostegno.

La condizione di straniero non può identificarsi con una condizione di marginalità, tuttavia una componente non irrilevante dei flussi migratori è composta da persone che, una volta giunte in Italia, incontra condizioni di vita di particolare difficoltà e precarietà. Alloggia spesso in situazioni non idonee o di sovraffollamento, è impegnata in attività di lavoro nero e, per quanto riguarda le persone irregolarmente presenti, è facilmente inseribile all'interno di circuiti di illegalità.

La marginalità delle persone immigrate riguarda anche la dimensione spaziale, dal momento che nelle città si vengono a creare quartieri con caratteristiche di tipo monoetnico e monoculturale e gli immigrati sono tra i primi a soffrire dell'emergenza abitativa.

Tra coloro che vivono in condizioni di povertà estrema, le persone immigrate possiedono, generalmente, maggiori capacità di resistenza e sono meno colpite dalle conseguenze esistenziali di tale condizione (crollo delle aspettative, perdita dell'autostima).

I protagonisti del processo migratorio sono, nella gran parte dei casi, le persone che, nelle proprie comunità di appartenenza, esprimono maggior coraggio e determinazione e queste doti possono giocare un ruolo importante anche nel paese di arrivo. Spesso le condizioni di povertà assoluta vissute nella prima fase di per molti stranieri non si cronicizzano, ma vengono superate nel tempo.

Una particolare attenzione va dedicata alla condizione dei richiedenti asilo e rifugiati, resa ancor più difficile, rispetto a quella degli immigrati per motivi economici, dal fatto di essere stati costretti alla fuga e di aver dunque, in molti casi, definitivamente tagliato i ponti con il paese di origine.

La tolleranza quale presupposto per la vera integrazione sociale riflette i caratteri di uno stato mentale depressivo che dà voce alle parti doloranti, sofferenti e bisognose di sé, per arrivare a capire le ragioni degli altri, a integrare le ambivalenze, a tollerare le diversità e ad assumere una posizione lungimirante di responsabilità sociale aperta alla complessità della vita, dei caratteri umani e della società, a partire dalla consapevolezza della comune esperienza universale della sofferenza.

Il trauma migratorio: analisi delle narrazioni dei rifugiati politici

Federica Monte

La guerra cesserà quando gli uomini smetteranno di combattere
Fridtjof Nansen

Rifugiato politico è un termine giuridico che indica colui che è stato espulso o è fuggito dal paese originario a causa di discriminazioni razziali, politiche, religiose o economiche; oppure perché appartiene a una categoria sociale perseguitata, o semplicemente a causa di una guerra[1]. In Italia questo diritto è stato reso esecutivo con la Legge 14 febbraio 1970, n 95.

La differenza tra un profugo, termine che definisce una persona che si allontana dal proprio paese, e il rifugiato politico è aver ricevuto dalla Legge dello Stato che lo ospita o dalle convenzioni internazionali lo status di rifugiato con la conseguente protezione attraverso l'asilo politico. Dopo la Seconda guerra mondiale questo fenomeno ha preso una dimensione rilevante, tanto che l'Organizzazione delle Nazioni Unite ha istituito un apposito organismo per la tutela dei rifugiati chiamato l'Alto Commissariato per i Rifugiati[2] UNHCR nel 1950.

Il 28 luglio del 1951 a Ginevra vi fu la prima definizione giuridica del termine rifugiato che citava:

colui che, (…) temendo a ragione di essere perseguitato per motivi di razza, religione, nazionalità, appartenenza ad un determinato gruppo sociale o per le sue opinioni politiche, si trova fuori dal Paese, di cui è cittadino e non può o non vuole, a causa di questo timore, avvalersi della protezione di

---

[1] Convenzione di Ginevra, 28 luglio 1951.

[2] *United Nations High Commissioner for Refugees, UNHCR.*

questo Paese: oppure che, non avendo la cittadinanza e trovandosi fuori del Paese in cui aveva residenza abituale a seguito di tali avvenimenti, non può o non vuole tornarvi per timore di cui sopra[3].

La clausola di d'inclusione della nozione di rifugiato[4] contiene gli elementi essenziali per il riconoscimento dello status di rifugiato che sono quindi:

- il timore fondato
- la persecuzione
- l'impossibilità e/o la non volontà di avvalersi della protezione dello Stato di cittadinanza e/o residenza;
- la presenza fuori dal Paese di cittadinanza o di residenza abituale.

La sussistenza di tutti gli elementi essenziali della clausola di inclusione consente il riconoscimento dello status di rifugiato in favore del richiedente, a meno che non ricorra una delle clausole di cessazione o di esclusione di cui agli articoli 9 e 10 del d.lgs. n. 251/07[5].

Il riconoscimento dello status di rifugiato fa conseguire il diritto ad ottenere il rilascio di un titolo di soggiorno della durata di cinque anni e rinnovabile e una serie di diritti e obblighi connessi alla sua condizione.

 L'Alto commissariato delle Nazioni Unite per i rifugiati è l'Agenzia specializzata nella gestione dei rifugiati; fornisce protezione internazionale ed assistenza materiale, persegue delle soluzioni durevoli per la loro drammatica condizione. Come detto precedentemente fu fondata il 14 dicembre del 1950 dall'Assemblea Generale delle Nazioni Unite, iniziando ad operare a tutti gli effetti dal 1 gennaio 1951. Ha assistito oltre 60 milioni di persone e ha

---

[3] Convenzione sullo status dei rifugiati Cap.1 Art. 1 "definizione del termine di rifugiato, Ginevra, 28 luglio 1951.

[4] Art. 1, lett. A, co. 2, Conv. Di Ginevra.

[5] art. 11, d.lgs. n. 251/2007 paragrafo 4 e 5.

vinto due premi Nobel per la pace, rispettivamente nel 1954 e nel 1981.

L'Alto Commissariato delle Nazioni Unite per i Rifugiati conferisce annualmente il "Premio Nansen per i Rifugiati" precedentemente conosciuto come "Onorificenza Nansen" a persone o gruppi che si siano distinti per l'eccellente servizio alla causa dei rifugiati.

Beneficiari *dell'United Nations High Commissioner for Refugees*
Chi sono quindi i beneficiari dell'UNHCR?

1. I rifugiati: definiti dalla convenzione del 1951 sullo statuto dei rifugiati come persone che: [6]*nel giustificato timore d'essere perseguitato per la sua razza, la sua religione, la sua cittadinanza, la sua appartenenza a un determinato gruppo sociale o le sue opinioni politiche, si trova fuori dello Stato di cui possiede la cittadinanza e non può o, per tale timore, non vuole domandare la protezione di detto Stato; oppure a chiunque, essendo apolide e trovandosi fuori del suo Stato di domicilio in seguito a tali avvenimenti, non può o, per il timore sopra indicato non vuole ritornarvi.*

2. I rimpatriati: coloro che essendo rifugiati, chiedono di poter tornare nel proprio paese d'origine.

3. I richiedenti asilo: coloro che lasciato il loro paese d'origine e avendo inoltrato una richiesta d'asilo, sono in attesa di una risposta dal paese ospitante per ottenere lo status di rifugiato.

4. Gli apolidi: [7]coloro che non hanno la cittadinanza in nessuno Stato.

5. Gli sfollati interni: coloro che sono costretti a spostarsi per conflitti o cause naturali all'interno della propria nazione.

---

[6] Articolo 1, lettera A, paragrafo 2.

[7] Convenzione di New York del 1954 relativa allo status degli apolidi.

Secondo i dati forniti da UNHCR nel 2016 sono circa 55'000'000 le persone sotto la sua protezione. Tale protezione è attiva in 123 Paesi.

Differenza tra un immigrato, un rifugiato e un profugo

[8]L'apolide come abbiamo detto precedentemente è una persona che, avendo perdutola cittadinanza di origine e non avendone assunta alcun'altra, non è cittadino di alcuno stato.

[9]L'immigrato o migrante è colui che decide volontariamente di lasciare il suo Paese d'origine per cercare un lavoro nel tentativo di un miglioramento sociale. Un migrante non è un perseguitato nel proprio Paese e può far ritorno quando vuole in condizioni di sicurezza nella sua casa.

[10]L'immigrato regolare risiede in uno stato con un permesso di soggiorno rilasciato dall'autorità competente. (Enciclopedia Treccani)

[11]L'immigrato irregolare è colui che ha avuto accesso in un paese evitando i controlli di frontiera, oppure è entrato in un paese con un visto turistico ma alla scadenza di quest'ultimo è rimasto irregolarmente. (Enciclopedia Treccani)

[12]Il clandestino è colui che pur avendo avuto un ordine di espulsione rimane nel Paese. Dal 2009 la clandestinità è un reato penale. (Enciclopedia Treccani)

[13]Il profugo è un termine generico che indica colui che lascia il proprio paese a causa di guerre, rivolte o catastrofi naturali. (Enciclopedia Treccani)

---

[8] Enciclopedia Treccani.

[9] Enciclopedia Treccani.

[10] Enciclopedia Treccani.

[11] Enciclopedia Treccani.

[12] Enciclopedia Treccani.

[13] Enciclopedia Treccani.

[14]Il richiedente asilo è una persona che avendo lasciato il proprio paese chiede il riconoscimento dello status di rifugiato o altre forme di protezione internazionale. Ha un diritto di soggiorno regolare nel paese. (Enciclopedia Treccani)

[15]Il beneficiario di protezione umanitaria non è un rifugiato poiché non è vittima di persecuzione individuale nel suo paese ma necessita comunque di protezione o assistenza perché particolarmente vulnerabile sotto il profilo medico, psichico o sociale. Le norme europee definiscono questo tipo di protezione "sussidiaria".

La protezione sussidiaria è una particolare forma di protezione internazionale prevista dall'Unione europea; è riconosciuta a chi rischia di subire un grave danno se rimpatriato, a causa di un conflitto o di situazioni violente.

Per comprendere meglio il difficile argomento trattato e le difficoltà che hanno le persone ad allontanarsi dal proprio paese, inserisco una parte della direttiva 2008/115/CE del Parlamento Europeo e del Consiglio del 16 dicembre 2008 recante norme e procedure comuni applicabili negli Stati membri al rimpatrio di cittadini di paesi terzi il cui soggiorno è irregolare, tratto dalla Gazzetta ufficiale dell'Unione europea.

Si riconosce che è legittimo che gli Stati membri procedano al rimpatrio di cittadini di paesi terzi il cui soggiorno è irregolare, purché esistano regimi in materia di asilo equi ed efficienti che rispettino pienamente il principio di non-refoulement.

È chiaro però che non è così facile poter rimpatriare un immigrato poiché uno non ci sono i mezzi effettivi per farlo e poi non si è mai certi da dove provenga a meno che non sia lui stesso di sua spontanea volontà a dirlo.

---

[14] Enciclopedia Treccani.

[15] Enciclopedia Treccani.

La convenzione di Ginevra non contiene norme procedurali circa l'ammissione al territorio del richiedente asilo o la procedura dell'esame della domanda per il riconoscimento dello status di rifugiato, ma impone il divieto di respingere il rifugiato verso luoghi in cui la sua vita o la sua libertà potrebbero essere minacciate: obbligo di *non-refoulement* citato precedentemente. Il principio di non respingimento si applica sia nelle ipotesi di espulsione che di respingimento tecnicamente intese.

Il principio di *refoulement* si applica indipendentemente dal fatto che la persona sia già stata riconosciuta rifugiata o dall'aver formalizzato o meno una domanda diretta ad ottenere tale riconoscimento, tuttavia può essere eccezionalmente derogato nelle ipotesi di cui gli articoli 32, 33, co. 2, della Convenzione di Ginevra, che consentono l'espulsione del rifugiato *per ragioni di sicurezza nazionale o ordine pubblico* e qualora *per motivi seri egli debba essere considerato un pericolo per la sicurezza del paese in cui risiede oppure costituisca, a causa di una condanna definitiva per un crimine o un delitto particolarmente grave, una minaccia per la collettività di detto paese.*

Per essere rifugiati è necessario trovarsi al di fuori del Paese di temuta persecuzione; degli obblighi di non-refoulement ne beneficiano coloro che non hanno fatto ancora tecnicamente ingresso nel territorio dello Stato di accoglienza, in virtù della portata extraterritoriale del principio di non refoulement che mira ad escludere che esso possa trovare applicazione solo quando i migranti si trovino sul territorio dello Stato o in acque nazionali *cfr. UNHCR, Parere consultivo sull'applicazione extraterritoriale degli obblighi di non-refoulement derivati dalla Convenzione relativa allo status di rifugiati del 1951 e dal suo Protocollo del 1967, Ginevra, 26 gennaio 2007.*

Il passaporto Nansen

Fridtjof Nansen nato il 10 ottobre del 1861, è stato un esploratore, politico norvegese e scienziato, noto anche come Federico Nansen. Fu lui a concepire il passaporto Nansen, destinato a proteggere gli apolidi. [16]Il passaporto Nansen era un passaporto internazionalmente riconosciuto rilasciato dalla Società delle Nazioni a profughi e rifugiati apolidi. Fu ideato nel 1922 inizialmente solo per i profughi di nazionalità sovietica e nel 1942 era già riconosciuto dai governi di 52 paesi.

Fin dalla prima infanzia Fridtjof venne a trovarsi a contatto con la natura che imparò ad amare e rispettare. La sua vita fu piena di eventi drammatici, ma le difficoltà non lo indebolirono grazie alla sua forza d'animo e alla ricchezza della sua vita interiore. Affrontò molti viaggi di esplorazione e di studio nella zona artica, dai quali ricaverà fama e occasioni per riflettere su di sé, sugli uomini e sul rapporto tra uomo e natura.

Una sorta di preparazione insomma a quello che sarà l'impiego più grande di tutta la sua vita: la solidarietà con le vittime di tutte le catastrofi, guerre, persecuzioni e carestie. Un impiego umanitario fondato sul convincere i suoi interlocutori della possibilità reale di creare un mondo migliore e diverso.

Nansen diventò così un <u>uomo di stato,</u> difensore della libertà e dei diritti dei popoli.

Organizzò una rete mondiale di soccorso e rimpatrio dei profughi e dei prigionieri, visitando di persona i campi.

Il 10 dicembre del 1922, dopo aver organizzato in Grecia, il più grande trasferimento di popolazione mai tentato, dopo aver ricondotto in patria più di 500'000 prigionieri e soccorso e sfamato quasi 2 milioni di profughi di nazionalità Armena, Russa e Greca, Fridtjof Nansen, dall'Istituto Nobel di Oslo, ricevette il premio Nobel in presenza del re con queste parole: *Fridtjof Nansen è riuscito a trasformare l'amore del prossimo in una potenza mondiale, in piena indipendenza politica.*

Egli, dopo aver ricevuto il Nobel devolse il corrispettivo in denaro agli insediamenti agricoli della Russia e ai profughi dell'Asia Minore.

---

[16] Che cos'era il *Passaporto Nansen?*, in Focus, n° 64, Febbraio 2012, p 66.

Furono emessi circa 450'000 (dati emessi da Focus n°64 del febbraio 2012) passaporti Nansen che permisero a persone apolidi, l'emigrazione in un paese diverso da quello d'origine.

Il principio di codesto passaporto, che permise a milioni di persone di trovare lavoro, casa e protezione, fu anche ripreso dal documento di viaggio riportato nella Convenzione di Ginevra sullo Status dei rifugiati del 1951.

Molte figure importanti ebbero un passaporto Nansen come ad esempio l'armatore Aristotele Onassis, il pittore Marc Chagall e il compositore Igor Stravinskij.

Anche la principessa russa Alessandrina Troubetzkoi, fuggita dal regime sovietico in Italia, ebbe la possibilità di sostituire il suo vecchio passaporto, ormai non più valido, con il certificato Nansen.

Il diritto d'asilo politico e i diritti umani

Il diritto di asilo è una nozione giuridica antica, in base alla quale una persona che viene perseguitata nel suo paese d'origine può essere protetta da un'altra autorità sovrana.

Il termine Asylum affonda le origini linguistico-culturali nella tradizione greca; era solito per indicare l'azione predatoria dei pirati, in seguito venne attribuita a qualsiasi offesa arrecata a cose o persone.

Come afferma Lanzerini (2009), la nozione religiosa dell'asilo, in realtà, è venuta alla luce in maniera del tutto contingente, in un'epoca in cui il diritto si mostrava incapace di predisporre e assicurare un ordine sociale idoneo a garantire un'adeguata protezione all'individuo.

Infatti l'asilo si è sviluppato come fenomeno fondato sulle credenze religiose, per cui il luogo sicuro tendeva a coincidere con il luogo sacro ed era questa stessa sacralità a garantire l'inviolabilità, poiché la violazione di detto sito si sarebbe configurata come violazione delle regole degli dei. Per questo motivo che per tutto il tempo passato il tempio è stato il luogo per antonomasia che offriva asilo; ad esempio i templi di Atena e Poseidone.

Con il consolidarsi degli Stati europei si inizia effettivamente a parlare di un vero e proprio asilo territoriale.

Gli avvenimenti storico-culturali del XVI-XVII secolo, a seguito della riforma luterana, fondarono le basi giuridiche effettive per mettere in piedi il castello chiamato asilo politico.

In questi secoli infatti, a seguito della proposta nominata precedentemente, molte persone, nell'alternativa tra preservare la propria incolumità fisica e non rinunciare alla propria fede, furono costretti a cercare rifugio presso luoghi in cui il proprio credo religioso non fosse bandito. L'asilo territoriale, in questo contesto storico-temporale, aveva come fine quello di salvaguardare quelle persone che fossero perseguitati dal dispotismo religioso.

Indicativi del passaggio dall'originario asilo canonico a quello politico sono: l'art. 2 della Dichiarazione dei diritti dell'uomo e del cittadino (1789), che colloca tra i diritti inviolabili la *résistance all'oppression* e l'art. 120 della Costituzione francese del 1793, che afferma: "Il popolo francese dà asilo agli stranieri banditi dalla loro patria per la causa della loro libertà".

Nato come forma di accoglienza e ospitalità nella tradizione dei popoli nomadi, divenuto poi istituzione religiosa nella tradizione cristiana e quindi prerogativa del sovrano, l'asilo ha perso i suoi connotati puramente religiosi, entrando definitivamente nella storia del diritto secolare e del diritto internazionale. Da termine topografico -che denotava un luogo di rifugio- la parola "asilo" giunge finalmente a significare una istituzione e soprattutto un concetto giuridico che, nel corso del Novecento, ha trovato adeguata collocazione non solo negli strumenti internazionali -relativi ai rifugiati- elaborati nel periodo tra le due guerre mondiali e in quello successivo alla fine della seconda (specie in quest'ultimo periodo, sotto la spinta propulsiva ideale della Dichiarazione Universale dei Diritti dell'Uomo del 1948 e del suo Art. 14: *Ogni individuo ha diritto di cercare e di godere in altri Paesi asilo dalle persecuzioni*), ma anche nelle Costituzioni o [17]Leggi sugli stranieri di vari Stati, europei e non.

---

[17] G. Ferrari, *L'asilo nella storia*, Relazione tenuta all'Università degli Studi di Roma "La Sapienza", Facoltà di Scienze Politiche, Cattedra di Diritto Internazionale, il 4

Nel panorama del diritto internazionale, il diritto d'asilo assume una doppia sfumatura. Si parla, per l'appunto, di asilo territoriale ed extraterritoriale o diplomatico. Con la prima definizione si vuole far riferimento al potere dello Stato di accordare protezione, temporanea o permanente, entro il proprio territorio, a coloro che siano fuggiti dal proprio Paese perché perseguitati. Il concetto di asilo territoriale rinviene la propria base giuridica proprio nel territorio e si sviluppa di pari passo con l'idea dello Stato di diritto. L'asilo extraterritoriale o diplomatico, invece, si realizza nel momento in cui uno Stato accoglie presso le proprie delegazioni o ambasciate, situate nel territorio di altri Stati, individui perseguiti o ricercati in tali territori. L'accoglienza e la protezione, in questo caso, sono assicurate al di fuori della sfera territoriale dello Stato che le concede secondo l'Assemblea generale delle Nazioni Unite, 1979.

È importante avere presente che il riconoscimento del diritto d'asilo sembra poggiare su due presupposti fondamentali: la piena libertà dello Stato di concedere tale beneficio e l'assenza, da parte di chi lo reclama, di un diritto soggettivo ad ottenerlo.

I diritti umani

La Convenzione di Ginevra è il risultato di un lungo percorso e di una evoluzione lenta che hanno interessato i diritti umani. Pietra miliare per la crescita della consapevolezza dei diritti umani è la Dichiarazione dei diritti dell'uomo del 1948, che ha approfondito i principi poi ripresi dalla stessa Convenzione nel 1951. Essa affonda le proprie radici nella *Declaration of Rights* delle colonie nordamericane (1774) e nella *Déclaration* francese del 1789.

L'obiettivo primario della Dichiarazione del '48 era influenzare, guidare e dirigere le politiche degli Stati in una prospettiva rivolta a far acquisire rilevanza ai diritti dell'uomo e ad imprimervi carattere universale. Nonostante il grande obiettivo raggiunto, purtroppo si è

---

febbraio 2005, nell'ambito del XIII Corso Multidisciplinare Universitario *Migrazione ed asilo: Unione Europea ed area mediterranea* (10 dicembre 2004 - 13 maggio 2005), pp. 1112).

trattato di un atto mai investito di valore vincolante, questo ha
determinato l'impellente bisogno di giungere alla creazione di uno
strumento di larga adesione, che vincolasse giuridicamente gli Stati
e rappresentasse un elemento di protezione internazionale più
efficace dei precedenti.

Il 28 luglio del 1951 a Ginevra, con la stesura della Convenzione di
Ginevra, entrata in vigore nel 1954, gli Stati firmatari hanno cercato
di porre rimedio a tale lacuna. Si tratta di un sistema articolato in 7
capitoli per un totale di 46 articoli e rivolto verso finalità di natura
umanitaria, ampiamente rievocate nel preambolo, in cui si fa
espresso rinvio ai principi richiamati nella Carta delle Nazioni Unite
e nella Dichiarazione universale.

La Convenzione si occupa anche di definire alcune "clausole di
cessazione" dello status di rifugiato convenzionale.

Le clausole di cessazione previste ex art. 1, si verificano:

- se (il rifugiato) ha volontariamente ridomandato la
  protezione dello stato di cui possiede la cittadinanza;
- se ha volontariamente riacquistato la cittadinanza persa;
- se ha acquistato una nuova cittadinanza e fruisce della
  protezione dello stato di cui ha acquistato la cittadinanza;
- se è volontariamente ritornata e si è domiciliata nel paese
  che aveva lasciato o in cui non si era più recata per timore
  d'essere perseguitata;
- se, cessate le circostanze in base alle quali è stata
  riconosciuta come rifugiato, essa non può continuare a
  rifiutare di domandare la protezione dello Stato di cui ha la
  cittadinanza;
- trattandosi di un apolide, se, cessate le circostanze in base
  alle quali è stato riconosciuto come apolide, egli è in grado
  di ritornare nello Stato del suo domicilio precedente.

Tuttavia, queste disposizioni non sono applicabili ai rifugiati
indicati nel paragrafo 1 della sezione A del presente articolo, che
possono far valere, per rifiutare di ritornare nello Stato dei loro
domicilio precedente, motivi gravi fondati su persecuzioni anteriori.
Ne deriva evidentemente un sistema lontano dal riconoscere un
vero e proprio "diritto di asilo", si limita a disciplinare il regime

giuridico applicabile a chi ha ottenuto il riconoscimento dello status di rifugiato.

Vulnerabilità e traumi dei migranti

Il sistema di accoglienza italiano non è preparato a fornire alcuna forma di assistenza psicologica ai migranti e ai richiedenti asilo.

Il sistema di accoglienza italiano non è preparato a fornire forme di assistenza psicologica ai migranti e ai richiedenti asilo che sono ospitati dai centri: 100'000 persone secondo i dati del 2015 del ministero dell'interno.

Pizzi (2010) parla dei sintomi di malessere psicologico più diffusi tra i migranti che arrivano in Italia affermando che si svegliano nel cuore della notte con tachicardia, sommersi dagli incubi. Portando con loro un senso incolmabile di vuoto e ansia ricorrente.

Molte delle persone che arrivano sulle coste dell'Italia vengono da aree di guerra o da paesi governati da regimi repressivi, dove hanno subito torture e maltrattamenti di ogni genere.

Secondo il Ministero dell'Interno i profughi giunti sulle nostre coste nel 2015 sono stati 153.842, nel 2016 sono giunte sul nostro territorio 174.602 persone, e nel 2017, sono 119.310.

Secondo i dati Eurostat (De Michelis, 2003) i gruppi più numerosi di richiedenti asilo che hanno cercato protezione nel nostro paese provengono da: Nigeria, Pakistan, Gambia Senegal e Bangladesh.

Un rapporto pubblicato da Medici Senza Frontiere sulla salute mentale dei profughi ospitati dai CAS (Centri Accoglienza Straordinaria) ha messo in luce una incidenza maggiore dei disturbi mentali tra i richiedenti asilo; in particolar modo tassi più alti di psicosi, depressione, disturbi post traumatici da stress (PTSD), disturbi d'umore, disturbi d'ansia e maggior tendenza alla somatizzazione.

Stanghellini (1997) affronta il tema della vulnerabilità e di come esso ha inciso sulla psicopatologia mettendo in risalto il modo in cui la malattia separa l'uomo dal mondo. Stanghellini (1997) sostiene che "la condizione che predispone alla patologia mentale è da intendersi come un'eccessiva inclinazione all'epochè fenomenologica". (p. 185).

Nel momento stesso in cui perdiamo la connessione tra chi siamo e cosa vogliamo c'è un distacco dalla realtà e una negazione che ci porta alla cronicizzazione della patologia.

Sartori (2011) ha sottolineato che ciò che differenzia la salute mentale dalla sofferenza o malattia mentale, è la capacità di integrare le diverse identità parziali, le diverse appartenenze, accettando il cambiamento in una nuova sintesi, creativa, e trasformando le esperienze.

Non ripetere ciò che si è subito, negare quello che si è perso, ma continuare nonostante tutto a sentirsi sé stessi, pur nel succedersi dei cambiamenti, mantenendo una stabilità nelle diverse circostanze della vita. Un continuo rinnovarsi, in una continua trasformazione di sé stessi ma rimanendo sempre nella realtà.

L'indagine dei medici senza frontiere

Secondo i dati dell'UNHCR oggi le persone in fuga nel mondo sono oltre 60 milioni. Le evidenze scientifiche degli ultimi anni hanno mostrato un aumentato rischio di disturbi mentali tra migranti forzati e richiedenti asilo. Oltre a eventi traumatici che i migranti possono aver subito prima e durante il loro percorso migratorio, alcuni di loro presentano stress e sofferenza relativi alla condizione attuale, dovuta all'esilio in una terra sconosciuta. Da luglio 2015 a febbraio 2016, Medici Senza Frontiere ha condotto un'indagine per studiare i bisogni di salute mentale tra i richiedenti asilo residenti nei Centri di Accoglienza Straordinaria (CAS) e il loro accesso ai servizi territoriali. L'analisi condotta nelle Province di Milano, Roma e Trapani, scelte per il rilevante numero di centri di accoglienza presenti, si è giovata di un duplice approccio: qualitativo e quantitativo. L'utilizzo di *focus groups* e interviste in profondità con immigrati, operatori sanitari e operatori dei CAS ha permesso di decifrare il bisogno degli ospiti presenti nelle strutture di accoglienza, il percorso assistenziale intrapreso laddove necessario e la risposta dei servizi sanitari territoriali. Il lavoro di ricerca quantitativa condotto sui dati che Medici Senza Frontiere (MSF) ha raccolto da ottobre 2014 a dicembre 2015 durante le attività di supporto psicologico tra i richiedenti asilo ospiti nei CAS della Provincia di Ragusa, ha fornito una buona base di partenza per individuare l'entità delle problematiche e i potenziali fattori che le influenzano.

Tra i 387 pazienti presi in esame dalla ricerca di MSF, quasi la metà (48,8 per cento) è stato vittima di eventi traumatici prima del viaggio, e l'82,4 per cento durante il loro viaggio. Gli eventi traumatici più assidui prima di andar via dal proprio paese sono l'aver assistito al rapimento o all'incarcerazione di un familiare (15,7 per cento), i conflitti tra famiglie (17,5 per cento) e il sentimento di rischio per la propria vita (3,9 per cento). Gli eventi traumatici riscontrati durante il viaggio sono il carcere e la detenzione (29,3 per cento), il coinvolgimento in conflitti (10 per cento), il lavoro forzato (4,4 per cento), la tortura (7 per cento), la violenza sessuale (3,4 per cento) e il sentimento di rischiare costantemente la propria vita (8,5 per cento).

In totale il 37,6 per cento della popolazione analizzata ha dichiarato di aver subito eventi traumatici nel proprio paese di origine o durante il percorso migratorio, afferma il rapporto di MSF. Ai traumi riscontrati prima e durante il viaggio si sommano le difficoltà incontrate dopo l'arrivo: l'attesa di anni per l'ottenimento della protezione internazionale, la mancanza di prospettive di lavoro e di integrazione, la discriminazione razziale quotidiana, la disillusione rispetto al proprio progetto migratorio, il sentimento di inadeguatezza, l'isolamento e il sovraffollamento delle strutture di accoglienza.

Per trovare una adeguata soluzione a questo tipo di problemi è necessario, secondo MSF, che sia prevista in tutte le strutture di accoglienza dei richiedenti asilo la presenza di mediatori culturali e di psicologi che abbiano esperienza nel trattamento dei migranti, con alle spalle studi di etnopsichiatria e psicologia transculturale. È necessario, sempre per MSF, che siano previsti protocolli per la cura psicologica delle persone che presentano disturbi mentali, in collaborazione con il servizio sanitario nazionale, che infine ci siano più controlli da parte delle autorità sulle strutture che ospitano i migranti, spesso inadeguate.

Al momento, i mediatori culturali non sono presenti in maniera continua e svolgono una funzione di semplici traduttori; gli psicologi che lavorano nei centri non hanno esperienza nel trattamento dei richiedenti asilo e propongono protocolli di cura che tengono conto solo delle categorie diagnostiche occidentali e, infine, il sistema sanitario nazionale ha un ruolo minimo nella gestione dei disturbi psicologici nei richiedenti asilo.

La complessità dei bisogni dei migranti

Ci troviamo in una situazione estrema quando veniamo improvvisamente catapultati in un insieme di condizioni in cui i meccanismi di adattamento e i valori di un tempo non sono più validi, e anzi alcuni di essi possono addirittura mettere in pericolo la vita che avevano lo scopo di proteggere. Siamo allora, per così dire, spogliati di tutto il nostro sistema difensivo e scaraventati sul fondo, e per risalire dobbiamo costruirci un nuovo insieme di comportamenti, valori e modi di vivere adatti alla nuova situazione.
[Battelheim 1979; trad. i. 2005, 26]

Il termine vulnerabilità deriva dalla parola latina *vulnus* che in maniera letterale significa lesione o ferita. Essa può essere sia fisica che psicologica; l'essere vulnerabile non rappresenta uno stato ma la possibilità di essere potenzialmente ferito.

I rifugiati politici, i richiedenti asilo rappresentano quella classe di migranti che in maniera necessaria devono lasciare la loro patria e i loro più cari affetti con il timore di non potervi più far ritorno, sono coloro che non hanno alternative di scelta poiché rimanere li vorrebbe dire incorrere in un pericolo quasi certo di morte o sofferenza.

Nella condizione di rifugiato è praticamente implicita la nozione dell'essere vulnerabile.

È infatti sulla continuità dell'identità che si deve intervenire sui soggetti che richiedono asilo poiché rivelano una profonda frammentazione relativa alla loro storia personale.

Dal punto di vista psicopatologico essi rispondono ai criteri diagnostici del Disturbo Post-Traumatico da Stress, di cui parleremo nel capitolo successivo.

Gli esseri umani entrano in uno stato psichico di emergenza quando pensano di essere di fronte alla morte, quando pensano che la loro vita sia in pericolo. (LeDoux, 2009)

Lo stato di emergenza psicologica è quello che ha la funzionalità di prolungare la durata della vita; questo stato psichico tende a eliminare pensieri e azioni non focalizzati allo scopo di sopravvivere.

Come affermava Levi (1986), l'emergenza è uno stato di grande semplificazione di tutti i processi psichici tipicamente umani. Lo scopo della vita è ridotto al puro vivere, al non morire.

Lo *stato* indica la natura transitoria della condizione psichica in atto; parlare di stato psichico in emergenza significa guardare al processo temporale e all'evoluzione del fenomeno.

La psicologia dell'emergenza infatti consiste nel prendersi cura delle persone che hanno o stanno attraversando un evento drammatico, con il rischio di vita personale o con la presenza reale di morte e distruzione di altri. Aiuta le persone anche ad attraversare una situazione imprevista che comporta rischio di vita, come ad esempio far fronte a catastrofi naturali.

LeDoux (2009) afferma che l'evoluzione abbia creato nel cervello della maggior parte delle creature un *sistema difensivo* in grado di accorgersi del pericolo e di attivare delle risposte comportamentali che aumentino al massimo le probabilità di sopravvivere.

Nell'essere umano questo sistema è spesso collegato alla percezione soggettiva delle emozioni; il sistema difensivo è il frutto di una programmazione genetica dovuta all'evoluzione biologica che fornisce risposte automatiche al pericolo, che contribuiscono alla sopravvivenza.

Ora ci soffermeremo un attimo sulle memorie, poiché esse sono centro di tutto quello che noi viviamo e di come affrontiamo gli eventi della vita.

Esse sono la nostra storia e scrivono il nostro futuro, determinano i nostri comportamenti e costruiscono la nostra vita.

Memoria emotiva e memoria delle emozioni

L'amigdala si attiva quando riconosce uno stimolo come pericoloso, vuol dire che è in grado di ricordare stimoli paurosi del passato ed è in grado di confrontarli con gli stimoli presenti. Quasi tutte le 12 parti dell'amigdala sono condizionabili alla paura, quindi imparano a temere certi stimoli.

L'amigdala è perfettamente in grado di ricordare situazioni di pericolo perché sa apprendere attraverso processi di condizionamento. Questo tipo di apprendimento è implicito e non raggiunge la forma esplicita. (LeDoux, 2009)

Questo tipo di apprendimento crea associazioni anche solo dopo una sola esposizione se il pericolo è di grande intensità.

È il nucleo laterale dell'amigdala che filtra le informazioni che arrivano direttamente al talamo e sulla base di memorie implicite innesca il nucleo centrale dell'amigdala con tutte le conseguenze psicofisiologiche. Quando questo fenomeno avviene possiamo parlare di *memoria emotiva*. L'informazione cioè non è freddamente esaminata dalla corteccia, ma appena riconosciuta si innesca l'emozione di paura, con tutti i suoi correlati fisiologici. (LeDoux, 2009)

È una reazione automatica, illogica e irrazionale ma fondamentalmente saggia e previdente. La ricerca ha dimostrato che queste memorie emotive dopo essere state apprese non si eliminano più. Nonostante ciò esiste un processo di estinzione delle risposte condizionate di paura attraverso l'apprendimento della regolazione dell'*arousal* dell'amigdala con l'uso delle funzioni corticali, in particolar modo della corteccia prefrontale mediana.

La *memoria delle emozioni* è invece un processo neuropsicologico differente dalla memoria emotiva; la mente infatti può raffigurarsi in modo chiaro ed esplicito eventi, luoghi, persone e anche emozioni provate in una situazione traumatica, tuttavia questa rievocazione cognitiva è fredda, cioè il corpo non reagisce. (LeDoux, 2009)

In questo processo della memoria vengono coinvolti l'ippocampo e il lobo temporale.

Questi due sistemi sono naturalmente collegati tra loro poiché esistono numerose vie neuronali che connettono l'amigdala con l'ippocampo; infatti spesso capita di sentirsi innervositi e in ansia quando si rievocano e si raccontano esperienze passate di pericolo e di emergenza.

Come dice LeDoux (2009), una volta che l'amigdala ha appreso che una situazione è realmente pericolosa per la sopravvivenza, resta impressa come un marchio a fuoco nei neuroni del nostro cervello e non sparisce più.

Uscire da uno stato di emergenza vuol significare imparare a vivere con una qualche cosa di più nel nostro cervello e anche nella nostra conoscenza di vita. Questo qualcosa in più ha certamente una sua funzione biologica protettiva, ma è qualcosa di cui spesso e volentieri faremmo a meno.

Il **trauma** viene definito non esclusivamente dalla presenza di un evento catastrofico di varia natura in cui l'integrità fisica propria e dei propri cari viene minacciata, ma anche dalla sostanziale sensazione di impotenza dinnanzi all'evento. (LeDoux, 2009)

Il termine trauma deriva dal verbo greco _titrosko_ che sta a significare perforare o trafiggere, e indica il segno che lascia nel momento in cui una persona lo subisce.

Nel 1925 Freud nel libro _Inibizione, sintomo e angoscia_, definisce l'essenza del trauma in una sensazione di impotenza dell'Io; in psicoanalisi viene concepito come la parte della personalità che valuta la realtà esterna e interna, e ha funzione protettiva e difensiva. L'Io è la vittima del trauma poiché l'evento irrompe nelle sue capacità difensive e lacera lo schermo protettivo creato dai meccanismi difensivi dello stesso Io.

La differenza tra l'approccio psicoanalitico e la psico-traumatologia contemporanea sta nel fatto che in psicoanalisi il trauma può avvenire anche solo per cause interne, il ricercatore si astiene totalmente dal giudizio su questo punto e si limita a descrivere i fatti traumatici accertati e le loro conseguenze misurabili.

In psico-traumatologia invece gli eventi traumatici hanno grande importanza in sé, perché vengono considerati la causa del danno psicologico.

Il sistema di valutazione primario basato sulla connessione talamo-amigdala innesca processi di _coping_ automatici, dati biologicamente, che si riducono a tre comportamenti: immobilizzazione, fuga e combattimento. Nei processi automatici governati dalla paura non esiste una vera e propria valutazione secondaria, la risposta è innescata di default.

Bessel (2005) afferma che: "il problema centrale è costituito dall'incapacità di assimilare la realtà di specifiche esperienze con la conseguente ritualizzazione ripetitiva del trauma in immagini, comportamenti, stati fisiologici e relazioni interpersonali" (p.23).

Nella sua opera l'autore sopra citato, sottolinea l'importanza di stabilire condizioni di sicurezza all'interno della relazione terapeutica e mai di forzare esplorazioni delle vicende traumatiche nel paziente poiché potrebbe incrementare i sintomi piuttosto che alleviarli.

Per comprendere quanto un evento traumatico può essere intenso, vanno considerate le variabili correlate all'evento traumatico, ma non solo, che le caratteristiche personali del soggetto preso in esame, in particolar modo alla sua vulnerabilità e alla sua resilienza.

La resilienza è un termine che sta a significare la capacità di far fronte in maniera positiva a eventi percepiti come traumatici, riuscendo a riorganizzare la propria vita positivamente nonostante le difficoltà che il fato ci fa affrontare ogni giorno, ricostruendosi restando sensibili alle opportunità positive che la vita offre, senza mai alienarsi.

L'uscita dallo stato di emergenza non è quasi mai indolore, avviene per gradi e si manifesta attraverso svariate serie di comportamenti e sentimenti. Per certe persone questa fase di uscita è relativamente breve, con sintomi non poco accentuati e senza danni permanenti; altri invece, si manifestano in una pesante rete di sintomi di sofferenza psichica, portando per lungo tempo ferite doloranti che non si cicatrizzano. Nella vita pratica delle persone che hanno subito un trauma, si mescolano quasi sempre sia sintomi di profondo malessere psicologico, sia attività positive ed efficaci di superamento della situazione. Quando le persone parlano della loro esperienza, questa mescolanza emerge quasi sempre in modo visibile e chiaro.

Come indicato dalla letteratura specializzata e codificata nel DSM-V le reazioni più frequenti, di cui le persone sono ben consapevoli, sono i sintomi dissociativi. Le persone sembrano perdere il contatto con la realtà, con la loro esperienza e con loro stesse, sulla base di una potente negazione di quello che è successo o sta ancora accendendo.

Certe volte la dissociazione consiste nell'incapacità di reagire emotivamente nel modo appropriato, ci si sente emotivamente anestetizzati. La dissociazione si basa sul "non è possibile", sull'estrema difesa della mente che si sente vacillare e che blocca tutto. Alcune volte le persone possono svenire o restare completamente immobilizzate o addirittura muoversi come automi. I sintomi dissociativi possono essere visti come un'estensione della reazione di *freezing*.

Freud in "Introduzione alla psicoanalisi" (1932) scrive: quando un evento traumatico scuote quelli che erano stati fino ad allora i fondamenti della sua esistenza, un individuo subisce una tale scossa da perdere ogni interesse per il presente e il futuro e da rimanere assorbito psichicamente dal passato in maniera durevole.

Krystal nel 1998, in *Affetto, Trauma, Alessitimia*, riconosce l'insorgere di gravi disturbi psicologici in soggetti che hanno vissuto esperienze traumatiche. Il trauma psichico determina un cambiamento nel senso del sé delle vittime e dei rapporti interpersonali che intraprendono; gli eventi traumatici vissuti in precedenza vengono rivissuti attraverso flashback e sogni ricorrenti inducendo una regressione nella gestione di sé stessi e degli affetti.

Come detto precedentemente il trauma può compromettere l'esame di realtà e le difese. A livello somatico le persone si presentano maggiormente irritabili, con disturbi del sonno, d'ansia e con l'uso o abuso di sostanze per placare il senso incolmabile di vuoto che hanno.

Non esiste un modo oggettivo per quantificare la natura traumatica di un evento, ma lo si può decifrare solo attraverso l'esperienza soggettiva che se ne fa, ciò spiega perché uno stesso evento traumatico può suscitare reazioni diverse in soggetti differenti.

Krystal (1999) parla di **trauma psichico catastrofico:** *il trauma psichico è definito una resa a ciò che viene vissuto come un periodo inevitabile di origine esterna o interna. È a realtà psichica della resa a ciò che viene vissuto come una situazione intollerabile senza via d'uscita che fa sì che si abbandonino le attività che salvaguardano la vita. La valutazione che la situazione è di estremo pericolo e la resa ad essa danno inizio al processo traumatico* (p.200).

Questo processo traumatico è quello che si inserisce con più facilità in tutte le condizioni di maggior vulnerabilità.

Disturbo da stress post traumatico e sintomi correlati all'ansia
*Ci pare invece degno di attenzione questo fatto: viene in luce che esistono
tra gli uomini due categorie particolarmente ben distinte: i salvati e i
sommersi. Altre coppie di contrasti (i buoni e i cattivi, i savi e gli stolti, i
vili e i coraggiosi, i disgraziati e i fortunati) sono assai meno nette,
sembrano meno congenite, e soprattutto ammettono gradazioni intermedie
più numerose e complesse. [...] Nella storia e nella vita pare talvolta di
discernere una legge feroce, che suona "a chi ha, sarà dato; a chi non ha, a
quello sarà tolto". Nel Lager dove l'uomo è solo e la lotta per la vita si
riduce al suo meccanismo primordiale, la legge iniqua è apertamente in
vigore, è riconosciuta da tutti. [Levi 1958, 78-79].*

Nell'antica terminologia psichiatrica esistevano molti termini
obsoleti o difficilmente giustificabili come ad esempio le diagnosi
che localizzavano l'origine dei problemi psichiatrici in organi
interni o in stati d'umore.

Il Disturbo Post-traumatico da Stress (PTSD) è una definizione
diagnostica recente, ma altrettanto problematica per via della
definizione stessa del termine che accorpa stress e trauma mentale.

L'idea di post- traumatico favorisce la definizione retrospettiva de
gli eventi che sono classificati come traumatici sulla base dei loro
effetti patogeni sul lungo termine; questa definizione include anche
sia disgrazie di tipo ordinario che atrocità come l'Olocausto, e ciò
costituisce un punto di partenza precario per una teoria eziologica
dei disturbi causati dallo stress.

Quasi tutte le ricerche sul Disturbo da Stress Post-Traumatico sono
basate su presupposti generalmente accettati ma non ancora
dimostrati, il primo dei quali è che la reazione iniziale a un trauma,
che in seguito porterà al PTSD, sia una reazione normale a un
evento anormale.

La convinzione che il PTSD è una reazione normale a situazioni
anormali è basata sul due tipi di presupposti: L'evento che causa
questo disturbo è anormale Che tutte le razioni rientrino nei limiti
di quelle previste per tali *stressor*, e che, in effetti, siano reazioni che
ci si aspetta di osservare nella maggioranza delle persone che
debbano affrontare tale trauma (*American Psychiatric Association*,
1980).

Questo disturbo psicopatologico rientra nello spettro dei Disturbi di Ansia ed è l'unico per il quale è richiesto, nella diagnosi, il riferimento ad un evento esterno al quale imputare l'insorgere della sintomatologia presente nel paziente.

Colpisce le persone che hanno o stanno vivendo un'esperienza traumatica.

È necessario specificare che il PTSD è acuto nel momento in cui la durata dei sintomi è inferiore ai 3 mesi, mentre è cronico se la durata dei sintomi è da 3 mesi in su; può anche definirsi ritardato se l'esordio dei sintomi avviene almeno 6 mesi dopo l'evento stressante.

È comune che i soggetti affetti da PTSD presentino altri disturbi in correlazione, ad esempio troviamo: Abuso di sostanze, Disturbi Affettivi e Disturbi di Ansia con o senza attacco di panico, ma non solo, possiamo trovare anche Disturbi Depressivi, Fobie Sociali o Specifiche, Disturbi di personalità in particolar modo Disturbo Borderline di Personalità, ma anche Disturbi Somatoformi. (DSM-V, 2014).

Il disturbo post traumatico da stress si manifesta in conseguenza di un fattore traumatico estremo, in cui la persona ha vissuto, visto, o si è confrontata con un determinato evento o con eventi che hanno implicato minacce di morte o minacce all'integrità fisica o psicologica propria o dei propri cari.

La risposta della persona comprende paura intensa, sentimenti di impotenza e l'evento traumatico viene rivissuto persistentemente con ricordi intrusivi e ricorrenti.

L'insorgenza di questo disturbo può avvenire anche a distanza di mesi dall'evento traumatico e la sua durata può variare da qualche mese alla cronicità, per questo motivo è consigliabile trattare nell'immediatezza questo disturbo.

Il PTSD può essere affrontato clinicamente in modi differenti poiché rientra nella categoria generale dei Disturbi d'Ansia per i quali la psicoterapia cognitivo comportamentale ha sviluppato molteplici mezzi ampiamente efficaci.

PTSD e impulsività

La letteratura scientifica ha studiato la correlazione tra impulsività e Disturbo da Stress Post-Traumatico dimostrando che c'è una correlazione stretta tra multi-impulsività, disregolazione degli affetti e PTSD.

Weiss e colleghi (2012) hanno dimostrato in vari articoli che il PTSD è strettamente collegato con comportamenti altamente impulsivi e antisociali.

Freud (1905) ha anche definito la pulsione un concetto che sta al confine tra lo psichico e il corporeo.

Mentre secondo Kernberg (1984) i disturbi impulsivi e l'incapacità di controllo rappresentano le tipiche debolezze dell'Io, il quale ha scarsi confini identitari, è frammentato e scisso tra il mondo interno ed esterno, dipendente e insicuro; caratteristiche, queste, che dominano nei soggetti affetti da Disturbo da Stress Post Traumatico in particolar modo nei Rifugiati Richiedenti Asilo.

Infatti in questi soggetti l'impulsività e la rabbia costituiscono dimensioni psicopatologiche di riscontro comune. I soggetti affetti da questa patologia infatti sperimentano ansia, gesti autolesivi e sintomi dissociativi, oltre a sintomi corporei.

La maggior parte dei migranti infatti sono forzati e non hanno possibilità di scelta diventando quasi degli oggetti alla ricerca della loro soggettività. Nel percorso alla ricerca di una propria nuova identità e nell'attesi di documenti regolari si sperimentano tantissime emozioni che quando son mal tollerate esplodono attraverso atti impulsivi, dettati dal senso di impotenza e paura.

È fondamentale stabilire una corretta diagnosi per poi impostare un altrettanto corretto percorso di terapia sia farmacologico che psicoterapico.

Lo scopo della psicoterapia comportamentale è aiutare il soggetto ad identificare e controllare i pensieri e le convinzioni negative, identificando gli errori logici contenuti nelle convinzioni e le alternative di pensiero e di comportamento più funzionali e vantaggiose in relazione all'evento traumatico vissuto.

Alcune tecniche utilizzate sono riportate qui sotto.

L'esposizione: molto utile per ridurre le situazioni di evitamento. Il paziente viene invitato a rivivere l'evento nella propria mente e a raccontarlo al terapeuta.

Questa procedura si pone l'obbiettivo di permettere al soggetto di percepire e rivalutare in modo controllato l'oggetto o l'evento che scatena timore, permettendo al paziente di riappropriarsi delle funzionalità sociali e quotidiane che ha perso a causa dei relativi evitamenti dovuti ai sintomi acuti dell'ansia.

Ri-etichettamento delle sensazioni somatiche: consiste nella discussione concreta sulla natura delle sensazioni differenti favorendo una concretizzazione delle sensazioni percepite. La possibilità di discutere con il paziente delle cause dei singoli sintomi, con eventuali esempi anche calibrati sulle comuni esperienze di ogni giorno, ha la funzione di normalizzare la condizione soggettiva del paziente.

Ristrutturazione cognitiva: il paziente va aiutato a riconosce i propri schemi mentali automatici legati all'evento traumatico, i quali sono intrusivi, cercando di renderlo cosciente dell'alterazione emotiva collegata al trauma vissuto. Grazie a questo lavoro il soggetto sarà capace di darsi spiegazioni alternative e maggiormente realistiche, adattive e concrete.

EMDR: è la desensibilizzazione e rielaborazione attraverso movimenti oculari (*Eye Movement desensitisation and reprocessing*). È una tecnica moderna messa a punto da F. Shapiro nel 1989 e si basa sulla scoperta che alcuni stimoli esterni possono essere particolarmente efficaci per superare i traumi.

Homework: sono i famosi compiti per casa attuati tra una seduta e l'altra. Questi compiti specifici sono progettati insieme al soggetto e consistono spesso in diari o in schede di analisi delle cognizioni associate agli eventi.

Per anni si è studiato il comportamento di chi soffre di ansia e di stress, si son scoperte molte ottime terapie per aiutare insegnando a chi ci soffre di conviverci.

Nel prossimo capitolo parleremo del metodo della scrittura creativa ideato e standardizzato da Pennebaker (1988).

La scrittura creativa

Prima di affrontare il discorso della scrittura creativa come metodo terapeutico è fondamentale introdurre il concetto di inibizione.

L'inibizione è un meccanismo di difesa attuato dalle persone per contrastare situazioni difficili o vergognose da rivivere e da raccontare, tanto che ad un certo punto si nega anche a se stessi di averle vissute. L'inibizione influisce spesso sulla funzione immunitaria e sul funzionamento biochimico del cervello. Nel momento in cui inibiamo eccessivamente i nostri pensieri, comportamenti o stati d'animo, aumentiamo il rischio potenziale di riscontrare malattie. Al contrario nel momento in cui riusciamo a mettere a confronto i nostri pensieri e sentimenti profondi traiamo molteplici benefici sia a livello fisico che psicologico.

Inibire qualcosa comporta un notevole sforzo fisico con dispendio di energie utili per affrontare vari problemi, inibire produce anche cambiamenti biologici sia a lungo che a breve termine. Con il passare del tempo l'arduo lavoro di inibizione agisce sull'organismo come uno *stressor* cumulativo, oltre al fatto che influisce sull'abilità di pensiero offuscandolo e rendendoci incapaci di distinguere cosa stia realmente accadendo.

Freud (1913) inizialmente sosteneva da una parte che molti dei nostri comportamenti naturali come il sesso dovevano essere controllati per il bene della società, rendendo l'inibizione un collante per la civiltà; dall'altra affermava che la repressione degli impulsi sessuali imposta dalla società era fonte di conflitti e ansia.

Pennebaker (1995) afferma a questo proposito che i traumi infantili influiscono sulla salute dell'adulto più delle esperienze traumatiche avvenute negli ultimi tre anni; i traumi subiti nell'infanzia e non rivelati possono influire negativamente sulla salute degli adulti.

Nell'ultimo decennio infatti hanno continuato a dimostrare che l'inibizione a parlare o scrivere di importanti eventi emotivi vissuti è un rischio per la salute.

Pennebaker (2004), afferma che la confessione è in grado di neutralizzare molti dei problemi di inibizione; lo scrivere o il parlare di ciò che ci disturba può avere effetti sgradevoli anche sui nostri valori più profondi, sul modo si vederci e considerarci e sul nostro modo pensare quotidiano.

Egli afferma infatti che si preferisce parlare che ascoltare generalmente, poiché la maggior parte delle persone trova piacevole comunicare i propri pensieri.

La confessione di azioni che contraddistinguono i nostri valori personali può ridurre l'ansia e lo stress fisiologico.

Pennebaker (1990) iniziò a elaborare la teoria della scrittura creativa dopo un'esperienza personale in cui notò correlazione tra i suoi attacchi d'asma e l'avvicinamento famigliare. Questi attacchi s'asma finirono nel momento in cui riuscì ad ammettere a se stesso i problemi vissuti durante l'infanzia con la sua famiglia.

Dell'esistenza di una correlazione fra asma, congestione e altri cambiamenti a livello respiratorio e il conflitto psicologico fu riscontrata tempo addietro da Wolff e Wolf nel loro libro intitolato *The Nose* (1950).

Parlare di un trauma normalmente è una risposta naturale umana, ma quando questa risposta viene bloccata compaiono lo stress e le malattie. I benefici di parlare dei traumi subiti vanno oltre il superamento dell'inibizione stessa.

Per gli autori conflitti psicologici diversi sono correlati a cambiamenti specifici nell'organismo. La cosa assurda è che raramente siamo consapevoli della relazione esistente tra certe circostanze psicologiche e le nostre patologie, ma la cosa più assurda di quella precedente è che nel momento in cui ci rendiamo consapevoli la malattia migliora automaticamente senza nessuno sforzo.

Freud (1913) afferma che in modo convincente che le persone utilizzano un arsenale di meccanismi di difesa, come ad esempio il diniego, per escludere dalla coscienza la sensazione d'ansia e la sofferenza psicologica, senza accorgersi però che in realtà resta a livello subconscio e il corpo ne risente il doppio.

Quando poi prendiamo consapevolezza delle cause psicologiche dei nostri problemi di salute, i disturbi si riducono in maniera considerevole. Essendo consapevoli della relazione causa-effetto possiamo prevenire e controllare la reazione a determinate situazioni.

Alla fine dell'Ottocento S. Freud iniziò a costruire una teoria generale della personalità in cui affermava che il confronto con i propri traumi ha effetti positivi. Molte delle prime tecniche utilizzate da Freud erano apprese dal medico Joseph Bruner, che le chiamava "cura della parola".

Secondo Bruner (1983) il fatto di parlare, attraverso l'ipnosi, delle cause dei sintomi serviva a guarirli. Però Freud successivamente scoprì che poteva ottenere gli stessi risultati chiedendo semplicemente al paziente di parlare dei suoi sentimenti e pensieri più profondi in un semplice stato di rilassamento.

I due autori, collaborando si resero conto che il valore della cura della parola stava nella capacità di lasciare libero sfogo alle emozioni accumulate nel tempo che la persona teneva represse. Infatti ammettere le proprie emozione dinnanzi a sé stessi e ad altre persone svolge una funzione comunicativa importante.

La tecnica della scrittura creativa nacque dopo un'esperienza personale di Pennebaker, che trovandosi in un momento buio della sua vita in cui si stava separando dalla moglie e rifiutandosi di andare da un collega psicologo decise di scrivere i suoi sentimenti.

Successivamente iniziò a realizzare che su di lui questa scrittura aveva avuto un effetto rigenerante e decise di standardizzarla con i suoi alunni dell'università in cui aveva una cattedra.

Vide che i risultati erano analoghi a quelli che aveva avuto lui stesso e da quel momento la sperimentò in vari ambiti della psicopatologia.

Riscontrò che il fatto di scrivere dei pensieri e dei sentimenti più profondi attinenti al trauma vissuto induceva un miglioramento dell'umore con conseguente atteggiamento positivo e maggiore salute fisica.

Pennebaker (2004) dice: *"nel nostro organismo ci sono diversi generi di globuli bianchi, o linfociti, che controllano la funzione immunitaria"* (p.57). Nell'esperimento effettuato per vedere l'indice dei globuli bianchi prima e dopo l'esperimento di scrittura creativa, si notò che le persone che avevano scritto dei pensieri e sentimenti relativi alle loro esperienze traumatiche avevano un funzionamento immunitario più intenso rispetto al campione di prova che aveva trattato argomenti superficiali.

Quest'ultime infatti non avevano diminuito le solite visite di cura presso l'infermeria del campus mentre l'altro gruppo le aveva dimezzate. Questo studio dimostrò che i benefici ottenuti dipendevano dagli argomenti trattati e dal modo di esprimersi scrivendo, d'altro canto dimostrò anche che non è facile in entrambi i casi trattare per iscritto gli stati d'animo bensì è molto doloroso.

Non solo però migliorava la salute di chi utilizzava questo metodo ma riduceva anche gli stati d'ansia e di depressione. Pennebaker (2004) si pone anche delle domande a cui dà risposte esaustive su come usare il metodo della narrazione creativa: Argomento della scrittura: non è essenziale l'argomento è altresì importante esplorare sia l'esperienza oggettiva che i sentimenti provati a riguardo a determinate esperienze. Non bisogna preoccuparsi della grammatica o della struttura della frase.

Dove e quando scrivere: bisogna scrivere ogni qual volta se ne ha voglia o se ne sente il bisogno. Ciò nonostante bisogna stare attenti a non scrivere troppo correndo il rischio di sostituire la scrittura alle azioni o usandola come strategia di evitamento.

Che uso fare del testo: per riuscire a esprimersi in maniera onesta e senza freni consiglia di usare il testo per sé stessi così da non stare troppo attenti alla grammatica o nel cercare di non ferire nessuno, poiché questo potrebbe creare un blocco.

Esiste un metodo alternativo alla scrittura: si attraverso un monologo registrato ma questo crea delle restrizione poiché per parlare a voce alta di certi argomenti che già bloccano il nostro pensiero si ha necessità di uno spazio isolato e privato. Cosa si dovrebbe provare prima e dopo la scrittura: subito dopo la scrittura ci si può sentire tristi e depressi, ma questi sintomi passano circa un'ora dopo l'insorgenza.

Quando una persona rivela per la prima volta una esperienza traumatica vive un cambiamento. Si è notato che molto spesso quando le persone scrivono dei loro segreti personali, certi aspetti della loro personalità mutano momentaneamente. Questa trasformazione fa parte di una esperienza che l'autore chiama del **lasciarsi andare** in quanto si perdono le normali inibizioni (Pennebaker, 2004).

Si notarono vari aspetti dovuti a questo lasciarsi andare durante una sperimentazione orale di questo esperimento che sono congruenti con quelli che si ottengono quando una persona scrive: cambia la tonalità della voce tanto da non sembrare nemmeno la voce iniziale, così come nella scrittura cambia la grafia nel passaggio di un argomento all'altro.

Si parla molto velocemente, così come si scrive molto di più, quando si è in ansia nel momento in cui si affrontano argomenti che abbiamo percepito come traumatici.

Rimosse le inibizioni il linguaggio rimane molto più fluido e gli argomenti restano connessi tra loro mentre prima si nota un cambio di argomento da un momento all'altro.

Spesso due argomenti in contrasto tra loro si attivano a vicenda senza che l'autore ne sia cosciente. Quando viene toccato un argomento poco dopo compare anche il suo opposto. Infatti spesso quando i racconti iniziano immediatamente lodando qualcuno o qualcosa che ha fatto poco dopo nel racconto, nove volte su dieci, l'autore prepara un violento attacco.

Una parola rivelatrice è l'avverbio <u>veramente</u> o <u>sinceramente</u>, di solito la parola appare all'inizio del testo quando l'autore si sta ancora trattenendo, infatti spesso indicano inibizione e nel momento in cui l'autore sperimenta il lasciarsi andare si nota che compiono molto raramente. (Pennebaker, 2004)

Le associazioni tra argomenti, cambiamenti dello stile di narrazione e la diminuzione di parole come veramente sono più evidenti quando l'autore abbandona l'inibizione.

La cosa tra le più interessanti del lasciarsi andare sono le somiglianze con lo stato di trance, molte persone infatti riferiscono di perdere il senso del tempo e dello spazio quando scrivono.

Erickson (1932) considera questa esperienza una forma di stato ipnotico, egli ritiene che nella psicoterapia sia utile sia per conoscere in maniera più approfondita i problemi del paziente che per modificare il corso della terapia.

Questa esperienza è il segnale di un momentaneo venir meno di tantissime inibizioni e freni sociali normali.

Nel 1980 Don Fowles riassunse risultati di dozzine di studi e percepì che alcune misure del sistema nervoso autonomo operavano secondo principi totalmente differenti.

L'approccio di Fowles è stato sviluppato sulla base delle teorizzazioni di Jeffrey Gray che tempo addietro aveva distinto un sistema di inibizione comportamentale e un sistema di attivazione comportamentale.

Fowles propose l'esistenza di misure del SNA indipendenti che riflettono l'inibizione comportamentale, ad esempio l'aumento della sudorazione delle mani in momenti inibitori, chiamata attività elettrodermica. Questa attiva non è collegata con il resto della sudorazione corporea che ha la funzionalità di ristabilire la temperatura corporea, bensì questo tipo di sudorazione è collegata allo stato di stress.

Secondo l'autore più una persona inibisce i suoi stati mentali più le mani sudano aumentando i livelli di conduttanza cutanea. Utilizzando questi dati poterono scoprire che la tecnica della confessione fosse realmente un chiaro allentamento dei freni inibitori.

Si conclude quindi affermando che la terapia della scrittura creativa aiuti le persone a trasformare le emozioni in parole così da poterle concretizzare, riducendo i sintomi di ansia e stress, permettendo alle persone di avere una differente chiave di lettura degli eventi traumatici e permettendogli di superarli. Ciò non vuol dire che basta scrivere, ma si necessita comunque di un percorso psicoterapico, e alcune volte anche farmaceutico, di supporto nell'affrontare determinati argomenti difficoltosi.

Attaccamento e *expressive writing*

Nella prima metà del Novecento si videro affiorare le prime teorie basate sul ruolo dell'attaccamento nello sviluppo psicofisico del bambino, grazie a John Bowlby (1969) queste teorie vengono tutt'ora utilizzate per spiegare i comportamenti degli adulti.

Lo psichiatra inglese nel corso delle sue ricerche noto che il bambino non era solo in cerca di nutrimento bensì di protezione, serenità e calore affettivo da parte della madre. Fu esattamente in quel momento che si interrogò su quali fossero le conseguenze dei diversi stili di attaccamento, che identificò come sicuro e insicuro.

Utile è fare una distinzione tra i tre concetti fondamentali di Bowlby (1969): l'attaccamento in sé, il comportamento di attaccamento e il sistema di comportamenti di attaccamento.

Il comportamento di attaccamento viene definito da Bowlby come "ogni forma di comportamento che appare in una persona che riesce ad ottenere o a mantenere vicinanza a un individuo preferito" (Bowlby, 1969, p. 242), questo comportamento è quindi attivato da una situazione di separazione dalla figura primaria, o con una minaccia a codesta figura, e viene eliminato con la nuova vicinanza.

L'autore afferma che la differenza sostanziale tra l'attaccamento e il suo comportamento è che il primo non si raffigura con la ricerca della vicinanza in una situazione momentanea, ma nel comportarsi in un modo pressoché invariato nel corso del tempo, che non cambia nel corso del tempo come invece accade per il comportamento di attaccamento (Bowlby, 1988).

L'attaccamento si sviluppa durante la prima infanzia attraversando varie fasi e evolvendo in attaccamento sicuro o insicuro. La possibilità di avere un attaccamento sicuro fornisce al bambino una base sicura.

Molti studi hanno confermato che in base al tipo di attaccamento sperimentato durate l'infanzia, si ha una determinata predisposizione divenuti adulti.

Spesso gli adulti infatti, ripropongono i modelli di relazione che hanno interiorizzato durante il periodo infantile grazie ai modelli operativi interni.

Questi modelli operativi sono delle rappresentazioni mentali che contengono informazioni su di sé e sulle figure di attaccamento, che rappresentano la maniera più probabile in cui una persona risponde all'altro con il cambiare delle condizioni ambientali.

Quando un soggetto ha uno stile di attaccamento sicuro la scrittura creativa è necessaria solo in relazione ad eventi altamente traumatici.

Nel soggetto con stile evitante l'EW è un'ottima opportunità di rielaborazione di vissuti affettivi non precedentemente affrontati.

Nell'ansioso-evitante c'è necessità di strutturare la scrittura creativa attraverso consegne che stimolino l'espressione costruttiva dei vissuti.

Nel disorganizzato invece si è notato che sono rare le volte in cui si è riscontrato un vero e proprio effetto positivo dell'EW.

L'utilizzo *dell'expressive writing* con i rifugiati Politici
Come analizzato precedentemente la situazione dei migranti si connette a traumi ed effetti negativi a breve, medio e lungo termine.

Freud (1925) afferma che l'esistenza del trauma è una sensazione di impotenza dell'Io; l'Io è la vittima del trauma poiché l'evento irrompe nelle sue capacità difensive e lacera lo schermo protettivo creato dai meccanismi difensivi dello stesso Io.

Come indicato dal DSM-V (2014) le reazioni più comuni sono i sintomi dissociativi, le persone sembrano perdere il contatto con la realtà, con la loro esperienza e con loro stessi, sulla base di una potente negazione di quello che è successo o sta ancora accadendo.

Bessel (2005) afferma che il principale problema è costituito dall'incapacità di assimilare la realtà a specifiche esperienze con la conseguente ritualizzazione del trauma in immagini, stati fisiologici, comportamenti e relazioni interpersonali.

Krystal (1998) riconosce l'insorgere di gravi disturbi psicologici in soggetti che hanno vissuto dei traumi. Il trauma psichico determina un profondo cambiamento del sé e dei rapporti interpersonali, gli eventi traumatici vengono rivissuti attraverso *flashback* e sogni ricorrenti.

Secondo Kernberg (1984) i disturbi impulsivi e l'incapacità di controllo rappresentano le debolezze dell'Io, il quale ha confini identitari scarsi e frammentati, caratteristiche che dominano nei soggetti affetti da Disturbo da Stress Post Traumatico, in particolar modo presenti nei Rifugiati Richiedenti Asilo.

La rabbia e l'impulsività infatti costituiscono dimensioni psicopatologiche di riscontro comune.

Difficilmente queste persone accedono a interventi psicoterapeutici più classici e che pertanto può essere utile pensare a strategie di intervento brevi e mirate che possano aiutarli a far fronte alle difficoltà psicologiche provate.

In tale direzione il paradigma di Pennebaker ci aiuta a trovare una strategia di intervento mirata e veloce.

Come analizzato nei capitoli precedenti Pennebaker (2004) afferma che il metodo *dell'expressive writing* possiamo capire ciò che affligge l'altra persona, aiutandola a superare traumi di differente portata.

Come affermato nei capitoli antecedenti le persone che si trovano costrette a migrare dal loro paese d'origine, per motivi vari, subiscono una condizione di frustrazione e provano sentimenti di abbandono, poiché molte di queste persone scappano per preservare la loro vita lasciando affetti e familiari nei loro paesi originari.

Gli immigrati possono andare incontro a vari problemi psicologici a causa della loro condizione, dai sensi di colpa fino alla depressione per aver fallito. In alcune tipologie di persone ferite, si può arrivare a delle manifestazioni di aggressività, delinquenza o abuso d'alcol.

Vi è una notevole difficoltà di relazione e di comunicazione con soggetti di provenienza culturale eterogenea, nonostante l'intervento molte volte di mediatori culturali, poiché la reciproca comprensione viene ostacolata dalle notevoli differenze negli stili di vita praticati e che si frappongono alla totale comprensione del messaggio veicolato attraverso i gesti e le parole. (Chakravorty, 2006).

Chakravorty nel 2013 sottolinea l'enorme difficoltà di conoscere una lingua straniera nella sua più profonda struttura. La profondità di una lingua ha infatti caratteristiche semantiche derivate da un complesso di informazioni di natura culturale, quasi geneticamente determinate, in quanto fanno parte di un patrimonio.

La contestualizzazione delle problematiche relative alla comunicazione in un contesto filosofico democratico sono state già affrontate precedentemente da Bobbio (1984), il quale parla dei valori necessari alla realizzazione di uno stato democratico. Bobbio sostiene che c'è bisogno di tolleranza, di non violenza e di fratellanza che permettono a uomini di differenti paesi ma con un destino comune di poter vivere serenamente insieme e in pace.

Appiah (2007) afferma l'importanza del dialogo e della conversazione quali strumenti e metodiche fondamentali per la ricerca di una convivenza pacifica fra persone di lingue e culture differenti.

Per l'autore se mettersi in viaggio significa lasciare persone care, cose e abitudini solite, la migrazione implica una frattura, il distacco forzato da qualcuno e qualcosa.

Migrare significa abbandonare tutti gli involucri che ci hanno protetto sino a quel momento. Il risultato è quello di trovarsi a metà strada tra due culture, quella di provenienza e quella nuova che ci accoglie.

Biorci (2009) afferma che *tra le variabili che più spesso si riscontrano nei colloqui terapeutici introduttivi, vi sono le situazioni di difficoltà di percezione di se stessi e in relazione al mondo esterno. Il disagio che ne deriva sono momenti di scollamento in cui l'individuo si sente spaesato e rischia di sviluppare delle tecniche o delle modalità di sopportazione o superamento del disagio che possono sfociare in comportamenti usualmente reputati devianti o violenti. Molto spesso le lunghe separazioni, ma anche i ricongiungimenti, sono fonte di grandi tensioni nelle persone immigrate* (Biorci, 2009, p. 214).

Una situazione che appare nuova e inusuale crea molto spesso incertezza e smarrimento e richiede un tempo di adattamento più o meno prolungato a seconda della personalità di chi affronta le situazioni e dei luoghi nei quali prendono forma.

È ricorrente che avvenga un sentimento di solitudine nel migrante e di un enorme disagio di fronte all'ignoto, poiché si trova invischiato in una società che fatica a comprendere e si sente privato della propria identità culturale.

Winnicott (1971) considera l'identità culturale come un'estensione dello "spazio potenziale" tra l'individuo e il suo ambiente. L'uso di tale spazio è subordinato alla formazione di uno spazio fra due: tra l'Io e il non-Io, tra il Passato e il Futuro, tra il Dentro e il Fuori. Se la creazione di questo spazio non avviene, si determina una rottura nel rapporto di continuità tra l'ambiente circostante e il sé.

L'*oggetto transizionale* viene vissuto come qualcosa di non creato e controllato soggettivamente, un qualcosa che si trova nel mezzo. La madre crea quello che Winnicott definisce l'ambiente di holding: uno spazio fisico e psichico in cui il bambino è protetto senza sapere di esserlo, in modo che proprio questa dimenticanza costituisca la base dalla quale potrà partire spontaneamente per le esperienze successive.

Così il migrante, con la perdita dei propri oggetti rassicuranti, subisce una diminuzione delle proprie capacità creative; il loro recupero dipenderà dalla possibilità di elaborare lo stato di deprivazione e dalla personale capacità di superarlo.

Può essere difficile trattenere o inibire i propri sentimenti e pensieri poiché con il passare del tempo l'inibizione può indebolire il sistema difensivo dell'organismo. Pennebaker infatti ipotizza che inibendo in maniera eccessiva i nostri pensieri andiamo incontro a malattie più o meno gravi. Nel momento in cui intendiamo il nesso esistente tra un evento psicologico che abbiamo sperimentato e il disturbo ricorrente che ci affligge, la salute migliora. L'inibizione attiva può essere infatti considerata uno dei molti *stressor* generali che affliggono la mente e il corpo. Nel corso del tempo se le persone continuano a confrontarsi con il trauma e riescono a risolverlo, ci sarà un abbassamento generale di stress nell'organismo; il confronto costringe a riconsiderare gli eventi, aiuta le persone a comprendere e assimilare l'evento.

Scrivendo o parlando delle esperienze inibite, le persone traducono l'evento in linguaggio; una volta tradotta l'esperienza può essere meglio capita.

Durante la scrittura libera noi abbassiamo le nostre difese e permettiamo al nostro subconscio di liberarsi dei fardelli che porta, quegli stessi fardelli che rovinano la nostra vita nel momento in cui non li "pesiamo".

Inserendosi in tale ambito di ricerca il presente studio a carattere esplorativo si è posta l'obiettivo di analizzare le narrazioni di eventi traumatici e di eventi ordinari in soggetti che hanno richiesto asilo politico, al fine di comprendere come la narrazione faccia emergere i nuclei traumatici e quali variabili influenzino sulla costruzione del racconto.

Metodologia della ricerca

Il nostro campione di soggetti è di 16 persone di cui 4 femmine (25%) e 12 maschi (75%), di età media 27,69 anni (DS= 4,21).

In modo causale 8 soggetti sono stati assegnati alla condizione EW (*expressive writing*) mentre altri 8 alla condizione NW (*neutral writing*).

L'età varia da un minimo di 20 anni a un massimo di 35, con una media di 27,69 anni, con una variazione standard di 4,21 circa. L'81,3% sono sposati mentre il 18,8% sono o separati o celibi/nubili. Abbiamo notato che il 31,3 % (pari a 5 persone su 16) arrivano dalla Nigeria, il 25% dall'Iraq, il 12,5% dall'Ucraina, il 18,8% dall'Afghanistan mentre il 6,3% dalla Libia con un altro 6,3% ignoto.

Nel totale dei soggetti selezionati hanno in media 1 figlio a testa con un minimo di zero e un massimo di 2, con deviazione standard del 0,9.

Strumenti

Le narrazioni sono state analizzate secondo una griglia costruita ad hoc attraverso la letteratura di riferimento (Pennebaker, 2004; Freud, 1925; DSM-V, 2014; Appiah, 2007; Biorci, 2009; Winnicott, 1971; Wolff e Wolf, 1968; Kernberg, 1984; Erickson, 1932; Fowles, 1932; Bowlby, 1988).

La griglia è così articolata

<u>elementi relativi alla persona</u>

  nome

  età

  genere

  stato civile

  figli

  aborti

  provenienza

<u>criteri relativi al processo</u>

  conteggio parole

  conteggio articolazioni grammaticali

  numero frasi

  numero verbi

  numero avverbi

  numero figure retoriche

  numero pronomi personali riferiti a sé

  numero pronomi personali riferiti ad altri

<u>criteri relativi alla narrazione (funzionale pragmatico)</u>

  testi narrativi

  testi descrittivi

  testi argomentativi

<u>criteri di testualità</u>

  coesione (legami lessico-grammaticali)

  coerenza (continuità di senso in un testo)

Coerenza tematica

Coerenza logico-semantica

<u>criteri connessi alle emozioni</u>

 numero riferimenti alla gioia
 numero riferimenti alla felicità
 numero riferimenti alla soddisfazione
 numero riferimenti all'entusiasmo
 numero riferimenti alla tristezza
 numero riferimenti alla rabbia
 numero riferimenti all'insoddisfazione
 numero riferimenti al senso di morte
 numero riferimenti alla disperazione
 numero riferimenti alla paura
 numero riferimenti alla nostalgia
 numero riferimenti ai sentimenti di perdita
 senso di frustrazione

<u>criteri relativi al PTSD</u>

 memorie intrusive
 flashback
 incubi
 insonnia
 irritazione
 sintomi depressivi

<u>criteri relativi alla dimensione temporale</u>

 riferimenti al passato
 riferimenti al presente
 riferimenti al futuro

<u>criteri relativi al locus of control</u>

 numero riferimenti a sé stesso
 numero riferimenti agli altri

Sono stati utilizzati i seguenti strumenti

Per valutare livelli di depressione è stato utilizzato il *Beck Depression Inventory* – II (BDI-II), (Aaron T. Beck, Robert A. Steer e Gregory K. Brown, 1967).

Il BDI-II è uno strumento self-report che consente di valutare la gravità della depressione in pazienti adulti e adolescenti di età superiore ai 13 anni. Il test è composto da 21 Item, restituisce un punteggio totale e due punteggi relativi alle aree che riportiamo qui sotto.

Somatico-affettivo: riguarda le manifestazioni somatiche-affettive della depressione, quali perdita d'interesse, perdita di energia, modificazione nel sonno e nell'appetito, agitazione e pianto etc..

Cognitiva: riguarda le manifestazioni cognitive, quali pessimismo, senso di colpa, autocritica etc....

Per valutare i sintomi di PTSD abbiamo utilizzato il **LOS ANGELES SYMPTON CHECKLIST (LASC)**, (King, 1995). È uno strumento self-report che valuta il PTSD e le sue caratteristiche, composto da 43 Item, valutati su una scala a 5 punti che va da 0 ("nessun problema") a 4 ("problema estremo").

Gli item confluiscono in tre scale sindromiche che riportiamo qui sotto.

Reexpiring; sintomi di rivivificazione del trauma, quali flashback, memorie intrusive, etc.

Avoidance; sintomi di evitamento, tendenza ad evitare tutto ciò che ricordi in qualche modo, o che sia riconducibile, all'esperienza traumatica (anche indirettamente o solo simbolicamente).

Iperarousal. caratterizzato da insonnia, irritabilità, ansia, aggressività e tensione generalizzate.

Per valutare la presenza di sintomi psicopatologici abbiamo utilizzato la SCL-90, questionario self report che misura tanto i sintomi internalizzanti (depressione, somatizzazione, ansia) che quelli esternalizzanti (aggressività, ostilità, impulsività) di pazienti psichiatrici, medicina generale e soggetti non clinici.

Concepita sotto forma di questionario a 90 item per riflettere la configurazione di sintomi psicologici di soggetti non clinici e clinici, la SCL-90 valuta nove dimensioni sintomatologiche primarie.

Somatizzazione (SOM): riflette il disagio legato alla percezione di disfunzioni nel proprio corpo; i sintomi focalizzano sugli apparati cardiovascolare, gastrointestinale, respiratorio, ecc.

Ossessività-Compulsività (O-C): focalizza sui pensieri, sugli impulsi e sulle azioni sperimentati come persistenti e irresistibili, di natura egodistonica o indesiderati.

Ipersensibilità interpersonale (I-S): punta sui sentimenti di inadeguatezza e inferiorità, in particolare in confronto ad altre persone.

Depressione (DEP): sono anche inclusi sentimenti di disperazione, pensieri suicidari e altri correlati cognitivi e somatici della depressione.

Ansia (ANX): comprende segni generali di ansia come nervosismo, tensione, tremori così come attacchi di panico e sensazione di terrore.

Ostilità (HOS): riflette pensieri, sentimenti, comportamenti caratteristici di uno stato affettivo negativo di rabbia.

Ansia fobica (PHOB): è definita come una persistente reazione di paura a una specifica persona, luogo, oggetto o situazione, percepita come irrazionale o sproporzionata rispetto allo stimolo.

Ideazione paranoide (PAR): pensiero proiettivo, ostilità, sospettosità, grandiosità, riferimento a Sé, paura di perdita dell'autonomia e deliri sono tutti espressioni primarie di questo disturbo.

Psicoticismo (PSY): rappresenta il costrutto come una dimensione continua dell'esperienza umana e contiene item indicativi di ritiro e isolamento così come i sintomi di primo rango della schizofrenia.

Sono presenti anche sette item addizionali *(OTHER)* che valutano disturbi dell'appetito e del sonno.

Gli indici globali

Tre indici globali completano la valutazione:

Global Severity Index (GSI): è il migliore indicatore globale dell'intensità del livello di disagio psichico lamentato dal soggetto.

Positive Symptom Total (PST): è rappresentato dal numero di sintomi riportati dal soggetto.

Positive Symptom Distress Index (PSDI): è utilizzato come indice dello stile di risposta.

Gli indici globali offrono maggiore flessibilità nella valutazione complessiva dello stato psicopatologico del paziente, permettendo di disporre di indicatori di gravità sintomatologica e disagio psichico.

È utile per:

- Misurare il cambiamento del paziente
- Valutare i risultati di una psicoterapia.
- Valutare i risultati di una farmacoterapia.
- Identificare precocemente i pazienti a rischio di suicidio

Dopo la raccolta delle narrazioni sono stati somministrati nuovamente i medesimi test.

Il presente lavoro ha preso in considerazione solo la prima somministrazione (t1) e le variabili connesse alle narrazioni.

Procedura

I soggetti sono stati suddivisi nelle due condizioni.

Nella condizione EW ai soggetti è stato chiesto di scrivere di almeno un evento traumatico accadutogli prima o durante la loro migrazione.

Nella condizione NW ai soggetti è stato chiesto di scrivere eventi di vita quotidiana

Quindi 8 soggetti hanno narrato degli eventi che compiono tutti i giorni, come lavare, uscire e portare i figli a scuola, senza entrare però nelle emozioni profonde da loro vissute.

I restanti 8 soggetti hanno invece narrato di esperienze traumatiche da loro vissute, descrivendo chi più e chi meno le emozioni provate durante l'avvenuto.

Le narrazioni sono state analizzate secondo la griglia di codifica da due giudici indipendenti (accordo inter giudice pari a 0.80) con intervento di un terzo giudice nei casi di disaccordo.

Nello specifico è stato conteggiato il numero di parole e/o frasi che soddisfaceva i differenti criteri. I numeri grezzi sono stati trasformati in percentuale sulla base del numero totale di parole dette.

I dati così raccolti sono stati analizzati mediante una correlazione non parametrica con Tau di Kendall, incrociando variabili quali età, genere, condizione psicologica (espressa nei termini di presenza di sintomi di PTSD nelle tre categorie reexpiring, avoidance e iperarousal, depressione, somatizzazione, ossessione compulsione, sensibilità interpersonale, ansia, ostilità, ansia fobica, psicoticismo, disturbi del sonno, paranoia), con le variabili connesse alla narrazione.

Analisi dei risultati
Nel caso di EW il genere correla negativamente al numero di riferimenti di insoddisfazione.

L'età correla negativamente al numero di riferimenti alla paura.

Il *distress* totale correla positivamente al numero di riferimenti al senso di morte.

La somatizzazione correla positivamente con l'ostilità, depressione e disturbi del sonno.

Il conteggio delle parole correla positivamente con la sensibilità interpersonale, paranoia; mentre correla negativamente al numero di pronomi riferiti a sé.

Il numero di riferimenti alla soddisfazione correla positivamente al numero di riferimenti alla rabbia, al numero riferimenti alla nostalgia, all'irritazione e al numero di riferimenti al presente.

Discussione
Per correlazione si intende un sintomo che associato ad un altro spiega il comportamento o il carattere di un campione.

L'*arousal* è una condizione di attivazione del sistema nervoso in risposta ad uno stimolo significativo e di intensità variabile, e il *distress* totale.

La parola stress è utilizzata per indicare una situazione di malessere e tensione, l'essere stressati si associa, come dimostrato in questa ricerca, a disordini come ansia, insonnia, irritabilità stanchezza e depressione. Come afferma anche Pennebaker (2004) lo stress è un fattore importante in grado di influenzare il nostro stato di salute e le ricerche scientifiche lo hanno dimostrato.

Si distingue infatti lo stress positivo, chiamato "*eustress*", da quello negativo chiamato "*distress*".

La somatizzazione, invece, è un fenomeno per cui l'individuo sperimenta un livello variabile di sofferenza psicologica attraverso sintomi fisici. Questi sintomi fisici sembrano inizialmente non possedere una base organica per cui non risulta possibile rintracciare fenomeni fisiopatologici dimostrabili.

Nel NW, è emersa a una correlazione negativa tra età e sintomi di *avoidance,* sintomi di PTSD, ossessione compulsione, ansia, paranoia. Questo, come afferma Pennebaker (2004), è dovuto al fatto che più aumenta l'età e più si inibiscono i traumi vissuti, più ci si trova con un sovraccarico emotivo che sfocia in disturbi psicosomatici.

I sintomi di *arousal* correlano negativamente con il numero di riferimenti alla soddisfazione. I sintomi di *avoidance* correlano positivamente con il numero di riferimenti all'insoddisfazione e al numero di riferimenti alla tristezza. Questi valori non essendo discussi da altri autori va approfondito ulteriormente.

I sintomi depressivi correlano positivamente con il numero di riferimenti alla tristezza, come afferma Pennebaker (2004) la tristezza è un sintomo di umore che ha una funzione adattiva ma che se non analizzato e assimilato più sfociare in disturbi depressivi. Mentre i sintomi depressivi correlano negativamente con la coerenza tematica e con la coerenza logico-semantica. Anche questo punto non ha riscontro in testi scientifici da noi utilizzati e va maggiormente studiato, in una futura sede.

La somatizzazione correla positivamente con l'ansia, la paranoia, lo psicoticismo e la sensibilità interpersonale, mentre si correla negativamente con il numero delle frasi. Come afferma sempre Pennebaker (2004), essendo un fenomeno per cui il soggetto sperimenta livelli variabili di sofferenza psicologica, si noterà un aumento dei livelli sofferenza e una diminuzione della trasformazione degli avvenimenti in parole, ecco perché correla negativamente con il numero delle frasi.

Il numero delle frasi correla negativamente con l'ossessione compulsione, ansia, paranoia, depressione, ostilità, ansia fobica e somatizzazione.

Il *distress* totale correla positivamente con il numero di riferimenti alla frustrazione, come afferma Pennebaker (2004) quando una situazione ci induce nello stress ci si sente frustrati e non si vede via d'uscita.

Nel EW invece il genere correla negativamente al numero di riferimenti di insoddisfazione.

L'età correla negativamente al numero di riferimenti alla paura, come affermato da Pennebaker, al diminuire dell'età accrescono le incertezze quindi aumenta anche la paura.

Il *distress* totale correla positivamente al numero di riferimenti al senso di morte.

La somatizzazione correla positivamente con l'ostilità, depressione e disturbi del sonno; come affermato anche precedentemente, essendo la somatizzazione un fenomeno per cui l'individuo sperimenta un livello variabile di sofferenza, ecco spiegato perché all'aumentare di esso aumentano anche le altre variabili a esso connesse.

Il conteggio delle parole correla positivamente con la sensibilità interpersonale, paranoia; mentre correla negativamente al numero di pronomi riferiti a sé.

Il numero riferimenti alla soddisfazione correla positivamente al numero di riferimenti alla rabbia, al numero riferimenti alla nostalgia, all'irritazione e al numero di riferimenti al presente.

Anche queste due variabili non essendo mai state correlate nei testi da noi utilizzati andranno studiati più approfonditamente.

Conclusione

La scrittura organizza il pensiero e rende accessibile i traumi.

Pennebaker afferma: *Che si parli davanti a un registratore o si scriva in un taccuino, tradurre i nostri pensieri in linguaggio è psicologicamente e fisicamente benefico. Quando una persona scrive sulle sue esperienze sconvolgenti comincia a organizzarle e comprenderle. Scrivere i pensieri e i sentimenti connessi ai traumi, quindi, costringe a integrare le varie sfaccettature di circostanze straordinariamente complicate. Quando riusciamo a distillare le esperienze complesse in blocchi più comprensibili, cominciamo a superare il trauma.* (Pennebaker, 2004 p. 225)

Si è dimostrato questo metodo di analisi un valido strumento psicologico per la comprensione e l'analisi e l'eventuale superamento di moltissimi traumi.

Quindi questo percorso, integrato con altre metodiche scelte ad hoc per ogni singolo paziente, si è dimostrato un valido supporto per il superamento degli eventi traumatici, ciò nonostante lo stesso Pennebaker sosteneva che bisogna sempre integrarlo con un percorso psicoterapico affinché si ottenga un risultato duraturo ed efficace.

Concludendo, una delle terapie migliori per affrontare i traumi è quella di confidarsi con qualcuno su quello che si ha vissuto, ma come si fa se i migranti vivono in uno stato di isolamento emotivo?

Abbiamo notato, come afferma anche Pennebaker (2004), come lo scrivere della vita quotidiana non influenzi meccanismi interni permettendo alla persona di avvolgersi in un involucro protettivo, che le permette di isolare la sofferenza vissuta da quel che accade intorno. Ciò non significa che la persona non soffra o che ha già affrontato i suoi demoni, ma vuol significare che attua processi di negazione pensando che così la sua condizione migliori.

Come appreso anche dalle ricerche di Wolff e Wolf (1968) conflitti psicologici differenti generano cambiamenti specifici nell'organismo.

Questi cambiamenti possono essere più o meno visibili a occhio nudo, ma grazie agli studi di Pennebaker e al suo metodo della scrittura creativa, ora è molto più semplice.

Nella nostra tesi di ricerca abbiamo cercato di unire questo metodo scientifico alla nostra ricerca sui traumi che i migranti vivono.

È raro che le persone si rendano conto della relazione esistente tra certe circostanze psicologiche e le malattie che affliggono il corpo, però quando poi si realizza questa correlazione, il corso della malattia spesso e volentieri migliora.

Lo stesso Freud sostenne in modo convincente che la gente utilizza un arsenale di meccanismi di difesa, per escludere dalla coscienza l'ansia e la sofferenza psicologica.

Questo lo abbiamo dimostrato anche nella nostra ricerca, infatti, nel campione di controllo si nota una correlazione tra i sintomi di evitamento e l'aumento proporzionale di Disturbo da Stress Post Traumatico. Evitare i problemi, con le conseguenti turbe emotive che comportano, fanno aumentare gli *stressor* interni sfociando prima o poi in disturbi somatici o psicologici gravi.

Quando poi prendiamo consapevolezza delle cause psicologiche dei nostri problemi i disturbi spesso si riducono.

Abbiamo notato a proposito di questo che, nel campione clinico i testi che i soggetti hanno scritto sono argomentativi e narrativi mentre quelli del campione di controllo sono testi descrittivi ma non argomentativi.

Per questo motivo si notano anche delle correlazioni con item differenti.

Nel campione di controllo non ci sono riferimenti alle emozioni, mentre nel campione clinico sono descritte anche tutte le paure e le motivazioni che li hanno spinti a scappare dai loro paesi originari.

Nei testi esclusivamente descrittivi venivano citate le abitudini quotidiane senza riferimenti al passato o al futuro bensì una cronicizzazione del vivere giorno per giorno.

Gli studi sui traumi come quello di Freud e quello di Pennebaker affermano che i traumi infantili influiscono sulla salute dell'adulto più di quanto influiscano gli ultimi anni vissuti dai soggetti. I traumi subiti nell'infanzia, così come quelli subiti in fase adolescenziale e adulta, non rivelati a nessuno, influiscono negativamente sulla salute.

Nell'ultimo decennio numerosi studi hanno continuato a dimostrare che l'inibizione a parlare di importanti eventi emotivi è un rischio.

Parlare di un evento traumatico è una risposta umana naturale, ma quando questa viene inibita compaiono stress e malattie a esso correlate.

Intorno alla fine del 1800 Freud costruì una teoria generale della personalità che faceva luce sul perché confrontarsi sui propri traumi aveva effetti benefici. Le prime idee freudiane si basavano sulla tecnica della cura della parola, inventata da Bruner (1895).

Mentre Bruner utilizzava questa tecnica con l'ipnosi, Freud scoprì che bastava chiedere ai pazienti di esporre i loro sentimenti durante la seduta per ottenere risultati analoghi.

Entrambi scoprirono che il valore della cura della parola stava nella capacità di dar libero sfogo alle emozioni che le persone avevano accumulato e represso.

Infatti il fatto di ammettere le proprie emozioni sia a se stessi che di fronte agli altri svolge una funzione comunicativa essenziale.

Nel 1994 Pennebaker, Stefanie Spera e Eric Buhrfeind in uno studio su uomini che erano stati licenziati, avevano affermato che scrivere dei pensieri e dei sentimenti più profondi relativi ai traumi subiti aveva indotto un innalzamento dei livelli d'umore, un atteggiamento positivo e una condizione fisica migliore.

I nostri studi e quelli di Pennebaker mostrano che i benefici che si possono ottenere utilizzando il metodo della scrittura creativa dipendono dal modo e dal contenuto di ciò che si scrive.

Naturalmente è molto doloroso scrivere dei traumi infatti nel nostro esperimento notiamo oltre al numero di riferimenti al passato altissimi mentre inesistenti quelli presenti, un aumento rispetto al campione di controllo di riferimenti alla tristezza, rabbia, insoddisfazione e senso di morte.

Quando una persona scrive degli eventi subiti, si nota una narrazione discontinua poiché non si sofferma sull'argomento ma lo descrive in maniera coincisa e veloce.

Pennebaker aveva notato anche un cambiamento nella grafia, cosa che noi non abbiamo potuto notare poiché i racconti erano scritti al computer.

Abbiamo potuto notare però che nell'esperimento effettuato le persone che hanno scritto dei propri traumi hanno utilizzato maggiormente, rispetto al campione di controllo, vocaboli emozionali riferiti a sé e hanno raccontato la loro storia con frasi più complesse e articolate.

Quando una persona non può controllare una fonte di stress passa a un livello di pensiero basso, questo aiuta a non pensare alla fonte di stress e ai propri sentimenti. Il livello di pensiero alto invece permette di tenere in considerazione la complessità della situazione stressante. (Pennebaker, 2004)

Quando utilizziamo il basso livello di pensiero siamo incuranti di ciò che ci affligge e siamo nel limbo tra il non soffrire e il non essere del tutto felici.

Questo livello insieme a la noncuranza riflettono stili di pensiero che possono proteggerci da emozioni dannose e preoccupazioni.

Con queste spiegazioni su cosa accade in una mente traumatizzata abbiamo cercato di comprendere cosa accadesse nella mente degli immigrati arrivati in città dove non conoscevano la lingua e la cultura.

Ecco perché c'è necessità di solidarietà, poiché nessuno abbandonerebbe mai la propria vita e la propria famiglia se non per scappare da qualcosa che minaccia la loro integrità.

Questi soggetti migranti oltre ad affrontare gli avvenimenti precedenti la loro immigrazione sono costretti ad affrontare anche il viaggio per poi affrontare i cittadini e la cultura in cui vanno a vivere.

Ecco perché quando vediamo un migrante in difficoltà prima di giudicarlo, di cacciarlo dal nostro paese o di pensare subito che sia venuto con male intenzioni, bisogna farsi un esame di coscienza e pensare: e se fossimo noi quei migranti? Dopotutto lo siamo stati per tanti anni, scappati dalle guerre, da governi oppressivi, da paure e insicurezze per il nostro futuro! Non esiste più un cittadino per ogni nazione, ma siamo tutti cittadini del mondo, e tutti dovremmo trovare possibilità di vivere una vita migliore e degna in qualunque parte del mondo. Non devono esistere persone privilegiate e altre svantaggiate perché siamo tutti un'unica catena e anche se solo un piccolo pezzo si rompe, cadiamo tutti insieme.

Ricordiamo infatti cosa recita la Costituzione della Repubblica Italiana all'articolo 3 comma 1: *Tutti i cittadini hanno pari dignità sociale e sono eguali davanti alla legge, senza distinzione di sesso, di razza, di lingua, di religione, di opinioni politiche, di condizioni personali e sociali.*

La Dichiarazione Universale dei Diritti umani adottata dall'Assemblea Generazioni delle Nazioni Unite il 10 Dicembre del 1948, costituita da trenta articoli recita: *è indispensabile che i diritti umani siano protetti da norme giuridiche, se si vuole evitare che l'uomo sia costretto a ricorrere, come ultima istanza alla ribellione contro la tirannia e l'oppressione.*

Malattie Infettive e Immigrazione

Luana Cunsolo

I microbi non pagano dazio e non s'arrestano alle frontiere.

Malattie infettive e immigrazione

L'opinione pubblica percepisce una sorta di *"pericolosità sanitaria"* dell'immigrato, in particolare di chi sbarca, quasi fosse un *"untore"* da cui difenderci e da bonificare: è evidente per noi a questo punto che il tema infettivologico, pur riconoscendo alcune situazioni particolari, non è il principale problema del fenomeno migratorio. Anzi ci può *"distrarre"* da una reale attenzione all'accoglienza, alla tutela della salute in senso globale: pensiamo ai traumi psicologici di persone che scappano da guerre e privazioni, che possono aver subito torture e stupri, che hanno visto annegare parenti e amici.

Per fuggire a tali situazioni i migranti mettono a rischio la propria vita, sono obbligati a viaggiare in condizioni disumane e possono essere oggetto di sfruttamento e abuso,[18] e proprio da quest'ultimo ma anche dalla promiscuità generale in sé che è possibile derivare l'insorgenza e la divulgazione di numerose malattie sessualmente trasmissibili.

Le più comuni malattie che possiamo riscontrare nella popolazione dei migranti sono riportate di seguito

Tubercolosi

È innegabile il *"peso"* rappresentato dagli immigrati sui numeri annuali di nuovi casi diagnosticati nel nostro paese. Il numero dei casi complessivi (italiani e stranieri) di Tubercolosi (TBC) notificati in Italia, nel periodo 2003-2012, ha fatto segnalare una lenta e

---

[18] Integrazione possibile? I edizione Gennaio 2018

progressiva diminuzione dell'incidenza, in accordo con quanto già accaduto nel decennio precedente, fino ai 3.142 casi riportati – seppur provvisoriamente– nel rapporto del Centro Europeo di Sorveglianza delle Malattie nel 2012 (5,2/100.000 abitanti). [19]La popolazione residente in Italia, nel periodo 2003-2012, è cresciuta di poco più del 4%, mentre la popolazione straniera residente, nello stesso periodo, ha subito un incremento pari a circa il 154%, con rilevanti differenze tra le regioni.

In Italia, negli ultimi 10 anni, il numero di casi di Tubercolosi in persone nate all'estero è aumentato parallelamente all'incremento della loro numerosità: dal 2003 al 2012 la percentuale del numero dei casi di Tubercolosi registrati in cittadini nati all'estero è passata da circa il 37% al 58% del totale dei casi notificati. Analizzando, però, l'incidenza di casi di Tubercolosi notificati a persone nate all'estero rispetto alla popolazione residente straniera, si osserva un forte decremento con valori quasi dimezzati nell'arco del decennio di osservazione a fronte di una sostanziale stabilità dell'incidenza nel complesso della popolazione.[20]

In altri termini, il numero dei casi di Tubercolosi nei migranti aumenta molto meno del loro incremento numerico.

La condizione di "immigrato" rappresenta in qualche modo un fattore di rischio di sviluppare la tubercolosi per la maggiore prevalenza di infezione latente negli immigrati che provengono aree ad alta endemia, ma soprattutto per le condizioni di vulnerabilità e di precarietà, oltre che per le obiettive difficoltà di accesso ai servizi di prevenzione, diagnosi e cura che caratterizzano lo status d'immigrato.[21]

Gli stranieri che provengono da paesi ad alta incidenza possono aver acquisito l'infezione prima di partire ma non hanno come

---

[19] ECDC Annual Epidemiological report. Respiratory Tract Infections-Tuberculosis 2014: Tuberculosis surveillance and   monitoring in Europe 2014.

[20] Ministero della Salute. Dati pubblicati su Osservasalute 2014

[21] Rapporto Ministero della Salute, 2008. Tubercolosi in Italia

destino ineluttabile quello di ammalarsi e diventare contagiosi: ricordiamo, infatti, che solo il 10% delle persone che acquisiscono l'infezione sviluppa in seguito la malattia tubercolare diventando contagiosi per altri.

Nel caso del migrante, il rischio di riattivazione dell'infezione, una volta a destinazione, è più elevato a causa di una serie di fattori: le condizioni di vita (denutrizione o cattiva nutrizione, scarsa igiene), di lavoro e di alloggio (permanenza in luoghi chiusi, sovraffollati e scarsamente arieggiati e illuminati).

Non a caso l'incidenza della malattia al momento dell'arrivo in Italia (agli sbarchi per esempio) è molto bassa e tende ad aumentare sino a pareggiare l'incidenza nella popolazione generale italiana dopo alcuni anni di permanenza in Italia. È necessario quindi che la vera attenzione sia posta nel modificare quei determinanti di salute come le condizioni abitative, di accoglienza e di lavoro che sembrano essere il vero fattore cruciale per consentire alle persone immigrate di mantenere il proprio stato di salute.

Di converso, agevolare l'orientamento dello straniero affetto verso gli opportuni percorsi di diagnosi e cura, assicurando la presa in carico ed evitando la stigmatizzazione, consentirebbe di circoscrivere eventuali focolai infettivi, a beneficio della salute di tutti.

HIV-AIDS

Anche in questo caso, non si intende negare l'evidenza. Molti degli immigrati che transitano sul suolo italiano provengono da paesi in cui l'infezione continua ad avere una tristemente elevata prevalenza. Rispetto alla popolazione italiana, quella straniera residente in Italia risulta avere un'incidenza dell'infezione seppur con una diminuzione del numero assoluto dei casi[22] di quasi quattro volte superiore alla popolazione italiana, sebbene un'analisi di incidenza normalizzata per fascia di età porterebbe verosimilmente

---

[22] Ministero della Salute. Dati pubblicati su Osservasalute 2014

ad una minore differenza di incidenza[23]. È peraltro superfluo ricordare come l'offrire alloggio e accoglienza, per la specifica modalità di trasmissione della malattia, non rappresenta un rischio per la popolazione residente.

Sono i comportamenti cosiddetti a rischio (mancato utilizzo dei dispositivi di protezione –come i guanti– nel personale sanitario, rapporti sessuali non protetti, scambio di siringhe) a esporre le persone ad un eventuale contagio, non certo il semplice contatto o la condivisione dello stesso suolo di residenza con persone sieropositive.

Varrebbe pertanto la pena, invece di porre lo stigma sulla popolazione immigrata, incrementare gli sforzi per educare la popolazione alla prevenzione e a tenere comportamenti corretti e protettivi nei confronti del contagio (quale che sia la fonte, italiana o straniera).

Ebola

Ad arricchire la costellazione di fobie immotivate, è giunta ultima in ordine di tempo, l'infezione da virus Ebola. Non si insisterà mai a sufficienza su quanto improbabile sia –e i fatti lo dimostrano– l'arrivo del virus in Italia attraverso lo sbarco di immigrati. Il virus Ebola è estremamente letale e nella più parte dei casi provoca malattia sintomatica e poi morte nell'arco di pochi giorni dall'infezione. Questo vanifica la possibilità che una persona infettata si avventuri nel travagliato viaggio via terra e poi via mare che dovrebbe condurlo in Italia. In secondo luogo, si deve tener conto del fatto che generalmente i viaggi migratori hanno la durata di mesi, spesso anni, mentre il periodo massimo di incubazione è di 21 giorni. Nel corso di questo tempo, l'infezione avrebbe quindi abbondantemente concluso la sua evoluzione, conducendo o al decesso o alla sopravvivenza (e guarigione) della persona colpita.

---

[23] Aggiornamento delle nuove diagnosi di infezione da HIV e dei casi di AIDS in Italia al 31 Dicembre 2013 Notiziario dell'Istituto Superiore di Sanità 2014. Supplemento 1 – Volume 27 – Numero 9

L'attuale epidemia dei paesi dell'Africa occidentale fatica, purtroppo, a concludersi. Sebbene non con l'intensità che ha conosciuto nel corso dell'anno trascorso, l'infezione continua a circolare e casi sporadici continuano ad essere segnalati nei paesi colpiti[24] (Guinea, Sierra leone, Liberia, Nigeria, Congo). La recente pubblicazione dei primi promettenti risultati del trial clinico condotto in Guinea sull'utilizzo del vaccino ricombinante [25], pur aprendo nuovi ottimistici scenari, non consentirà nell'immediato una vittoria sull'epidemia e non giustifica un abbassamento della guardia rispetto al suo potenziale di diffusione. Tuttavia, anche nell'ipotesi remota che un individuo infetto sbarchi in Italia, si deve ricordare come le modalità di contagio richiedano il contatto con i liquidi biologici della persona per provocare l'infezione (motivo per cui una persona infetta ma asintomatica non è contagiosa), e non la semplice permanenza sulla stessa barca o sullo stesso autobus. Nel nostro paese, un eventuale caso sarebbe rapidamente identificato come sospetto e posto in isolamento ospedaliero, precauzione questa più che sufficiente a evitare il rischio dello sviluppo di un'epidemia in Italia.

Nei fatti, dall'inizio dell'epidemia, i soli casi di Ebola notificati nel nostro paese sono stati quelli di operatori umanitari infettatisi nel corso delle loro missioni sul terreno e evacuati in Italia per ricevere le cure necessarie (esitate peraltro nella guarigione completa).

Scabbia e infestazioni cutanee

Un'altra comune malattia che si riscontra tra i migranti è la Scabbia: si tratta di una malattia di così banale riscontro che la stessa Organizzazione Mondiale della Sanità fatica a fornire stime precise della sua incidenza. Sulla distribuzione, non vi sono dubbi: si tratta

---

[24] Ebola Situation Reports.

[25] Henao-Restrepo AM, Longini IM, Egger M, et al. Efficacy and effectiveness of an rVSV-vectored vaccine expressing Ebola surface glycoprotein: interim results from the Guinea ring vaccination cluster-randomised trial. The Lancet 2015

di una malattia globale, diffusa in ogni paese di ogni continente (compreso il nostro), e mantenuta in vita da condizioni di vita precarie e dalla scarsa igiene.

Questa malattia è tipica di fasce sociali svantaggiate, di individui senza fissa dimora, di persone con grave disabilità psichiatriche e di comunità chiuse, proprio perché la scarsa igiene personale e il sovraffollamento abitativo sono i primi fattori di rischio per il contagio. Non vi sono fattori etnici o geografici predisponenti.

Stesso discorso vale per altre simili infestazioni, come la Pediculosi (i pidocchi). Il fatto che spesso i migranti allo sbarco presentino queste patologie è semplicemente dovuto alle condizioni abitative e di vita che hanno conosciuto prima della partenza dal Nord Africa (dove spesso vengono detenuti o ammassati in centri di raccolta in attesa della partenza). Si ricorda peraltro come la terapia della scabbia sia estremamente semplice e richieda un breve trattamento topico (oltre che, ovviamente, la correzione dei fattori di rischio, pena la facile reinfezione) e che, per la prevenzione del contagio, siano sufficienti semplici dispositivi di barriera come i guanti usa e getta, nel caso di un contatto diretto relativamente prolungato (come durante le visite mediche) ed il vecchio, insuperato, intramontabile e infallibile lavaggio delle mani. A fronte dei casi segnalati agli sbarchi e nei centri di accoglienza nei mesi passati, non vi è evidenza alcuna che essi abbiano esitato in epidemie tra gli italiani o tra gli operatori sanitari, a riprova del basso impatto sanitario di questi episodi patologici.

Papillomavirus umano (HPV)

Il virus HPV si trasmette per via sessuale, attraverso il <u>contatto con cute o mucose</u>. I microtraumi che avvengono durante i rapporti sessuali possono favorire la trasmissione che attraverso contatti genitali non penetrativi è possibile; pertanto, l'uso del preservativo, sebbene riduca il rischio di infezione, non lo elimina totalmente dal momento che il virus può infettare anche la cute non protetta dal profilattico.

Numerosi studi concordano nel ritenere che la giovane età, l'elevato numero dei partner sessuali e la giovane età al momento del primo rapporto sessuale, sono fattori di rischio sono fattori di rischio più rilevanti per l'infezione da HPV. Negli ultimi anni è cresciuto l'interesse verso questo virus nel maschio grazie alla scoperta che la presenza dell'HPV nel liquido seminale si associa più frequentemente a ridotta mobilità degli spermatozoi e ad infertilità.[26]

Sesso non Protetto

L'etimologia della parola sesso, deriva dal latino sectus, separato, separazione; anatomicamente, il complesso dei caratteri sessuali primari e secondari che differenziano, fra gli individui di una stessa specie, i maschi dalle femmine con particolare riguardo agli organi della riproduzione.[27]

Per rapporto non protetto si intende quel rapporto in cui:

–Non viene usato alcun tipo di protezione (profilattico) o contraccettivo (ormonale o intrauterino).

–C'è un fallimento o un uso scorretto del contraccettivo.

1. Il profilattico si rompe, si sfila o viene usato scorrettamente.
2. Il preservativo messo a metà del rapporto sessuale non è uso corretto del profilattico: prima dell'eiaculazione vera e propria, possono esserci delle perdite di liquido seminale.
3. Tre o più pillole contraccettive saltate di seguito (omissione di assunzione della terapia contraccettiva orale).
4. La cosiddetta "minipillola" presa con più di tre ore di ritardo.
5. Spostamento, ritardo nel mettere o nel rimuovere l'anello contraccettivo (Nuvaring) o il cerotto ormonale.
6. Espulsione del dispositivo contraccettivo intra-uterino (IUD).[28]

---

[26] Sessuologia Medica – trattato di psicosessuologia, medicina della sessualità e salute della coppia – Milano 2017- Seconda edizione

[27] Manuale di sessuologia in 2701 parole di Dino Cafaro

[28] www.consultoriautogestita.wordpress.com

Il problema principale non riguarda solo nel caso dei Migranti alle malattie sessualmente trasmissibili ma è dato anche dai molti giovani e non giovani, che mancano di un'adeguata 'educazione sessuale', e praticano sesso non protetto, utilizzano come fonte di riferimento sull'argomento principalmente la Rete.

A lanciare l'allarme una ricerca condotta dal sito Skuola.net per Durex (noto marchio facente parte della multinazionale Reckitt Benckiser con il quale produce e distribuisce profilattici e altri prodotti utili per il benessere sessuale)[29], effettuata su un campione di oltre 30mila ragazzi tra i 14 e i 25 anni. Statisticamente numeri importanti, una grande indagine sull'argomento - rivolta alle nuove generazioni svoltasi in Italia e conclusa all'inizio di quest'anno 2018.

Ricerca

Il web è il miglior amico a cui confidare i dubbi legati al sesso: il 67% dei ragazzi infatti, quando vuole trovare una risposta ai propri interrogativi sull'argomento, ammette di cercare informazioni sul web. Il medico è quasi uno sconosciuto: appena il 13% valuta se consultare un ginecologo (o un andrologo). Minoritarie le altre opzioni: solo il 30% ne parla a un coetaneo, il 23% si confida con il partner, il 19% con i genitori. Stessa situazione vale per ginecologi e andrologi: 6 ragazze su 10 e 8 ragazzi su 10 non li hanno mai visitati. E le cose non migliorano se si isolano i 'sessualmente attivi' (sono il 36% del campione, oltre 10mila ragazzi): il 55% non si è mai confrontato con l'andrologo o il ginecologo, 9 su 10 poi non hanno mai effettuato il test sull'HIV e/o verificato presenza di altre malattie sessualmente trasmissibili.

Non deve sorprendere, perciò, l'aumento dei casi di tali patologie denunciata dalla comunità sanitaria.

La metà degli intervistati, inoltre, dimostra di non conoscerle arrivando a non identificare come tali papilloma virus, gonorrea, clamidia, sifilide e addirittura l'Aids.

Solo il 64%, tra l'altro, sa che dall'HIV non si guarisca mai in maniera definitiva.

---

[29] www.wikipedia.org/wiki/Durex

L'81% dei giovani, invece, crede che non si possa rimanere incinta al primo rapporto sessuale. Mentre il 52% non sa che è possibile anche 24 ore dopo il ciclo mestruale.

Circa 1 su 4, invece, è convinto che il coito interrotto sia un metodo contraccettivo efficace per evitare gravidanze indesiderate (e il 14%, pur essendone consci, si assume lo stesso il rischio).[30]

Proposte per la prevenzione

Nell'ambito della prevenzione primaria, il personale infermieristico può rendere meglio consapevole il cittadino-paziente circa i rischi derivanti da comportamenti inadeguati o da situazioni ed eventi particolarmente pericolosi per la salute, come in questo caso quello dell'importanza della divulgazione delle Malattie Sessualmente Trasmissibili, nonché fornire tutte le informazioni per attuare misure protettive semplici ed efficaci come ad esempio l'uso del preservativo è fondamentale per proteggersi dalle infezioni di qualsiasi tipo. Esso tra i vari contraccettivi è l'unico che possa svolgere la funzione specifica di prevenzione; quello maschile non è l'unico in circolazione, il famoso condom, ma esiste ormai da anni sul mercato anche quello femminile poco diffuso in Italia, il Femidom e di facile applicazione.

È bene effettuare dei controlli subito dopo aver avuto un rapporto occasionale e non protetto. Gli adolescenti possono rivolgersi ai consultori di zona per usufruire di specifici servizi effettuando tutti gli esami opportuni in maniera anche gratuita. Le infezioni hanno infatti la possibilità di restare silenti per parecchio tempo per poi manifestarsi di buon grado divenendo croniche e determinando in età adulta la sterilità.

La normativa sul diritto alla salute dei migranti

Questi concetti qui esposti possono sembrare scontati, [31] l'assenza di politiche comuni a livello internazionale in senso inclusivo,

---

[30] www.skuola.net

un'organizzazione frammentata e, a volte, improvvisata, una polemica politica e sociale continua, un "sentire collettivo" che si sta abituando anche alle morti evitabili e quindi crudeli e ingiuste[32], sono le reali emergenze da affrontare in modo concreto e positivo.

Auspichiamo in particolare che i medici, gli infermieri, ed il personale sanitario, fedeli alla missione di tutela della salute e di contrasto alle disuguaglianze (inserito nel codice deontologico medico), vogliano farsi portatori di un messaggio di corretta informazione e vogliano contribuire a diffondere quello spirito di accoglienza e di equità sociale, sola garanzia di benessere e salute per tutti.[33]

<u>La normativa internazionale</u>

A livello internazionale, il diritto alla salute è garantito da un insieme di patti, dichiarazioni e convenzioni. Il primo documento in ordine di tempo è la *Dichiarazione dei diritti dell'uomo*[34] del 1948.

In particolare all'articolo 1 vi si legge che "Tutti gli esseri umani nascono uguali in dignità e diritti. Essi sono dotati di ragione e di coscienza e devono agire gli uni verso gli altri in spirito di fratellanza".

L'articolo 2 afferma che "ad ogni uomo spettano tutti i diritti e tutte le libertà enunciate nella presente Dichiarazione senza distinzione alcuna per ragioni di razza, di colore, di ricchezza, di nascita o di altra condizione". Gli articoli 13 e 14 trattano specificatamente della

---

[31] Gnolfo F e Santone G. La fuga impossibile: il trauma continuo dei migranti forzati. Salute Internazionale 10.06.2009.

[32] Ferite Invisibili: riabilitazione psico-sociale delle vittime di tortura, violenza e altri traumatismi psichici tra gli immigrati e i rifugiati. - www.saluteinternazionale.info

[33] Francesco Castelli (Società Italiana di Medicina Tropicale e Salute Globale), Salvatore Geraci (Società Italiana di Medicine delle Migrazioni), Stella Egidi (Medici Senza Frontiere)

[34] Dichiarazione approvata a New York il 10 dicembre 1948 dall'Assemblea generale delle Nazioni Unite

libertà di movimento degli esseri umani tra i vari stati nazionali. Il comma 2° dell'articolo 13 afferma: Ogni individuo ha il diritto di lasciar qualsiasi Paese, incluso il proprio, e di ritornare nel proprio paese."

L'articolo 14 enuncia che "Ogni individuo ha il diritto di cercare e godere in altri paesi asilo dalle persecuzioni".

L'articolo 25 al comma 1° e 2° esplicita quanto segue: "Ogni individuo ha diritto a un tenore di vita sufficiente a garantire la salute e il benessere proprio e della sua famiglia, con particolare riguardo all'alimentazione, al vestiario, all'abitazione, alle cure mediche e ai servizi sociali necessari; ha il diritto alla sicurezza in caso di disoccupazione, malattia, invalidità, vedovanza, vecchiaia o in ogni altro caso di perdita dei mezzi di sussistenza per circostanza indipendenti dalla sua volontà.

<u>La normativa italiana</u>

L'articolo 3 della Costituzione Italiana recita: *"Tutti i cittadini hanno pari dignità sociale e sono uguali davanti alla legge senza distinzione di sesso, di razza, di lingua, di religione, di opinione politiche, di condizioni personali e sociali"* l'integrazione comporta quindi accanto alla titolarità dei medesimi diritti, l'impegno al rispetto dei medesimi doveri e all'assunzione delle medesime responsabilità: non solo, dunque, l'impegno a rispettare le leggi italiane, ma anche quello ad apprendere la lingua e a partecipare alla vita economica, sociale e culturale del Paese.[35]

Conclusioni

La prevenzione rimane il miglior strumento per diminuire la <u>morbilità</u> (frequenza percentuale di una malattia in una collettività) e la <u>mortalità</u> delle Infezioni Sessualmente Trasmissibili. Capire l'epidemiologia di ogni infezione e, in particolare i fattori di rischio modificabili è indispensabile per indirizzare gli sforzi di profilassi e di eradicazione.

---

[35] Integrazione possibile? – I Edizione Gennaio 2018

Difficile com'è difficile sensibilizzare i giovani, pur tenendo anche alta l'attenzione degli adulti, far evolvere l'etica delle relazioni umane, lavorare sulla cultura, Amare.

I migranti nella Bibbia

Elena Spini

Mio padre era un forestiero

C'è forse qualcosa di nuovo sotto il sole? Diceva il profeta Quelet! Noi tutti tendiamo fatalmente a dimenticare gli eventi della storia che, ripetendosi ci appaiono così inconsueti, eccezionali. Fra quelli che ci sembrano sorprendenti e inquietanti possiamo includere le attuali ondate migratorie che si riversano verso quella che consideriamo la "nostra terra". Di fatto non c'è nazione che, in qualche periodo della sua storia, non abbia visto giungere carovane, gruppi etnici diversi con l'intento di insediarsi. Se ci pensiamo anche l'Europa non è altro che il risultato di millenarie invasioni, trasferimenti e mescolamenti di popoli. A sua volta ha prodotto flussi migratori verso altri continenti, Americhe, Australia, Africa, Asia. E chi partiva pensava di onorare il diritto di ciascuno alla sopravvivenza e al benessere, vantandosi, in alcuni casi, di contribuire al progresso civile dell'umanità con il suo lavoro e la sua cultura.

Uno sguardo alla storia dell'umanità ci mostra quanto siamo stati migranti e con quanta intensità gli esseri umani abbiano pensato alla fuga e alla migrazione nell'arco della storia.

Circa 40.000 anni fa il genere umano giunse in Europa dal continente africano dove sembra aver avuto origine. Gli esseri umani sono sempre stati costretti ad essere viaggiatori per seguire le mandrie e poter sopravvivere. Gli esseri umani scoprirono il mondo in quanto migranti!

Gli uomini, in tutte le epoche, sono partiti alla conquista di nuove terre e costretti a fuggire. Attraverso ricerche e viaggi l'umanità si è adattata, in modo più o meno forzato, ed anche i miti classici come l'Odissea ci raccontano la sua grande mobilità. Nella Bibbia troviamo il mito della creazione e della cacciata di Adamo (uomo) ed Eva (vita) dal Paradiso terrestre lasciando la loro prima dimora.

La storia biblica delle origini analizza le profondità psichiche della natura inquieta e agitata del genere umano che ha a che fare con la "*differenza*" (Gen 2,25; 3,10) evidenziata dalla paura dell'uomo a stare in piedi al cospetto di Dio dopo la colpa originale, la paura di Caino dopo aver ucciso il fratello. Seguono altri numerosi episodi di fuga e migrazione nel libro della Genesi: la famiglia di Noè che, dopo il diluvio, ricomincia tutto daccapo; la Torre di Babele con la quale il genere umano voleva crearsi un nome, ha come risultato la divisone di lingua a territorio.

È quindi importante la memoria storica. La Bibbia ce lo dice attraverso la storia di Israele. La famiglia di Giacobbe, circa 70 persone, per fuggire alla carestia si trasferisce in Egitto (Dt 10,22) dove trova prosperità. Ma, con il passare del tempo, gli egiziani percepiscono la presenza degli ebrei come una minaccia e "l'ospite" si trasforma in "nemico". Il Nilo divenne la tomba dei neonati ebrei, come oggi il Mediterraneo è diventato un immenso cimitero di profughi fra cui tanti bambini.

La Bibbia ci ricorda che processi di immotivata paura determinano azioni che, presentandosi come misure di tutela dei cittadini, sono in realtà insensate e disumane. La Bibbia ci chiede di identificarci spiritualmente con il popolo ebraico e schierarci dalla parte dei "senza terra"; ci chiede di fare memoria assumendo spiritualmente lo statuto dell'immigrato, perché in esso è un mistero di grazia e sapiente giustizia.

Tutti coloro che si identificano come figli di Abramo, ricordano la propria origine come migranti. Israele narra la sua storia di popolo "speciale" non per vantarsi ma per far conoscere a tutti come il bene nasce dall'accoglienza del diverso, dello straniero, dell'altro che non mi assomiglia, che non pratica i miei costumi e non parla la mia lingua, che non venera la mia divinità. La Bibbia offre una visione dinamica e relazionale come autentica via per la concordia universale in opposizione all'antica visione imperialista rappresentata da Babele (Gen 11); ci presenta la figura di Abramo, uomo che attraversando le frontiere fa della diversità il fermento di una benedizione universale. Abramo non lascia la Mesopotamia per ristrettezze economiche: infatti è detto che era ricco in bestiame e oro (Gen 13,2) né era un profugo che fuggiva da zone di guerra. Abramo è rappresentato come figura esemplare del migrante, non è figura di miseria ma di elezione e di benedizione; in lui tutti i migranti possono riconoscersi. Egli accetta di rinunciare al titolo di cittadino e rischiare la vita assumendo lo statuto dell'immigrato.

Nella Bibbia tutti i patriarchi vengono descritti in costante ricerca di pascoli, soggetti a ripetute transumanze. Tuttavia non sono nomadi ma forestieri che si stabiliscono in paesi stranieri: Cannan, Aram, Egitto) come immigrati (Es 12,40). Anche quando il popolo di Dio prese possesso del paese di Canan, dopo essere fuggito dall'Egitto, venne chiamato dal Signore a concepirsi come "ospite" in una terra che Dio rivendicava come sua proprietà. Dice infatti il Salmo39: *"Noi siamo immigrati davanti a te e locatari come tutti i nostri padri"*.

Chi riceve il patrimonio spirituale di Israele diventa, per vocazione, un immigrato che si offre all'accoglienza altrui. È uno straniero che bussa alla porta, domanda uno spazio nella terra che altri già abitano, un posto in mezzo ai cittadini, chiede senza pretendere, attende compassione.

Nel vangelo si riconosce che, l'immigrato che prende dimora entro le mura della città, a volte persino dentro la casa dove presta servizio, è un inviato del Signore che reca a tutti la pace (Mt 10,5-15; Lc 10,1-12).

Anche nell'antichità non era facile essere "straniero". I patriarchi furono spesso infastiditi ed ostacolati, scacciati, derubati (Gen 12,11-20; 26,1-14; 21,25; 26,15-25). Sodoma e Gomorra sono l'emblema delle città maledette perché hanno esercitato il sopruso invece dell'ospitalità; ma anche i moabiti, gli ammoniti e gli stessi israeliti si comportarono allo stesso modo con altre tribù (Gd 19,11-30). Esempio eclatante di questa esperienza di sofferenza è la condizione degli ebrei immigrati in Egitto (Sap. 19,13-16) e nell'esilio a Babilonia.

Queste storie ci vengono affidate per ricordare il dramma delle innumerevoli migrazioni di popoli ed il vissuto doloroso di chi non è accolto.

Ogni epoca della storia verrà giudicata dalla sua capacità di ospitalità. Tutti noi, infatti siamo "come gli altri", stranieri e immigrati. *"Amate l'immigrato perché anche voi foste immigrati nel paese d'Egitto"; "Il forestiero e lo straniero lo tratterete come colui che è nato fra di voi..."(Dt 10,17-19).*

Non è abolita la distinzione fra cittadino e straniero ma fatta emergere per valorizzare la qualità dell'amore che rende l'altro simile a me nell'atto della benevola accoglienza. Il cuore produce gesti di compassione nella misura in cui custodisce memoria della propria origine e della propria sofferenza.

Anche la Bibbia riconosce che la problematica dei migranti è sempre risultata difficile a causa della proporzione fra la scarsa popolazione residente ed i gruppi, a volte consistenti, di stranieri venuti ad installarsi. Ce lo dimostra il fatto che la Legge di Israele ci ha consegnato una notevole quantità di precetti riguardanti la cura dell'immigrato. In essa ogni Codice sottolinea l'esigenza della disponibilità nei confronti del forestiero attraverso varie norme e regole.

La condivisione in ambito economico per chi è privo di sostentamento e tutela (Dt 16,11.14; 24,11-14;26,12). Non raccomanda l'elemosina, già tradizione del mondo antico. Resta ovvio l'intervento immediato di soccorso ma evidenzia l'importanza di interventi duraturi che salvaguardino la dignità di colui che è nel bisogno attraverso il prestito (senza usura) stimandolo così come persona responsabile. La Torah chiede, comunque di mettere una parte delle proprie risorse economiche a disposizione dei poveri (Dt 24,19-22; Lv 19,9-10; 23,22); la benedizione che Dio accorda al possidente deve ricadere anche sui poveri. Il libro del Deuteronomio è il più sensibile allo statuto dell'immigrato ed introduce la legge delle "primizie" ove i primi prodotti del raccolto devono essere messi in una cesta e portati al sacerdote, per essere distribuiti a lui ed al forestiero (Dt 26,11). Allo straniero vanno donati i migliori prodotti. Ricordiamo, inoltre, che le primizie sono anche gli unici prodotti a disposizione al momento del raccolto. Il povero immigrato, quindi, non è colui a cui si dà il superfluo!

Altra legge sul piano economico è quella della "decima" cioè la sistematica decurtazione del reddito, di tutto ciò che si è ricavato, per offrire una parte significativa ai poveri (Dt 14,28-29; 26,12-13), porzione che l'ebreo considera "sacra". Una corrispondenza attuale all'intenzione del legislatore biblico la troviamo nelle regole di tassazione della ricchezza, sostenere i necessari servizi pubblici e rispondere ai bisogni dei senza reddito, senza, però, dimenticare l'importanza dell'iniziativa personale coraggiosa che porta a condividere il proprio patrimonio secondo uno spirito solidale.

La tutela del lavoratore soprattutto per quanto riguarda il salario: *"Non defrauderai il salariato povero, sia esso tuo fratello o forestiero....gli darai il suo salario prima che tramonti il sole....così egli non griderà contro di te al Signore..."* (Dt24,14-15). Da questa citazione traspare la precarietà della vita dell'immigrato ed il fatto che il forestiero è equiparato al fratello.

Nella legge di Mosè viene tutelato il riposo (ES 20,10; 23,12;Dt 5,14). Ovviamente oggi il rispetto del lavoratore non può limitarsi a questo ma lo spirito della Legge è il principio di uguaglianza e fraternità, per evitare il grave peccato di oppressione del forestiero.

Il diritto giuridico è tutelato attraverso la norma di imparzialità ed equità nel *"...giudicare con giustizia le questioni che uno può avere con il fratello o con il forestiero che sta presso di lui"* (Dt 1,16).

Viene anche trattato il diritto all'autonomia nell'iniziativa commerciale, al patrimonio, alla libertà di spostamento ecc. A questo proposito si ricorda che in Israele vigeva la norma di accogliere anche lo schiavo fuggitivo lasciandogli il diritto di scegliere in quale città risiedere.

L'integrazione culturale. Nella Torah non si parla degli immigrati come di una realtà "marginale", di ghetti, ma di gente che abita in mezzo a Israele. L'accoglienza raggiunge la sua perfezione quando riesce a integrare lo straniero, a incorporarlo, a renderlo parte della medesima comunità attraverso l'apprendimento della lingua, accettando i costumi del popolo che accoglie. Non di rado lo straniero riconosceva l'ideale morale di Israele e, vivendo in mezzo ad esso, chiedeva di diventare parte integrante di questo popolo.

In conclusione possiamo dire che la Sacra Scrittura traccia per tutti un ideale di bene perché vi sia concordia, rispetto delle diversità individuali e comunione ricordandosi che, colui che è stato accolto e nobilitato è chiamato, a sua volta, è chiamato a diventare mediatore di accoglienza e benevolenza.

Anche il Vangelo riecheggia la fuga d'Israele in Egitto e l'esodo nella primissima infanzia di Gesù di Nazaret (Mt 2,13-21). Gesù diventa poi un predicatore errante e i suoi discepoli vanno in giro per il mondo con lui. Conoscono tutti i pericoli della vita errabonda: la xenofobia, la rapina, il naufragio (2 Cor 11,25-27), la persecuzione. Siamo, quindi, tutti migranti, lo siamo per natura. Ma quale contrasto esiste tra la storia piena di speranza della liberazione dal mare dei Giunchi raccontata dell'Esodo e la fuga attraverso il mar Mediterraneo, "racconto dell'orrore" dei nostri tempi! Questo mare che, fin dal tempo dei Fenici ha collegato Africa, Asia Europa in un'unica area culturale.

Il mondo intero è affidato in custodia all'intera umanità e non abbiamo alternativa se non coltivare insieme questo immenso tesoro. Siamo tutti ospiti sulla Terra e il modo in cui viaggiamo e siamo ospiti, il modo in cui andiamo incontro ad altri migranti mostra quale sia il nostro atteggiamento nei confronti della nostra misteriosa origine e destinazione.

Casa dell'accoglienza Enzo Jannacci del comune di Milano

Ionela Nicolae

Tutti i cittadini hanno pari dignità sociale e sono
eguali davanti alla legge, senza distinzione di sesso,
di razza, di lingua, di religione, di opinione politiche,
di condizioni personali e sociali.
È compito della Repubblica rimuovere gli ostacoli di ordine economico e sociale, che,
limitando di fatto la libertà e l'eguaglianza dei cittadini, impediscono il pieno sviluppo della
persona umana e l'effettiva partecipazione di tutti i lavoratori all'organizzazione politica,
economica e sociale del Paese.
Costituzione della Repubblica Italiana   Art.3.

Tante persone emarginate hanno bisogno di assistenza che li accompagni per ritrovare la forza psico-fisica necessaria a ricominciare. In una grande città come Milano la casa di accoglienza Enzo Jannacci rappresenta tuttora un rifugio, un'opportunità per ritrovare qualche mezzo per riprendersi in mano la vita.

La storia
Negli anni dopo Seconda guerra mondiale e dell'immediato dopoguerra il problema dei senzatetto aveva assunto carattere drammatico per gli effetti dei bombardamenti. I bombardamenti avevano distrutto il grande Ricovero notturno di via Soave e si doveva affrontare l'emergenza senzatetto con nuovi edifici. Nel 1947, iniziarono, dunque i lavori di costruzione di un nuovo dormitorio su viale Ortles. Portato a termine con un grande sforzo economico, il nuovo Istituto del Ricovero Notturno di viale Ortles, che sostituì le altre strutture per i senzatetto presenti a Milano fu inaugurato nel 1956 e dispone, all'inizio, di 1000 posti suddivisi in 7 padiglioni, 5 per gli uomini e 2 per le donne.
Inizialmente l'Istituto mantenne il nome di **Casa di Ristoro Giuseppe Levi**, nella memoria dello scienziato, medico e anatomista Giuseppe Levi, ricordato anche per essere stato maestro

dei tre premi Nobel: Rita Levi-Montalcini, Renato Dulbecco e Salvador Luria.

All'inizio la maggior parte dell'utenza della Casa di Ristoro G. Levi era costituita da Ospiti di origine Lombarda, ma nel corso degli anni sia l'utenza sia il tipo di assistenza, fornita dal servizio, sono notevolmente mutate, soprattutto per i flussi di stranieri sopraggiunti rapidamente all'ondata migratoria proveniente dal mezzogiorno. All'utenza tradizionale composta dagli anziani senza fissa dimora, alcolisti, ex-carcerati si aggiungono immigranti stranieri disoccupati e dal 1978 anche ex degenti di Ospedali psichiatrici chiusi in seguito alla Legge 180/78.

Fino al 1978 l'Istituto è gestito dall'**Ente Comunale di Assistenza (ECA),** istituita nel 1937 con Legge 847/3 giugno 1937 che dispone la fusione delle Congregazioni di Carità, dell'Ente Opera Assistenziale e di altre Opere Pie minori.

ECA è un Ente Pubblico che ha per scopo principale l'assistenza agli individui e alle famiglie che si trovano in condizioni di particolare necessita, aventi domicilio nel territorio del Comune.

Negli anni in cui l'amministrazione e la gestione sono in carico dell'ECA assistiamo ai vari cambiamenti riguardo l'organizzazione e l'assistenza.

Nel 1956 è adottato dall'Istituto il **Regolamento** interno ufficiale di tutti i Ricoveri Notturni gestiti dall'ECA, approvato nel 1954.[36]

Il Regolamento è lontano da vedute lungimiranti sulla relazione da tenere con gli Ospiti ma sembra quello di un carcere e molte parole riguardano obblighi e doveri degli assistiti e le punizioni conseguenti alla loro disattesa e poche vanno al recupero e al reinserimento degli ospiti nella società. Si riportano qui di seguito gli articoli che sembrano importanti per illustrare le norme di funzionamento dell'Istituto (parte di ciò che prevedevano è ancora oggi in vigore).

SCOPI DELL'ISTITUTO Art.1. - L'E.C.A. gestisce la Casa di Ristoro

---

[36] Il Regolamento viene approvato dal Comitato di Amministrazione con deliberazione 15/11/1954, n.274, da archivio della Casa dell'Accoglienza Enzo Jannacci atti 889/53.

Giuseppe Levi con sede centrale in viale Ortles 73 e con sezioni distaccate in stabili idonei allo scopo. Fine primo dell'Istituto è offrire asilo notturno a chi sia privo di casa e non abbia mezzi per procurarsela.

L'E.C.A. tende, inoltre se del caso, al recupero sociale degli ospiti.

PERSONALE Art.2. - All'Istituzione e preposto un Direttore, coadiuvato nel compito da un Direttore aggiunto e da un numero di dipendenti variabile a seconda delle esigenze del servizio[...]. Il recupero sociale degli ospiti è affidato principalmente ad un Assistente Sociale[...].

CONDIZIONI PER L'AMMISSIONE Art.3. - Essere iscritti nel registro della popolazione stabile; essere sprovvisti di abitazione; versare in stato di bisogno; avere compiuto il 18° anno di età.

ACCETTAZIONE Art.7. Non possono essere accettate persone che si trovino in stato di ubriachezza molesta o che risultino affette da malattie contagiose, o in stato di sporcizia indecente, nonché i colpiti da espulsione o da sospensione.

PERMANENZA Art.8. La permanenza nel Dormitorio è concessa per un periodo di mesi tre per anno solare, prorogabile da parte della Direzione dello stesso a mesi sei.

Art. 9. L'assenza ingiustificata per due notti consecutivi comporta la dimissione d'ufficio.

Art.10. L'ospitalità è a titolo essenzialmente gratuito per coloro che fruiscono di assistenza E.C.A. o che versano in stato di grave bisogno. Per le altre categorie dovrà essere applicata la tariffa, il cui ammontare è fissato dalla Presidenza. [...]

PUNIZIONI Art.13. Le punizioni inflitte agli ospiti sono: ammonizione; multe di vario importo; sospensione; espulsione. L'ammonizione viene inflitta a quegli ospiti che trasgrediscono per la prima volta alle norme regolamentari.

Art.14. In caso di recidiva, per le mancanze lievi e le infrazioni non gravi al Regolamento, sarà inflitta dalla Direzione una multa di L. 50. Rientrano in questo caso la non osservanza degli orari di entrata e uscita dal dormitorio, l'ubriachezza non molesta, il linguaggio scorretto ma non osceno o blasfemo, la non osservanza al silenzio e fatti simili.

Art.15. Per le mancanze di maggiore gravità e le recidive in mancanze lievi, la multa è elevata a L. 100. Rientrano in questi casi l'ubriachezza molesta, il linguaggio osceno o blasfemo, l'imbrattamento colposo di muri o di effetti letterecci e fatti simili [...], inoltre sarà operato per il risarcimento danni di cui al successivo art.25.

Art. 16. Per mancanze gravissime, per quelle di evidente carattere doloso e per quelle che apportino un intollerabile perturbamento alla vita del dormitorio, la multa può essere elevata dalla Direzione fino ad un massimo di L. 200.[...]

Art. 17. In caso di mancanze gravi che apportino perturbamento alla vita dell'istituto, può essere pure adottato dalla Direzione il provvedimento di "sospensione" per un periodo massimo di una settimana. Le sospensioni di maggior durata debbano essere deliberate dalla Presidenza su proposta del Direttore.[...]

Art.19. Qualora l'ospite non intendesse o non fosse in grado di pagare la multa inflitta, la stessa potrà essere commutata in "sospensione" di durata proporzionale all'entità della pena monetaria.

Art. 20. Per la mancanza di eccezionale gravità e per l'inveterata recidiva nelle mancanze previste dagli art.15 e 16, potrà essere adottata l'espulsione da tutti i dormitori dell'Ente.[...]

Art. 25. In caso di deterioramento colposo o doloso di cose mobili o immobili di proprietà dell'Istituto, dovrà essere senz'altro operato il risarcimento del danno. [...]

SERVIZI INTERNI VARI – Orari Art.26 Gli ospiti debbono attenersi agli orari fissati dalla Presidenza, salvo la facoltà, da parte della Direzione, di concedere speciali permessi per particolari esigenze. A secondo delle stagioni, gli orari sono fissati in via di massima come segue: stagione invernale - entrate: dalle ore 19,30 alle 24 per i fruenti di ospitalità a pagamento; entrata: dalle ore 19,30 alle 23 per i fruenti di ospitalità gratuita; sveglia: alle ore 7; uscita: alle ore 8. Stagione estiva – entrata: dalle ore 20 alle ore 24 per i fruenti di ospitalità a pagamento; entrata: dalle ore 20 alle ore 23 per i fruenti di ospitalità gratuita; sveglia: alle ore 6,30; uscita: alle ore 7,30. L'orario di entrata per le donne è sino alle ore 22,30.

BAGNI Art.28. All'atto dell'ammissione, è fatto obbligo all'ospite del bagno, ove del caso, della disinfestazione. In caso di permanenza, alle donne è fatto obbligo del bagno bisettimanale, mentre per gli ospiti tale obbligo è di volta in volta imposto dal personale addetto alla vigilanza. La Direzione procura gratuitamente sapone e asciugatoio.[...]

SERVIZIO SANITARIO Art.31. Il servizio sanitario è garantito dal perfetto funzionamento di un attrezzato ambulatorio. Presso la sede centrale o presso una Sezione staccata funziona un reparto infermeria, dove si provvede al ricovero degli ospiti colpiti da lievi indisposizioni. Negli altri casi di maggiore infermità, la Direzione cura l'invio del malato presso ospedali cittadini.

Art.32. Il servizio sanitario dell'Istituto ha carattere integrativo dell'assistenza sanitaria comunale.

Art.33. Gli ospiti sono obbligati a sottoporsi all'esame schermografico o ad altri esami che fossero ritenuti necessari dal personale sanitario o dalla Direzione. La Direzione curerà l'invio presso Istituti dermatologici di quegli ospiti riscontrati affetti da malattie epidermiche.

Nel 1965 di fronte ai mutamenti dell'utenza del Dormitorio di viale Ortles composta da disoccupati, immigranti, profughi, sinistrati, indigenti, senza dimora, ecc, verrà avanzata una proposta di nuovo Regolamento Interno mai approvato formalmente dall'ECA. Vi si legge: "[...] Le norme interne attualmente in vigore sono state emanate oltre dieci anni fa. Il regolamento pertanto è diventato ormai del tutto inadeguato e assolutamente non risponde né alle trasformazioni ambientali realizzatesi negli ultimi anni nell'Istituto né al progresso delle tecniche assistenziali e alle qualificazioni dei quadri nel periodo stesso realizzate. [...] Il criterio che ha ispirato la proposta è quello del massimo rispetto della personalità dell'Ospite e del più qualificato aiuto possibile nei suoi riguardi [...].

È stato quindi dato il più ampio sviluppo al trattamento di **Assistenza Sociale** cui ogni Ospite ha diritto. In particolare è stato sancito l'obbligo per l'Assistente Sociale di tenere il primo colloquio con chi richiede ospitalità presso la Casa di Ristoro o il diritto da parte di questi di ricorrere alla Commissione Direzionale dell'Istituto avverso i provvedimenti di negata ospitalità.

Ottenuta l'ammissione definitiva nell'Istituto all'Ospite è lasciata la più larga libertà di azione (libera uscita dalle 8,10 fino alle 23 - 24 e diritto di usufruire delle sale di soggiorno dalle 8,15 alle 23).

*Parimenti è stato stabilito il diritto, per gli ospiti in condizioni di bisogno, di usufruire delle Mense Interne e la possibilità di partecipare alle attività individuali o di gruppo organizzate dal Servizio Sociale. Le norme disciplinari o i provvedimenti inflitti agli eventuali trasgressori sono limitati alle più elementari esigenze del funzionamento interno e del rispetto reciproco tra gli appartenenti alla comunità. [...]Per gli assistenti sociali addetti è poi stabilito il dovere di espletare l'opera di convincimento e di educazione sociale nei confronti degli Ospiti che si rendessero colpevoli di infrazione alle norme di regolamento. Infine è stato previsto un **Servizio Sanitario** comprendente anche il reparto Infermeria ove viene provveduto al ricovero degli Ospiti colpiti da malattie stagionali o forme croniche* *riacutizzate. Il testo proposto quindi si ritiene tale da rispondere alle nuove esigenze sia dell'organizzazione dell'Istituto, sia del nuovo spirito assistenziale, spirito che deve ispirare tutte le attività svolte dall'Ente a favore dei bisognosi di ogni categoria".*[37]

Il 1968 è l'anno della grande svolta: l'assistenza sociale viene ufficialmente portata all'interno del Dormitorio pubblico e i criteri di gestione sono improntati ad una "assistenza totale" (posti letto in gran parte gratuiti, due pasti anch'essi gratuiti o ad un prezzo simbolico, servizi interni di calzoleria, sartoria, lavanderia, barbiere nonché sussidi). Prende piede il concetto di assistere l'Ospite, e non solo tenerlo all'interno di una struttura che ha spesso l'aspetto della caserma più che di un luogo di assistenza. È l'anno in cui Direttore di Ortles viene nominato proprio un assistente sociale a sottolineare la volontà della svolta.

Negli anni successivi le opere di gestione ormai insostenibili convincevano pertanto l'ECA a sospendere l'erogazione di tutti i servizi diurni, viale Ortles manteneva da questo momento solo la funzione di dormitorio aperto agli ospiti esclusivamente nelle ore notturne. Ciò non ha significato tuttavia un cambiamento nelle politiche di gestione, che è rimasta quella dell'assistenzialismo costretto ora a operare con mezzi ridotti. Le funzioni assolte direttamente dell'ECA (mensa, aiuti in denari, ecc.) sono in parte passate ad enti privati caritativi o ad associazioni religiose.

Il dormitorio di viale Ortles cambia così la denominazione da Casa di Ristoro "Giuseppe Levi " in **Istituto per Ricoveri Notturni.**

Nel 1973 erano circa 1900 posti letto in camerate da 48-50 letti che si riducono negli anni successivi a 1000 al costo di 250 lire cadauno.

Negli anni ECA il servizio sociale interno predisponeva quasi per ogni Ospite un programma, un progetto di reinserimento sociale e lavorativo. Avevano creato all'interno della struttura stessa dei laboratori da falegnameria, ecc.

Esisteva una cartella sociale per ogni persona e per ognuno c'era

---

[37] Archivio IIPPAB, 7349. Atti 304/63 N.B. il Comitato Amministrazione dell'Ente Casa di Ristoro" Giuseppe Levi" rinvio il titolo a data da destinarsi.

traccia degli interventi effettuati sia che fossero di tipo economico (sussidi) sia che fossero tentativi di inserimento lavorativo. Da parte dell'ECA è stato un forte investimento con un'ottica un po' assistenzialistica, di contenimento. Molti Ospiti erano anziani che stavano all'interno della struttura da molti anni, qualcuno anche da 20 anni. Un aspetto particolare dell'inserimento lavorativo era il seguente: promuovere e formare alcuni Ospiti per farli lavorare all'interno della struttura (alcuni dei dipendenti che lavoravano erano ex-ospiti formati dall'ECA per diventare dipendenti ECA, la concezione del lavoro era quella di un ergoterapia, cioè non tanto di riportare le persone ad una autonomia definitiva ma farle lavorare nei laboratori interni per ridare loro una certa stima di se, una manualità, una capacità di relazionarsi con gli altri, ma non con l'obiettivo di una vera attività lavorativa anche se poi qualcuno trovava uno sbocco positivo.

Nel 1978 l'Ente Comunale di Assistenza viene sciolto dopo 41 anni di vita in seguito alla Legge 23/78 di istituzione delle Regioni e le attribuzioni, patrimonio e personale vengono trasferite ai Comuni.

La legge diventa esecutiva dal 1° agosto 1978 e da quel momento il Comune di Milano diventa unico gestore del Dormitorio di viale Ortles.

Dal 1978 al 1982 sono quattro anni difficili e di transizione. Il passaggio dei Ricoveri Notturni di viale Ortles dalla gestione ECA a quella del Comune di Milano non viene in modo indolente. In questi 4 anni l'ECA aveva disinvestito sulla struttura perché di fatto non era più sua, il Comune non l'aveva ancora in mano e quindi non esisteva più nulla. Molte sono le resistenze e soprattutto il vuoto gestionale: sparisce la mensa, anche se c'è l'attività di religiosi, quali fratelli Ettore, si riducono sensibilmente gli assistenti sociali, ma il personale rimane lo stesso con Direttore ad interim fino il 1982.

Dal punto di vista organizzativo avvengono alcuni cambiamenti: nel 1978 l'Ospite entrava alle ore 17 nella struttura, nel 1982 l'orario sarà spostato alle ore 13,30, con l'entrata nei padiglioni alle ore 17,00.

Con il passaggio al Comune di Milano i nuovi indirizzi di gestione dei Ricoveri Notturni si scontrano anche con il Regolamento risalente al 1954 che, nonostante i tentativi di modifiche, non era più stato rivisto.

Fin dall'inizio i temi affrontati dal Comune, dai vari Direttori dell'Istituto dei Ricoveri Notturni di viale Ortles, sono la gestione degli Ospiti anziani, degli Ospiti psichiatrici e del personale fino ad arrivare alla gestione mista (effettuata da dipendenti comunali e dalle cooperative sociali) oltre alla ristrutturazione edilizia.

Per affrontare questi temi e cercare delle soluzioni si avanzano anche proposte di nuovi Regolamenti, ma per far questo diventa necessario monitorare la situazione degli Ospiti presenti e le loro esigenze.

Così nel 1980 viene effettuata la **prima indagine socio-sanitaria** ed economica promossa dall'Assessorato alla Assistenza e Sicurezza Sociale del Comune di Milano in accordo con la Ripartizione Igiene e Sanità e l'Ispettorato Assistenti Sociali.

Nella sintesi dei risultati si evidenzia come esistono: una spiccata maggioranza di disoccupazione e sotto-occupazione; una frequenza di giovani e persone sotto 60 anni; inoltre che l'85% non ha contatti con i familiari e che circa la metà degli Ospiti preferisce il Dormitorio ad altre sistemazioni pur facendo presente varie carenze e che sono soprattutto le donne a fare richieste di un alloggio privato. É significativa la presenza di stranieri fra i quali predominano gli egiziani, di età fra i 20 e i 30 anni, con buona scolarità, diplomi e lauree, mentre la scolarità degli italiani sembra essere il 75% elementare, 20% post-elementare e 5% analfabeti. Si registra inoltre una modesta presenza di tossico-dipendenti. Per quanto riguarda la **situazione sanitaria** più della metà è in condizioni di salute buone e discrete pure in relazione all'età: la ripartizione tra sani e malati peggiora se la si riferisce ai solo Ospiti italiani; esiste una rilevanza di TBC pregressa e di altre malattie polmonari; una notevole percentuale di dimessi da ospedali psichiatrici e di etilisti ed esiste una discreta percentuale di persone con difficoltà di deambulazione.

A conclusione dell'indagine risultano alcune esigenze: mensa, servizi igienici migliori; box a uno o due letti, in sostituzione delle attuali camerate; sale di soggiorno, di lavoro, ricreative per le ore diurne; miglioramento degli armadi: armadio e comodino individuale per evitare piccoli, ma frequenti, furti tra gli Ospiti. Molti Ospiti denunciano il Dormitorio come struttura emarginante nella quale vivono anche da lungo tempo, avanzano richieste di aiuto per essere inseriti e reinseriti nella società, cominciando dal mondo di lavoro.

Ci vorranno altri 3 anni prima che queste esigenze, suffragate da un ulteriore indagine sul campo, portino a dei risultati concreti di cambiamento degli indirizzi ed obbiettivi che devono regolare la vita all'interno della struttura di viale Ortles.

I risultati dell'**ulteriore indagine statistica** avvenuta nel 1983 evidenziano che il 71% dei 600 Ospiti presenti in Istituto ha un'età compresa tra i 35 e 65 anni e 109 di questi sono tra i 45 e 55 anni (25,40%); il 14% ha oltre i 65 anni dì età e sono quelli che da più tempo vivono in Ortles; il 15 % è sotto i 35 anni di età. Per quanto riguarda la permanenza in Ortles emerge che il 27,1% alloggia in Ortles da 2 a 6 anni (si tratta di persone arrivate in coincidenza del passaggio dall'ECA al Comune di Milano e che non hanno trovato alcun servizio che operi in funzione di un reinserimento sociale); il 28% si trova in Istituto da un minimo di 10 anni ad un massimo di 30. Quelli oltre i 65 anni si sono "abituati" a vivere in Ortles; solo il 12,5 % utilizza il dormitorio per un periodo da un mese ad un anno. Le cause che costringono a scegliere il Dormitorio come ultimo rifugio sono: una situazione familiare disgregata, la disoccupazione, la mancanza di alloggio (molti sfrattati), l'immigrazione, le varie patologie di cui sono afflitti, quali etilismo, ricovero psichiatrico.

Incrociando le statistiche relative all'età e alla permanenza emergono due dati interessanti:

- gli ospiti con una permanenza da 3 a 6 anni sono presenti in tutte le fasce d'età, con una maggioranza compresa tra i 35 e i 55 anni, circa 65% su un totale di 102 Ospiti;
- gli Ospiti con una permanenza da 10 a 15 anni sono anche utenti compresi tra i 35 e i 55 anni, quindi persone entrate in Ortles a 20 o a 30 anni e qui "cronicizzate" ed emarginate che hanno trovato nel Dormitorio un'identità in questa ultima possibilità di vita, tanto che questa ne è diventata la residenza stabile.

L'indagine si conclude con la constatazione che il servizio di assistenza è molto carente, anche perché opera "una sola assistente sanitaria una sola mattina la settimana". Il sussidio viene dato solo a chi è in grado di giustificare, con documentazione (lettera d'assunzione, certificato medico, ecc.) la richiesta. Quindi si registra un'azione di esclusivo "tamponamento di situazioni individuali molteplici dove i bisogni sono senza dubbio più ampi e profondi di una richiesta di denaro che, sia pur momentaneamente non risolve lo stato di emarginazione degli utenti ma ne favorisce, semmai, la dipendenza passiva con l'istituzione". [38]

A seguito di tale indagine e delle conclusioni cui era pervenuta, viene sottoposto alla Giunta Municipale di Milano un progetto di massima relativo ad Ortles con la proposta di riconversione della struttura. Il 13 dicembre 1983 la Giunta Municipale prende atto del rapporto sulla riconversione dell'Istituto dei Ricoveri Notturni di viale Ortles, presentato il 1° dicembre dall'Assessore alla Ripartizione Assistenza e Sicurezza Sociale e autorizza la Ripartizione a "procedere nel senso indicato".[39] Per la realizzazione della comunità alloggio e delle ristrutturazioni dei vari padiglioni ci sono specifici provvedimenti dilazionati nel tempo. La spesa richiesta viene approvata della Giunta Municipale e si procede alla realizzazione del progetto.

L'obbiettivo è di un progressivo svuotamento di quella popolazione che utilizza attualmente la struttura in modo continuativo e definitivo e di trasformare i Ricoveri Notturni di viale Ortles in una struttura di transizione con caratteristiche alberghiere e ridotto numero di ospiti, finalizzata a dare una risposta temporanea e parziale ad una utenza che si definisce emarginata, promuovendo l'immissione degli ospiti nel tessuto sociale della città, in rapporto ad un progetto di intervento messo a punto per ogni singolo Ospite,

---

[38] Indagine statistica sulla popolazione del Ricovero Notturno di Viale Ortles, 69 – Milano aprile 1983.

[39] Atti del Comune di Milano – Ripartizione Assistenza e Sicurezza Sociale. "Iniziativa relativa al Ricovero di Viale Ortles" 11 aprile 1983.

che tenga conto delle difficoltà individuali, della richiesta, dei bisogni e del quadro clinico.

Si progetta di attuare l'obiettivo attraverso un servizio sociale interno che, in collaborazione con i servizi sanitari e assistenziali delle varie zone, ricerchi soluzioni alternative decentrate.

Si propone quindi di costituire una **Segreteria Sociale** con il compito di stabilire contatti con i vari servizi. Gli interlocutori della segreteria vengono così individuati: Servizi sanitari; Servizi Sociali; Strutture specifiche (Case di Riposo, Comunità decentrate, soluzioni abitative); Strutture lavorative, educative, ricreative; Cooperative di lavoro; mense, barbieri, lavanderie, ecc., con i quali stipulare convenzioni a vantaggio degli ospiti.

La permanenza nell'Istituto sarà non superiore ai 6/12 mesi per gli utenti che hanno problemi solo abitativi e superiore a 12 mesi, ma non protraibile all'infinito per quelli utenti che hanno problemi non solo abitative, ma anche di sradicamento socio-famigliare. Nei confronti di costoro si prevede anche l'intervento attivo da parte del Segretariato Sociale per agevolarne l'inserimento diurno (formazione, lavoro, attività educative e di tempo libero) nella prospettiva di una futura possibile integrazione.

Negli anni successivi si procede alla realizzazione degli obiettivi proposti.

Si applica per la prima volta il rapporto con il territorio: dev'essere il territorio ad occuparsi degli Ospiti con oltre 65 anni di età, di quelli che hanno problemi di alcolismo e degli psichiatrici. Di costoro non può farsi carico solo l'Istituto dei Ricoveri Notturni.

Nei primi anni della gestione del Comune, per l'ammissione nell'Istituto, tutti coloro che chiedevano un posto letto facevano prima un colloquio con il Direttore, poi con l'assistente sociale e l'assistente sanitario; ciascuno compilava una scheda con gli elementi di competenza, si riunivano una volta la settimana e facevano il punto della situazione rispetto sia ai nuovi ingressi sia agli ospiti sedimentati per i quali era necessario lavoro.

Per quanto riguarda la ristrutturazione e riorganizzazione dello stabile viene realizzata la mensa negli anni 1983-1984, poi è iniziata la ristrutturazione e messa a norma dei padiglioni, uno alla volta. I box di due letti sostituiscono le camerate di 48 letti, una volta affollate, vengono rifatte le docce, ripristinato il barbiere, la falegnameria, la sartoria e le sale soggiorno con la biblioteca.

L'acquisizione da parte del Comune di Milano dell'intera struttura di viale Ortles, n.69 permette al settore Edilizia Socio Assistenziale Comunale di programmare ed effettuare interventi non solo di ristrutturazione e messa a norma, ma anche di ampliamento come ad esempio si sta effettuando al padiglione 1° (questo padiglione diventerà il nuovo "padiglione di servizi" con nuova mensa e locali per la formazione) ed una completa revisione spaziale di tutti i servizi interni. Pertanto i lavori proseguiranno per molti anni.

Questo programma a scaglioni di interventi edilizi non è altro che la piena e progressiva applicazione delle decisioni della Giunta Comunale di Milano del 1983.

Le nuove fasce di utenza

Per quanto riguarda la popolazione del Dormitorio sono state individuate 4 fasce di utenza: anziani; pazienti psichiatrici e/o etilisti; immigranti e/o sottoccupati; stranieri, disoccupati e vengono messi a punto degli interventi specifici per ogni fasce.

A tutti gli Ospiti di età superiore ai 65 anni si prospetta la possibilità di un ricovero presso le Case di Riposo comunali e/o convenzionate, di seguito nei primi 7 anni di gestione comunale gli Ospiti ultra 65-enni si riducono da 200 a 100.

Nonostante l'ottimo lavoro svolto negli anni da Servizio Sociale, rimangono presenti anche oggi nella struttura ospiti ultra 65-enni non altrimenti collocabili, che considerano la Casa dell'Accoglienza la loro casa, la loro famiglia, ove vivere per sempre.

Gli anziani rimasti in struttura sono titolari di pensioni minime, sociali INPS, d'invalidità o di programmi di sostegno economico sostitutivo di ricovero. Quasi tutti non aspirano ad avere un alloggio in autonomia, convinti di non essere in grado di gestirlo, né per altro non accettano l'idea di entrare in una Casa di Riposo, perché temono di perdere uno spazio di libertà. Si tratta di persone che hanno importanti patologie croniche e/o psichiatriche, ma che mantengono ancora l'autonomia personale.

Per etilisti, pazienti psichiatrici ed Ospiti con problemi di tossicodipendenza vengono fatti progetti ed effettuati interventi atti a fornire una risposta adeguata al disagio psichico ed alla difficoltà relazionale, con percorsi di riabilitazione.

Per immigranti, stranieri, disoccupati si elaborano progetti e vengono implementati interventi individuali con inserimento nella società come finalità, si istituiscono corsi di lingua italiana e di formazione professionale.

Piani di trattamento personalizzati

Vengono avviati rapporti di collaborazione con i Servizi Sociali comunali ed altri Servizi e Strutture specifici. Per ogni Ospite viene redatto un piano di trattamento sociale personalizzato che lo accompagna nella valorizzazione delle capacità individuali in vista del raggiungimento dell'autonomia.

Nel 1994 gli interventi a favore dell'utenza italiana si possono connotare come: interventi riconducibili primariamente all'obiettività del segretariato sociale es. svolgimento pratiche pensionistiche, sussidi, ecc. **(n.235)**; inserimento in Comunità o altre strutture alternative alla residenza Ortles **(n.45)**.

Per quanto riguarda gli stranieri: interventi diretti al sostegno sociale della persona **(n.870)**; interventi finalizzati all'integrazione lavorativa e alla risoluzione alloggiativa **(n.1210)**; interventi riconducibili primariamente all'obbiettività del segretariato sociale es. svolgimento di pratiche relative alla richiesta di rifugio, permessi di soggiorno, cittadinanza, ecc. **(n.230)**.

Nel 2005 viene aperto il **Centro Diurno Ortles** - un nuovo servizio ideato dalla Direzione, servizio progettato per la terapia occupazionale cioè riattivare l'utenza attraverso l'esecuzione di piccole e facili attività eseguite in gruppo. Il servizio è rivolto soprattutto a riabilitare gli ospiti ormai avanti con gli anni, a creare loro un ambiente collettivo ed un contesto sociale "sano e vitale".

Alla funzione di ricovero notturno si sono, dunque, aggiunte funzioni di reinserimento sociale, **al centro dell'attenzione c'è l'Ospite** con le sue problematiche ed i suoi bisogni. In questa dimensione la permanenza nell'Istituto di Viale Ortles si pone come momento di passaggio verso altre soluzioni, in grado di stimolare l'autonomia, superare lo stato di emarginazione e l'inserimento nella società.

L'Istituto diventa una grande Casa, un centro multiservizi per l'accoglienza di soggetti adulti senza dimora, che risponde ai bisogni di una diversa popolazione di poveri e soprattutto in grado di fornire all'Ospite interventi riabilitativi e di recupero.

Alla luce del nuovo orientamento dell'Istituto, nel 2006 viene cambiata la denominazione da Istituto dei Ricoveri Notturni in **Casa dell'Accoglienza "Ortles"** e passa dal Settore Servizi per Anziani e Strutture Residenziali al Settore Servizi per Adulti in Difficoltà.

Riguardando il Regolamento, nonostante i vari tentativi, solamente nel 2009 la Casa dell'Accoglienza avrà nuove Norme Interno Temporanee approvate dal Comune e riviste nel 2011, tuttora in vigore.

Nel 2014 l'Istituto cambia la denominazione da Casa dell'Accoglienza Ortles in **Casa dell'Accoglienza "Enzo Jannacci"** in memoria dell'artista milanese cantante, pianista, attore, ma soprattutto medico. Un artista vero che non ha mai voluto vivere da "artista", ma era rimasto medico, era rimasto in contatto con la vita vera, sempre e comunque, quella vita che è stata fonte di ispirazione per tante delle sue storie, le canzoni, la sua arte. Le sue canzoni cariche di ironia e di passione spesso sono storie piccole di emarginati e dimenticati, che Jannacci ama far diventare eroi romantici e disperati.

La casa dell'accoglienza "Enzo Jannacci" oggi

La Casa dell'Accoglienza Enzo Jannacci oggi, nata dal maggio 2014, è una struttura moderna che offre accoglienza temporanea a persone adulte senza dimora e che supporta l'Ospite nell'acquisizione della massima autonomia individuale mediante specifici servizi socio-educativi e sanitari.

La Casa dell'Accoglienza dispone oggi di 470 posti letto (372 per gli uomini e 98 per le donne) e nel periodo invernale (dal novembre all'aprile di ogni anno) vengono incrementati a 606 per l'accoglienza dei soggetti senzatetto, con l'iniziativa definita "Piano Antifreddo".

La presenza media giornaliera è di 450 Ospiti. Nel 2015 e stato un turnover di 1536 beneficiari dell'accoglienza.

La Casa dell'Accoglienza "Enzo Jannacci e aperta 365 giorni all'anno, 24 ore al giorno e fruibile dagli Ospiti 22 ore al giorno. La Casa è chiusa agli Ospiti dalle ore 11,30 alle ore 13,30 per permettere lo svolgimento dei lavori di pulizia e per la stessa ragione (pulizia e rifacimento letti) alle ore 8,30 devono uscire dalle stanze (fanno eccezione i ricoverati in Infermeria e gli Ospiti inseriti nel Centro Diurno). Dalle ore 8,30 alle ore 11,30 come nel pomeriggio e alla sera possono usufruire delle sale soggiorno disposte al piano terra del 1°, 6° e 7° padiglione, come anche dell'area verde prevista con panchine e un campo di bocce.

Il plesso è costituito da 8 padiglioni cosi destinati: n.1 agli Uffici/Servizi Sociali, Educativi e Sanitari; n. 1 alla Mensa, biblioteca e Servizi Formativi; n.6 adibiti ad alloggio (n. 4 per gli uomini e n. 2 per le donne) suddivisi in box a 2 letti, su tre piani. Al 1° e al 2° piano di ogni padiglione sono disposte 2 camere singole, 12 in totale di cui 2 (1 per uomo e 1 per donna) per interventi di Buona Questura (persone in situazioni di estrema necessita di alloggio inviate dalla Questura di Milano ed ospitate per brevi periodi – abitualmente 3 notti prorogabile sempre dalla Questura). Le camere singole sono istituite a favore degli ospiti con problemi sanitari specifici, con particolari bisogni e patologie e sono i sanitari e lo Psichiatra a prescrivere la stanza singola e a portare il caso all'attenzione della Commissione Interna.

Ogni padiglione adibito ad alloggio dispone su ogni piano di ampi Servizi igienici e un Servizio igiene per gli Ospiti disabili al piano terra. I Servizi igienici dei padiglioni femminili includono anche le docce, mentre per gli uomini il Servizio Docce è predisposto al piano seminterrato del 3° padiglione, dotato di 25 unita doccia, aperto 1 ora alla mattina e 3,30 ore alla sera. È sempre presente un operatore che distribuisce il materiale necessario (telo bagno, ecc.).

All'interno dell'Istituto funzionano 2 Servizi Bagagliaio (uno maschile e uno femminile) dove vengono custoditi gli effetti personali non di immediata necessità, 1 Servizio Guardaroba che dispone di vasto vestiario donato dai cittadini milanesi e destinato a tutti gli ospiti richiedenti e 1 Servizio Lavanderia –Stireria dove gli Ospiti accedono su programmazione per curare il loro vestiario.

Attualmente garantiscono il buon funzionamento della Casa dell'Accoglienza il seguente **personale**: n. 38 unità di personale Comunale di ruolo (Direttore, Vicedirettore, 10 Amministrativi, 4

Assistenti Sociali, 1 Medico Psichiatra, 1 Psicologo, 3 Medici interni, 4 Educatori e 13 operatori socio assistenziali) ed il personale dei servizi appaltati relativi a Lavanderia, Pulizia e rifacimento letti, Mensa, Animazione e parzialmente socio-sanitari e assistenziali (3 Assistenti Sociali, 2 Medici, 8 Infermieri Professionali, 1 Coordinatore Infermieristico, 2 Educatori, 19 Operatori Socio-Sanitari).

Il ventaglio dei **Servizi erogati** investe dalle esigenze fondamentali ai supporti reintegrativi attraverso le seguenti articolazioni: alloggio, mensa, docce, sala soggiorno, sala TV, biblioteca, animazione, custodia valori, bagagliaio, sorveglianza, rifacimento letti, pulizia, indumenti guardaroba, Infermeria (24 ore, tutti i giorni), assistenza medica (8 ore al giorno: 4 ore alla mattina e 4 ore alla sera), medico psichiatra (24 ore al settimanali), psicologo (17 ore settimanali), servizio sociale (6 assistenti sociali dal lunedì al venerdì), educatori, centro diurno.

La schematizzazione sopra riportata dei servizi si traduce in erogazioni semplici rispetto alle richieste alloggiative e di particolare complessità per le attività di secondo livello a supporto della persona in relazione all'atipicità ed all'eterogeneità della casistica.

Destinatari della casa accoglienza

L'accoglienza, come previsto dalle Norme Temporanee di Funzionamento, approvate con Determinazione Dirigenziale n. 203 del 2011, è destinata a persone di ambo i sessi, italiani, stranieri o apolidi, dai 18 ai 65 anni, con una autosufficienza psico-fisica che consente la vita in comunità.

La tipologia dell'utenza è riconducibile a tutte le categorie del disagio socio-economico (disoccupati, poveri, sfrattati, etilisti, ex-carcerati, malati psichiatrici ed ex tossicodipendenti).

Per accedere all'accoglienza dell'Istituto i richiedenti si rivolgono di persona all'Ufficio Accettazione e vengono ammessi previa compilazione di una autocertificazione che attesti un reddito non superiore al "minimo vitale", come stabilito con Deliberazione del Consiglio Comunale, assenza di sistemazione alloggiativa in città o altrove, e non possesso di proprietà immobiliari. Le ammissioni sono effettuate secondo l'ordine di presentazione della domanda e a struttura completa si provvede a stilare una lista d'attesa.

All'ammissione, Visita Medica effettuata dal Medico interno attesta l'idoneità alla vita in comunità, al nuovo Ospite viene assegnato il posto letto, gli si consegna un *depliant* contenente gli orari ed il Regolamento interno a cui si deve attenere e inizia il suo percorso come Ospite della Casa dell'Accoglienza.

Per essere ben compreso tutto ciò che elenca il Regolamento interno, una volta la settimana viene fatto un incontro tra il Gruppo di accoglienza e nuovi ammessi nella Casa.

Ogni singolo Ospite ammesso nell'Istituto viene assegnato a una delle Assistenti Sociali, la quale programma a breve un colloquio con lo stesso dove analizzano assieme la sua situazione socio-economica. L'Assistente Sociale individua e valuta i suoi bisogni, le sue esigenze, le sue priorità, e, in collaborazione con l'equipe multidisciplinare che attiva all'interno, elabora progetti ed effettua interventi individuali (sostegno psico-sociale e sanitario; inserimento in Comunità e strutture protette; assegnazione alloggi; sussidi; supporto pratiche pensionistiche, sanitarie, permesso di soggiorno/residenza/cittadinanza; ricerca lavoro). La situazione sociale e gli interventi effettuati sono rintracciabili nella Cartella Sociale di ogni ospite aperta e custodita dall'Assistente Sociale, archiviata poi alla dimissione dell'Ospite.

La permanenza dell'Ospite all'interno della Casa Enzo Jannacci è di massimo 6 mesi, prorogata ulteriormente fino ad un anno, su parere del Servizio Sociale, al fine del pieno raggiungimento degli obiettivi prefissati e della massima autonomia personale.

In uno sforzo comune lavorano in sinergia tutte le figure professionali della Casa allo scopo di ridare all'Ospite il confort psico-fisico di cui ha bisogno per trovare la forza di ricominciare, lo accompagnano e supportano nel suo percorso nel trovare una sistemazione più idonea, inserimento lavorativo o altri sbocchi personali.

Tutta l'organizzazione è "centrata sull'Ospite", le sue azioni si concretizzano nell'offrire sia il soddisfacimento dei bisogni primari (l'alternativa alla vita di strada), superando la situazione di bisogno estremo, che la possibilità di superare lo stato di emarginazione, la possibilità di riprogettare il proprio futuro e reintegrare nella società.

Commissione interna
Istituita al fine del 2003, è composta da: Direttore, Vicedirettore, Assistenti Sociali, Medico Psichiatra, Medico dell'Ambulatorio, Coordinatore Infermieristico, Educatori.
Si riunisce una volta la settimana per discutere e prendere decisioni riguardo l'organizzazione della Casa, per esaminare le situazioni più complesse, consultarsi riguardo gli Ospiti più critici e stabilire indirizzi e percorsi personalizzati.
La Commissione Interna valuta anche la possibilità dell'inserimento nell'Infermeria come Pronto Intervento dei pazienti marginali, in dimissione ospedaliera protetta. La valutazione viene fatta sulla richiesta di accoglienza inoltrata dall'ospedale interessato, contenente la relazione sanitaria aggiornata del paziente. Se decisa l'ammissione, il paziente viene ricoverato in Infermeria per la continuità delle cure mediche necessarie e ulteriormente la Commissione Interna decide il suo percorso.

Servizio sociale
Il servizio sociale è incentrato sulla **figura professionale dell'Assistente Sociale.**
Ha competenze specifiche per l'utenza italiana e straniera il cui compito è di valutare diverse tipologie di domande, formulare progetti e realizzare interventi vagliati nell'ipotesi iniziale e nel percorso operativo. A tal proposito collaborano con i servizi e le strutture territoriali competenti e con le altre figure professionali dell'Equipe Multidisciplinare interna.
Le Assistenti Sociali elaborano, in accordo con il singolo ospite, Progetti Socio-Educativi individualizzati di reinserimento sociale e lavorativo.
Gli interventi a favore degli Ospiti italiani si possono connotare come: interventi diretti al sostegno psico-sociale della persona; interventi riconducibili primariamente all'obbiettività del segretariato sociale   es. svolgimento pratiche pensionistiche (pensione/assegno di invalidità civile, pensione "da lavoro",

sociale), sanitarie (scelta del medico di base, invalidità civile, tessera sanitaria), ecc.; inserimento in Comunità e altre strutture alternative alla residenza in Casa dell'Accoglienza; interventi finalizzati all'integrazione lavorativa e risoluzione alloggiativa. Per quanto riguarda gli stranieri: svolgimento di pratiche relative alla richiesta di permessi di soggiorno, carta d'identità, passaporto, titolo di viaggio, residenza, cittadinanza, ecc; interventi finalizzati all'integrazione lavorativa e alla risoluzione alloggiativa; interventi diretti al sostegno sociale della persona.

Servizio educativo

Il servizio educativo è incentrato sulla **figura professionale dell'Educatore.**

Ha il ruolo di supporto e "accompagnatore" dell'Ospite nel suo percorso nella Casa, facilitando il raggiungimento degli obiettivi personali prefissati nel Progetto socio-educativo elaborato in collaborazione con le Assistenti Sociali. L'educatore affianca e supporta l'ospite nella realizzazione dei percorsi individualizzati volti a promuovere e sviluppare le capacità e le potenzialità di crescita personale di autonomia e di integrazione sociale. Informa e orienta l'Ospite su corsi di lingua italiana e di formazione professionale col fine di facilitarne la frequenza. Supporta l'Ospite nella ricerca attiva del lavoro, nella stesura del Curriculum Vitae, nella preparazione al colloquio di lavoro; svolge attività di gruppo, a carattere didattico, di orientamento, ricreativo/culturale sia all'interno che all'esterno della struttura.

Servizio psicologico

Il servizio psicologico è incentrato sulla **figura professionale dello Psicologo.**

Effettua colloqui di valutazione psicologica agli Ospiti della Casa Jannacci che hanno come obiettivo primario l'individuazione e ascolto del disagio psicologico vissuto dalla persona, una prima valutazione e nel caso si ritenga necessario, l'invio presso strutture sanitarie esterne (Pubbliche e Privato Sociale), per una presa in carico psicoterapeutico di media-lunga durata.

Lo specialista collabora anche con l'Equipe Socio-Educativa all'elaborazione dei singoli Progetti socio-educativi, laddove necessita, progetti individualizzati di reinserimento sociale e lavorativo, in accordo con l'Ospite.

Centro diurno

È uno spazio destinato alla terapia occupazionale e alla socializzazione, un ambiente collettivo creato nel 2005 per gli anziani della Casa ma poi esteso alche agli altri Ospiti, se individuate tali necessità. Il Centro e un contesto in cui l'Ospite costruisce relazioni interpersonali, riattiva le sue capacità, esprime e sviluppa la sua creatività.

L'inserimento dell'Ospite presso Centro Diurno è stabilito dall'Assistente Sociale di riferimento previo valutazione dell'utilità in collaborazione con altre figure professionali competenti.

Per ogni Ospite inserito si stabilisce un progetto socio-educativo, obbiettivi individualizzati e la durata della permanenza nel Centro, prorogata se necessario. Il monitoraggio e le indicazioni delle azioni di supporto sono in carico dell'Educatore del Centro.

All'interno lavorano un Educatore e due OSS, l'utenza è in media di 25 persone. Le attività offerte sono rivolte sia ai singoli individui sia ai piccoli gruppi e sono: attività di socializzazione, intrattenimento e aggregazione; laboratorio di sartoria, falegnameria; attività di giardinaggio nel giardino interno della struttura.

L'assistenza sanitaria agli ospiti

Il Servizio Sanitario nasce contemporaneamente con l'apertura dell'Istituto e negli anni della gestione ECA era garantito, come stipulato del Regolamento Interno, da un Ambulatorio presso la Sede Centrale e l'Infermeria.

Il medico visitava l'ospite all'atto dell'ammissione per escludere possibili malattie infettive contagiose, sottoponendo l'Ospite all'esame radiologico del torace per la ricerca della tubercolosi e ad altri esami se riteneva necessario, ma non veniva tenuta traccia, in seguito ogni volta che l'ospite rientrava da una dimissione poteva essere sottoposto ad una nuova ripetizione.

L'infermeria funzionava con pochi letti (nel 1983 disponeva di 10-12 letti) e venivano ricoverati gli ospiti "colpiti da lievi indisposizioni", mentre per "casi di maggiore infermità" si provvedeva all'invio presso ospedali.

Esisteva un solo Registro delle prestazioni sanitarie sul quale si prendeva nota dei vari interventi effettuati ed era quindi tra l'altro spesso praticamente impossibile seguire nel tempo l'evoluzione dei pur numerosi quadri clinici affrontati all'interno dell'Infermeria nei confronti degli Ospiti, così come non era possibile coordinare interventi con gli altri operatori di Ortles.

Nell'indagine statistica del 1983 vi si legge: "i dati sulle condizioni individuali degli Ospiti rilevano che i dimessi degli Ospedali Psichiatrici sono 80 (circa 21,2%); 32 (pari al 8,5%) sono quelli di cui si conosce la precedente carcerazione; 53 (pari al 14,9%) gli affetti da malattie polmonare; 30 infine gli alcolisti accertati." [40]

Con l'ingresso del Comune di Milano nella gestione della struttura assistiamo ai cambiamenti positivi notevoli e alla **nascita di un Servizio Sanitario interno** che affiancasse il tradizionale e rifondato compito di valutazione dell'idoneità sanitaria necessaria per l'accoglienza degli utenti, assistiamo alla promozione di interventi di cura per i soggetti convalescenti o affetti da temporanee patologie, specifici accertamenti sanitari, la prevenzione e profilassi della malattia, il temporaneo isolamento e l'educazione sanitaria.

La presenza del Medico interno diventa giornaliera, l'infermiere presente 24 ore al giorno, si incrementano i letti, il Comune fornisce regolarmente i farmaci e i presidi necessari per il contenimento delle patologie presenti nei degenti dell'Infermeria, incluse le patologie infettive invernali.

Nel 1989 viene introdotto nell'Organico **lo Psichiatra**, il quale nel 1991 verrà incaricato come Direttore Sanitario, figura professionale presente fino al 1995.

Viene aperto anche un ambulatorio che ospita un Medico di Medicina Generale della zona, dal quale già erano soliti rivolgersi

---

[40] Indagine statistica sulla popolazione del Ricovero Notturno di viale Ortles, 69 Milano aprile 1983

molti ospiti, così da avere la possibilità di prescrizioni farmacologiche, di esami clinici, di visite specialistiche o impostazioni di domande di invalidità.

Nel 1993 in una nota informativa sull'avanzamento dei lavori del **Servizio Sanitario di Ortles**, rivolta al Direttore di Settore Igiene Sanità e Servizi Sociali del Comune di Milano, il Direttore di Ortles informava: "L'Istituto offre ospitalità a circa 520 Ospiti, soggetti a turnover, metà dei quali extracomunitari. Escludendo questi ultimi presenti solo temporaneamente per ragioni lavorative e con sufficienti prospettive di inserimento sociale, si tratta in maggioranza di soggetti in condizioni di consistente emarginazione sociale, il cui contatto con i centri sanitari sul territorio è conseguentemente molto scarso o quasi nullo; nei loro confronti, pertanto, la nostra struttura si pone spesso come unico presidio di prevenzione, di diagnosi, di cura e di interlocuzione con i centri territoriali [...]. A tale popolazione la Struttura Sanitaria dell'Istituto si rivolge attraverso quattro servizi, coordinati da un Direttore Sanitario: un **ambulatorio di medicina generale,** aperto due ore (15-17) dal lunedì al sabato, con assegnato un medico; un **reparto infermeria di 18 letti** (12 per uomini, 4 per donne e due di isolamento), in cui operano quattro medici in servizio notturno (19,30-7,30) e festivo (7.30-19.30); un ambulatorio psichiatrico aperto con orario variabile tutti i pomeriggi feriali in cui operano due specialisti.

Il contatto degli utenti con il Servizio Sanitario dell'Istituto è mediato in tre momenti: A. all'atto dell'ammissione; B. all'insorgere di quadri patologici; C. in occasioni di visite periodiche.

L'ingresso nella residenza è subordinata al conseguimento di una "Idoneità", riconosciuta dopo visita medica e periodo di osservazione sanitaria, con effettuazione di screening per malattie infettive (sifilide, Epatite, AIDS), eventuale test per lo screening qualitativo nelle urine della morfina, eventuale consulenza psichiatrica, ed invio al centro anti-tubercolosi per eseguire la schermografia.

Una seconda visita viene eseguita nel caso si riscontrino patologie, ed è eseguita dall'assistenza ambulatoriale interna (generica e psichiatrica), può esitare nel ricovero in Infermeria, o con l'invio presso ambulatori USSL, Ospedali, Case di Cura, Convalescenziari,

Centri psico-sociali. Si eseguono poi circa due volte all'anno, o in presenza di condizioni cliniche particolari, visite di controllo." [41]

Per gli Ospiti affetti di patologie psichiatriche, alcolisti, tossicodipendenti lo Psichiatra avvia rapporti di collaborazione con i servizi territoriali e con il Sevizio Sociale ed i Medici Interni.

Per l'assistenza agli alcolisti, il cui numero è da sempre molto elevato vengono avviati rapporti di collaborazione con i **Nuclei Operativi Alcologia (NOA)**. Viene quindi strutturato un trattamento differenziale disintossicante con inserimento in strutture esterne per disintossicare soggetti più difficili e con ricovero degli altri presso l'Infermeria dell'Istituto.

Per il contenimento dell'alcolismo nella struttura è stato di rilevante importanza l'intervento chiamato "Osservatorio Alcologia" ideato dalla Direzione nel 2009. Secondo questo protocollo tutti gli Ospiti vengono sottoposti al momento dell'ammissione (ma anche periodicamente gli ospiti già presenti) ad un questionario da parte degli infermieri per identificare se esiste e quanto rilevante sia l'abuso di alcool, ed in quale stadio si trovano per monitorare l'alcolismo nell'Istituto e procedere, là dove occorre, all'invio nei centri specializzati.

Tutti gli interventi hanno lo scopo di aiutare l'Ospite a contenere l'abuso ed evitare il degrado e le malattie causate dall'alcool.

Nel confronto degli ospiti con problemi di tossico dipendenza è reso possibile il sostegno dell'Istituto a partire dal ricorso ad esami tossicologici, alla presa in carico da parte dei **Servizi per le Tossicodipendenze (SerT)**.

Per gli Ospiti affetti da patologie psichiatriche si avviano rapporti di collaborazione con il **Centro Psico Sociale (CPS) di zona**, nel 2000 viene stipulato un Protocollo di intesa, firmato da USSL, l'Unita Operativa 51 (Azienda Ospedaliera San Paolo di Milano), CPS di zona e da Ortles e vengono stabilite le "Linee guida sulla reciprocità nell'invio e nella gestione della casistica psichiatrica dei Ricoveri

---

[41] Da Archivio Casa dell'Accoglienza Enzo Jannacci, prot. n.31/5

Notturni del Comune di Milano di Viale Ortles 69 e dell'Unita Operativa di Psichiatria 51, Azienda Ospedaliera San Paolo di Milano". Con esse la Unita Operativa di Psichiatria si impegna tra l'altro a prendere in carico non solo i residenti ma anche i domiciliati in Ortles.

Per una efficace operatività del Servizio Sanitario viene istituita la Cartella Clinica, aperta per ogni singolo Ospite all'atto dell'ammissione nella struttura, che seguirà l'Ospite dal momento della prima visita di idoneità fino alla dimissione (come già menzionato, prima di allora non vi era che un solo Registro delle prestazioni sanitarie che una volta terminato veniva archiviato).

Nella Cartella Clinica vengono registrati tutti i vari contatti con gli Ospedali e con il suo aiuto si è possibile inoltre "pilotare" l'Ospite in direzione di qualsivoglia necessario approfondimento specialistico. Essa custodisce le fotocopie dei documenti necessari per l'accesso ai presidi territoriali.

La Cartella Clinica contiene anche la "Scheda per l'ammissione alla vita in comunità" che viene compilata a cura del Medico interno all'ammissione e contiene dati anagrafici e sanitari ben precisi riguardo le condizioni cliniche riscontrate, le patologie remote, l'eventuale terapia in corso e la terapia che l'Ospite assume abitualmente se portatore di affezioni croniche.

La Cartella viene utilizzata con fogli di diario clinico durante la degenza dell'Ospite nell'Infermeria qualora lo stesso dovesse essere ricoverato.

Oltre alla Cartella Clinica l'Infermeria viene dotata sia di una serie di Moduli e Registri necessari alla comunicazione con gli altri servizi e per la consegna degli infermieri e dei medici, sia di un Archivio dove vengono custodite le Cartelle Cliniche degli Ospiti dimessi dall'Istituto e da dove possono essere reperite ad un eventuale riammissione.

Nel tempo, la struttura del Servizio Sanitario interno dimostra la sua solidità, i legami istituzionali e personali dimostrano la loro validità e continuano a garantire l'assistenza sanitaria di base disposta dai medici, dagli infermieri e dallo Psichiatra.

Il servizio sanitario oggi
Il Servizio Sanitario, come precisato, è composto dall'**Ambulatorio**

di Psichiatria, Ambulatorio di Medicina Generale e l'Infermeria.

Ambulatorio di Psichiatria
L'Ambulatorio di Psichiatria ha come figura professionale il **Medico Psichiatra.** Il Medico Psichiatra prende in carico le problematiche dei soggetti con diagnosi psichiatriche, tossicodipendenza e/o alcolismo non solo per quanto riguarda la dimensione strettamente farmacologica ma anche attraverso la elaborazione di programmi mirati alle cure, al sostegno e alla riabilitazione. Si avvale della collaborazione dei servizi specifici territoriali.

Collabora con SERT per contenimento e la riabilitazione degli ospiti ex tossicodipendenti, collabora con i Nuclei Operativi Alcologia (NOA), secondo il Protocollo del 2008 tra NOA e Casa dell'Accoglienza Ortles ed in particolare con il CPS l'Azienda Ospedaliera San Paolo di Milano in base al Protocollo di intesa del 2000 tra ASL (CPS di zona) e Ortles.

Una volta al mese si riunisce con il medico Psichiatra rappresentante CPS e le Assistenti Sociali, valutano i casi con diagnosi psichiatrica, individuano i problemi e progettano interventi individuali, attivandosi poi per il raggiungimento degli obbiettivi proposti (intervento farmacologico, psicoterapia strutturata, inserimento in gruppi terapeutici, in progetti psico-riabilitativi).

Ambulatorio di Medicina Generale e Infermeria
L'Ambulatorio di Medicina Generale e **l'Infermeria** funzionano in sinergia e, praticamente, sono due funzioni integrate, collegate anche spazialmente. Il locale dell'Ambulatorio e composto dal Studio Medico, e il locale Infermeria, (dove si effettuano interventi infermieristici per gli Ospiti non ricoverati) ed è posizionato spazialmente davanti all'Infermeria, cosi, facilmente, sia il Medico che l'Infermiere assicurano l'assistenza medica ed infermieristica in concomitanza sia per gli Ospiti non ricoverati sia per i ricoverati nel Reparto Infermeria.

Al momento l'Infermeria dispone di 27 posti di degenza, incrementati rispetto al recente passato e così distribuiti: 18 posti per gli uomini (12 ordinari, 2 per interventi di Buono Questura e 4 per i casi di Pronto Intervento), 7 posti per le donne (4 regolari, 2 per Pronto Intervento e 1 per Buoni Questura) e 2 posti nella Stanza Isolamento.

Attualmente all'interno operano 5 **Medici** (3 Medici di ruolo e 2 Medici della cooperativa appaltante del servizio sanitario) che assicurano l'assistenza medica 8 ore al giorno.

Gli **Infermieri Professionali** della Cooperativa appaltante coprono le 24 ore al giorno per 7 giorni la settimana, affiancati dal personale di supporto (**OSS, ASA**).

Gli ospiti che si rivolgono per varie problematiche sanitarie in Ambulatorio, in seguito alla valutazione del Medico interno ricevono **assistenza differenziata**: somministrazione dei farmaci specifici per disturbi passeggeri ed eventuale trattenimento in regime **Day Hospital**; **ricovero presso il Reparto Infermeria**, se necessario e gestibile all'interno; **invio presso Pronto Soccorso** ospedaliero per i casi più gravi; somministrazione farmaci sintomatici ed **invio al Medico di Medicina Generale per eventuali accertamenti e visite specialistiche**, il MMG rimane sempre il sanitario di riferimento per tutti (per coloro che sono sprovvisti di assistenza sanitaria SSN, come alcuni extracomunitari, c'è **l'invio presso Ambulatori gestiti da Volontari** tramite i quali possono accedere anche alle visite specialistiche); **invio presso l'Ambulatorio Psichiatria** interno al riscontro di fragilità psichica, ecc.

Il Medico interno, assecondato dall'infermiere, effettua anche le visite mediche di idoneità alla convivenza in comunità per i nuovi Ospiti, all'ammissione nella Casa dell'Accoglienza.

Dalla Relazione interna riguardo **l'attività dell'Ambulatorio e dell'Infermeria nel 2015**, risultano i seguenti dati: **visite mediche per nuove ammissioni**, incluso Piano Antifreddo **– n. 801**; **prestazioni ambulatoriali** (assistenza medico-infermieristica), compresso Piano Antifreddo – **n.12.111**; numero di **ricoveri effettuati in Infermeria – n. 666**; **totale giornate di degenza** degli Ospiti ricoverati- **n. 4969**; **frequenza media giornaliera** (compreso Day Hospital) – **n. 11,96**; docce assistite per ospiti critici effettuate in Infermeria – n. 450; invio presso strutture sanitarie ambulatoriali del volontariato (NAGA, Opera San Francesco, Centro San Fedele,

Volontari H. San Paolo) per ospiti privi di assistenza sanitaria di base – n.132; **invio con urgenza 118 - n. 90**; invio ordinario con servizio ambulanza e autovettura (visite specialistiche, ricoveri, trasferimenti in altre strutture- n. 103.

L'equipe del Servizio Sanitario (Medici, Coordinatore Infermieristico, Infermieri, OSS, ASA) nella sua attività **supporta e cura l'Ospiti** portatore di varie patologie croniche, nelle forme acute, supporta i bisognosi di assistenza sanitaria per l'assunzione regolare e sorvegliata della loro terapia abituale (diabetici, cardiopatici, pneumo-patici, psichiatrici, ecc.) e per passeggere affezioni.

L'infermiere professionale garantisce l'assistenza sanitaria sia per gli Ospiti ricoverati in Infermeria, sia per gli Ospiti non ricoverati ma che hanno bisogno di supporto per contenere le malattie croniche di cui sono affetti.

L'attività dell'infermiere nella Casa dell'Accoglienza Enzo Jannacci è costituita dai seguenti atti:

somministrazione farmaci per vie parenterali e per os, medicazioni;

monitoraggio parametri vitali;

prenotazioni visite mediche per gli Ospiti che hanno difficoltà a prenotarle in autonomia sia perché anziani, sia perché presentano barriera linguistica;

altre attività inerenti alla figura professionale disposte dagli sanitari preposti.

Preponderante l'assistenza infermieristica è indirizzata agli Ospiti affetti dalle malattie psichiatriche (con alto tasso del disturbo ansio-depressivo), le malattie pneumologiche (con predominante componente infettiva, ma anche ostruttive), il diabete e le sue complicanze e le malattie degenerative o traumi osteo-articolari.

Nei primi 6 mesi del 2016 la media degli Ospiti non ricoverati che assumono **quotidianamente la terapia abituale somministrata dal Infermiere** è di **17 Ospiti** al giorno, di cui c. **40% affetti da patologie psichiatriche, 30% diabetici, 15%** con **patologie cardiopolmonare** e 15% affetti da **altre patologie**.

Nello stesso periodo la **media giornaliera** degli **Ospiti ricoverati** è di 14 Ospiti, con la punta nei mesi invernali (c.20 ricoverati), principalmente per l'incremento delle patologie infettive stagionali, ma anche per l'aumento dell'utenza, in seguito alle ammissioni con l'iniziativa Piano Antifreddo.

Riguardo agli **Ospiti degenti in Infermeria** che hanno beneficiato di **cure infermieristiche** nel **primo semestre del 2016, 35%** è rappresentato dagli **Ospiti affetti da patologie dell'apparato respiratorio**, altri **35% in stato di convalescenza post intervento chirurgico** di varie tipologie, bisognosi di continuazione delle cure mediche e infermieristiche e **30% affetti da altre malattie (psichiatriche, cardiovascolari, complicanze del diabete, traumi osteo-articolare)**.

Il numero **totale** dei **giorni di degenza nell'Infermeria**, relativo al **primo semestre del 2016**, è di **2688**. Il numero più alto si è registrato nel mese di marzo: 526 giorni, mentre nel mese di aprile il numero più basso: 378 giorni.

L'attività dell'Infermiere include anche il primo soccorso in casi di emergenza e l'invio presso i Pronti Soccorsi ospedalieri, previo compilazione modulo di invio con dati anagrafici e sanitari dell'Ospite. Nel primo semestre del 2016 sono stati soccorsi e inviati presso Pronti Soccorsi ospedalieri un nr. di 49 Ospiti.

Il Coordinatore Infermieristico, il quale, tranne la gestione e l'organizzazione riguardo gli Infermieri, il personale di supporto, il locale e la dotazione, è la figura che assieme ai Medici si interfaccia con i servizi dall'interno della Casa dell'Accoglienza, contatta Ospedali e varie figura professionali, si impegna a trovare soluzioni e risposte ai bisogni e allo sconforto dell'Ospite.

Il Servizio Sanitario dotato di Ambulatorio e Infermeria **ha lo scopo di aiutare l'Ospite a mantenere e recuperare lo stato di benessere psico-fisico**. Il Servizio assicura con il suo operato il loro confort e la sicurezza tanto necessarie per superare lo stato di difficoltà e debolezza, indotte dallo stato di emarginazione sociale e trovare le risorse interiori per lottare ed ottenere la serenità necessaria per ricominciare.

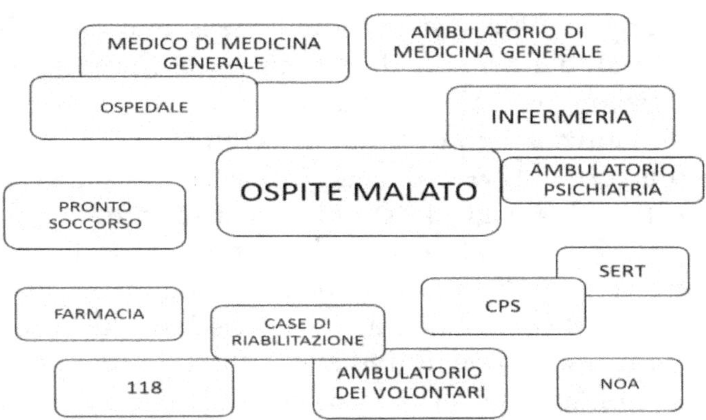

Figura 1. La rete dell'assistenza sanitaria centrata sull'Ospite malato della Casa dell'Accoglienza "Enzo Jannacci".

Intervento di miglioramento – La Tessera Salvavita (T.S.)
L'intervento risponde al un reale e significativo problema, individuato anche dal Coordinatore Infermieristico nella realtà della Casa dell'Accoglienza, ovvero l'insicurezza sulla strada dei nostri Ospiti, in particolar modo dei portatori di patologie croniche importanti, se accade un'emergenza grave o vengono colti di un malore.

I nostri Ospiti sono soli, non hanno nessun punto di riferimento e non tutti sono in grado di comunicare facilmente e dare le informazioni necessarie per agevolare gli interventi dei soccorritori sia perché, essendo anziani, al minimo malore non trovano la forza di comunicare, sia hanno un vocabolario limitato e non riescono memorizzare i termini medici o essendo stranieri non hanno acquisito ancora il bagaglio linguistico necessario per esprimersi coerentemente.

L'intervento che risponde a queste esigenze e denominato "**Carta d'Identità Salvavita**" ed e uno strumento di un innovativo progetto "**Cittadini più Coinvolti & Più Sicuri**".

Il Progetto e approvato e sostenuto dall'**Assessorato alle Politiche Sociali e Culturali della Salute del Comune di Milano** ed è il frutto della collaborazione tra il Comune di Milano, i **Medici Volontari di Milano** e le **Organizzazioni di Volontari ONLUS**.

"**Cittadini più coinvolti & Più sicuri**" è un Progetto che **si avvale delle nuove tecnologie già esistenti, già disponibili per tutti, a costo zero (SAPP – Social Application),** destinarne l'uso a scopi sociali, ed investire su di esso in ambito socio-sanitario, ovvero per inclusione delle fasce vulnerabili a rischio di progressive degenerazioni ed esclusione. È rivolto ai cittadini e alle persone più fragili, per **aumentare la sicurezza psico-fisica** e **facilitare soccorsi in situazioni d'emergenza.**

Il Progetto nasce nel 2013 dall'Iniziativa "Anziani più coinvolti & più sicuri" dal Piano anti solitudine del Comune di Milano, iniziativa che si evolve poi rivolgendosi non solo agli anziani, ma a tutti i cittadini e in modo più mirato, alle persone deboli e fragili della città. L'obiettivo del Progetto e salvaguardare la sicurezza psico-fisica della persona e predisporre strumenti di aiuto utili nella vita quotidiana e determinanti in situazioni di difficoltà ed emergenza medico-sanitaria.

Gli strumenti di aiuto personalizzato individuati hanno valenza sia in ambito domiciliare che extra domiciliare e sono:

- Busta Numeri e Dati Utili;
- I.C.E. (In Caso di Emergenza);
- C.I.S. (Carta di Identità Salvavita);
- Condominio Sicuro.

La **Carta di Identità Salvavita (C.I.S.),** include anche lo strumento **I.C.E.** (una raccolta di numeri telefonici di persone di riferimento rintracciabili facilmente e rapidamente a disposizione nelle varie situazioni d'emergenza: cadute, malore, incidenti stradali, ecc.).

La **C.I.S** cartacea e uno strumento standard realizzato tramite un'applicazione creata apposito denominata "Cittadini più Sicuri & più coinvolti" sul Social **App**lication **"Il telefonino, il tuo salvavita"** messa in rete e sviluppata dei **Medici Volontari Italiani (MVI)**. La C.I.S. è anche integrata da un QR Code contenente tutte le informazioni (anagrafici, parametri sanitari, I.C.E.), accessibili con uno Smartphone, utilizzato, ormai, a banda larga da tutti, contenente l'App. QR Code Reader scan, facilmente scaricabile sull'App. Play Store.

Tramite la C.I.S., il soccorritore, sia dall'Ambulanza 118 che dal Pronto Soccorso Ospedaliero, con un semplice gesto, accede ai dati importanti riguardo la persona soccorsa, guadagnando tempo ed effettuando interventi più mirati che nei casi veramente estremi possono fare la differenza fra la vita e la morte.

La C.I.S. viene creata sull'APP. dai **Volontari di Comune di Milano** con autorizzazione al trattamento dei dati sensibili. I dati vengono aggiornati secondo necessita ed è previsto un monitoraggio semestrale sempre a cura del TEAM dei Volontari ben organizzati, con vari mansioni: interviste, inserimento dati, monitoraggio.

Il Progetto "Cittadini più coinvolti & più sicuri" di cui fa parte la "Carta di Identità Salvavita" è stato promosso sul territorio e oggi si avvale di ufficiali condivisioni ed importanti coinvolgimenti da parte di Enti preposti dalla Sanità Lombarda: ASL Milano; AREU (Azienda Regionale Emergenza a Urgenza); SIMEU (Società Italiana di Medicina d'Emergenza-Urgenza); OMCeO di Milano.

Abbiamo pensato di adottare la "Carta di Identità Salvavita", adattandola a questa realtà e di istituire cosi la **"tessera salvavita"** per i senza dimora in formato cartaceo.

La C.I.S. è la **"Tessera Salvavita"** sono dei **"salvavita" portatili simili a una carta d'identità anagrafica.**

Nella Tessera Salvavita vengono inseriti i dati anagrafici e di ASL, quale burocratici, una foto tessera recente, i numeri telefonici I.C.E. e, molto importante, i dati medico-sanitari (patologie/allergie/terapie, e dati salvavita).

Sia il Coordinatore Infermieristico che i Medici del Servizio Sanitario hanno accolto con massimo interesse **l'Intervento di reale**

miglioramento per gli Ospiti della struttura e collaborano interrottamente con i volontari ONLUS e la Responsabile del Progetto per il suo svolgimento, identificano gli ospiti a rischio e mettono alla disposizione i dati sanitari per la T.S.

L'Intervento inizia nella Casa dell'Accoglienza nel maggio 2016 ed è in pieno svolgimento.

Nel giugno 2016 vengono dotati delle prime T.S. gli Ospiti più a rischio in un ambiente festivo, come si deve per una importante iniziativa rivolta a loro e alla loro sicurezza, dimostrandole che **non sono soli**.

Ad oggi, mese di settembre 20016, più di 50 ospiti sono in possesso della Tessera Salvavita, per il fine anno saranno 100, e per 2 di loro già si è dimostrata molto utile, e non è poco perché **ogni essere umano è importante**, ha il diritto a una vita migliore e sicura.

Grazie all'intervento dei Volontari che mantengono il contatto con la persona, non solo si creano strumenti utili, ma si dà all'**Ospite** della Casa dell'Accoglienza, una volta uscito dalla struttura, un senso di appartenenza e **non si sente più solo, affrontando la vita**.

Spetterà anche al C.I. tenere le fila di questa iniziativa appena avviata onde garantire ampio sviluppo.

Conclusioni

Si è desiderato illustrare che la **Casa dell'Accoglienza Enzo Jannacci** è una realtà in cui sono promosse connessioni e sinergie tra attori molteplici, portatori di differenti risorse e competenze, condizione essenziale per le predisposizioni degli interventi e percorsi di accompagnamento sociale.

Nel complesso gli interventi sono orientati a proteggere e dare sicurezza, prevenire i fattori di rischio e di debolezza, contrastare le fonti di diseguaglianza sociale e reintegrazione sociale.

L'**equipe multidisciplinare** crea reti di relazione tra individui e comunità, evitando la solitudine, promuove solidi percorsi di inclusione, garantendo a tutti pari opportunità.

Si è desiderato evidenziare il ruolo del Coordinatore Infermieristico in tale realtà, in cui il suo operato non si ferma solamente alle responsabilità e le competenze riguardo il buon funzionamento del Servizio Sanitario, ma in coerenza con la *mission* dell'Equipe multidisciplinare, dedica il suo operato anche a identificare le difficoltà, i bisogni ed eventuali rischi nel confronto dell'utente e propone azioni utili e soluzioni.

In una realtà particolare come la Casa dell'Accoglienza Enzo Jannacci, si vuole assicurare all'Ospite una "dimissione protetta", offrendogli **strumenti di sicurezza e di appartenenza sociale**, in primo caso l'inserimento in una **Comunità protetta** e nel secondo caso materializzati nella **Tessera Salvavita.**

Questo capitolo rappresenta anche una **testimonianza del lavoro e l'impegno** della "grande famiglia" di Casa dell'Accoglienza Enzo Jannacci **per l''assistenza sociale e sanitaria alla popolazione tanto numerosa dei senza dimora**, restituendole la forza psico-fisica e l'opportunità di ricominciare.

Accesso dei migranti in pronto soccorso

Federica Monte – Simonetta Vernocchi

….Siamo tutti ospiti sulla Terra e il modo in cui viaggiamo e siamo ospiti, il modo in cui andiamo incontro ad altri migranti mostra quale sia il nostro atteggiamento nei confronti della nostra misteriosa origine e destinazione.

Il percorso di studi di mia figlia si sta concludendo, in questo mese sta frequentando la pediatria di un grande e storico ospedale milanese. L'aspetto che l'ha impressionata maggiormente è il grande numero di famiglie non italiane che fanno capo a questo ospedale ed in particolare al pronto soccorso pediatrico. Il suo racconto della giornata di oggi si è concluso con l'affermazione: *in questo contesto, con questi presupposti l'integrazione di questi bambini nel nostro Paese è impossibile.* I figli dei migranti vengono condotti in pronto soccorso più spesso per problemi semplici: riniti, enteriti, dolori addominali, tosse, poiché non dispongono dell'assistenza pediatrica di base. Altre volte vi ricorrono per i traumi più o meno gravi.

Innanzitutto il fatto che spesso l'accesso al pronto soccorso sia "non opportuno" determina nel personale infermieristico un atteggiamento sprezzante quando non francamente crudele. A farne le spese sono i bimbi, specie i più grandicelli, (quelli piccoli sono così carini e fanno tenerezza!) che si interfacciano direttamente con il personale infermieristico.

Il nostro personale forse con un maldestro intento educativo sprona, incita, redarguisce…bimbe, preadolescenti, adolescenti, spaventate, sofferenti, malnutrite.

Imbarazzo e inadeguatezza

Giunge accompagnata da un uomo di circa 60 anni, alto 145 cm con una evidente malformazione del cranio, a forma di torre, una ragazzina di 12 anni, obesa, alta 170, lamentando forti dolori addominali di tipo colico. La ragazzina di etnia orientale non ben chiara parlava benissimo l'italiano e lo comprendeva altrettanto bene, diversamente dall'uomo, che mostrava di capire molto poco.

La madre era ricoverata in psichiatria, così raccontò la bimba. Quell'uomo anziano che l'accompagnava era suo padre. La ragazzina era visibilmente sofferente, imbarazzata per doversi spogliare, parlare delle sue funzioni fisiologiche...

Si sentiva goffa, e probabilmente lo era davvero. Alle domande circa il ciclo mestruale non sapeva rispondere e neppure il padre aveva risposte congrue. L'infermiera che era presente alla visita ne risultava ancora più irritata. *"Come fai a non sapere nulla del tuo ciclo mensile? Devi annotarlo...di solito cosa prendi? Quando hai avuto il ciclo l'ultima volta? È la prima volta che hai dolore?"*

Cosa ne sarà di questa ragazza?

Qualcuno le darà il naproxene che le è stato prescritto?

Qualcuno l'accompagnerà a scuola?

Si sentirà mai parte del nostro Paese?

Si sentirà mai parte del suo Paese?

L'integrazione si fa in due

Apolidi figli di apolidi
I figli di coppie giunte nel nostro Paese vivono problemi di ogni genere, crescono senza senso di appartenenza al nostro Paese. Come ogni adolescente e pre-adolescente hanno problemi con il proprio corpo, con i genitori... ma presentano anche problemi aggiuntivi. Sia fisici, talvolta non sono vaccinati, non ricevono cure tempestive, sono più esposti a traumi, frequentano la scuola talvolta in modo discontinuo, non possiedono il corredo scolastico come gli altri ragazzi.

Non si sentono di certo italiani neppure se sono nati nel nostro Paese. Ma si sentono pakistani, marocchini, nigeriani....?

Talvolta i genitori sono troppo anziani, più spesso sono molto giovani e con poca esperienza educativa.

Lo scoglio della lingua
I figli in casa parlano la loro lingua d'origine, i genitori non conoscono l'italiano...di fatto i figli parlano, scrivono e leggono l'italiano spesso meglio, molto meglio dei genitori.

I genitori talvolta sono culturalmente troppo poco istruiti rispetto ai figli. Questo accentua lo strappo generazionale.

Le figlie femmine di solito non possono completare la scuola anche se sono dotate e desidererebbero farlo.

Onore maschile e castità femminile
Il problema più grave è la differenza di cultura in cui specie i figli si trovano schiacciati.

Anzi specie le figlie e le mogli. Donne che dopo anche 16 anni di permanenza in Italia ancora non parlano italiano.

Donne che soffrono per patologie anche gravi ma curabilissime come diabete, cirrosi, anemia, epatite C, obesità ma che non possono stare in ospedale per più di 2 giorni e poi si autodimettono, interrompono le terapie di cui non comprendono il senso. Donne che all'età di 35-40 anni sembrano vecchie…

Si evidenzia un sistema di valori talmente diverso tra la famiglia di origine e la nostra cultura, specialmente per quanto riguarda la condizione delle donna, il concetto di onore maschile e di castità femminile ancora tanto radicato nella loro cultura che difficilmente possiamo avere punti di confronto.

Per noi l'istruzione è un valore, la cura dei figli e delle figlie è un valore, la salute della donna/madre è un valore, la libertà di scelta è un valore, ogni vita è un valore.

Ruoli maschili e ruoli femminili

Il ruolo degli uomini nelle famiglie e nella gestione dei figli è molto diverso se confrontiamo i papà italiani e quelli di altra etnia. Ad esempio spesso gli uomini non tengono in braccio i loro bambini, non li nutrono, non cambiano i pannolini, non hanno stretti rapporti con loro e ma decidono per loro su tutto. Sono responsabili per la moglie e per i figli, ma decidono senza coinvolgerli, senza confrontarsi con loro, senza cognizione di causa.

Le donne trascorrono troppe ore in casa, non lavorano, si occupano solo dei figli ma non conoscono nulla della nostra cultura, la lingua rappresenta uno scoglio.

Siamo disposti al cambiamento?

Noi siamo disposti a metterci in discussione? Ad essere più accoglienti? Siamo disposti cambiare alcune delle nostre abitudini per far spazio ai nuovi?

Gli uomini e le donne che giungono nel nostro Paese hanno intenzione di cambiare? Sono disposti ad integrarsi?

È possibile pensare ad una integrazione senza lo sforzo di imparare la lingua?

Ci sono domande per cui non abbiamo una risposta univoca. Alcuni di questi quesiti ancora aperti li riportiamo di seguito.

Convivenza vuol dire integrazione?

Qual è il primo passo?

È possibile integrarsi e mantenere i privilegi di genere?

La presunzione di sapere quale sia il percorso corretto verso l'integrazione apre o chiude la strada al confronto?

L'integrazione si fa in due
Con il termine integrazione si indica l'insieme dei processi sociali e culturali che rendono l'individuo membro di una società. Il termine deriva dal latino *integratio-onis*, che indica il fatto di **integrare**, di rendere intero, pieno, attraverso l'aggiunta di ciò che è mancante e necessario o che serve a migliorare. L'integrazione in senso sociologico è un processo complesso che parte dalla prima accoglienza della persona in una terra che gli è straniera ed ha come obiettivo il raggiungimento dell'autonomia personale.
Tahar ben Jelloun afferma che *l'integrazione è un'operazione che si fa in due. Non ci si integra da soli. Integrarsi non significa rinunciare alle componenti della propria identità di origine ma adattarle a una nuova vita in cui si dà e si riceve.* Con questo, affinché un bambino straniero possa integrarsi, necessita di un ambiente che glielo permetta.
La presenza nelle classi scolastiche di alunni di origini straniere è ormai routine.

Bambini stranieri
L'utilizzo dell'espressione "bambini stranieri" raffigura un insieme di situazioni molteplici, un fenomeno complesso ed eterogeneo che rende difficoltosa la valutazione e l'intervento con un'unica metodologia, ma che richiede invece la programmazione di un percorso definito in base alle caratteristiche di ogni singolo soggetto.
Le difficoltà che questi bambini hanno in ambito scolastico sono maggiormente legate alla lingua e alle differenze culturali legate allo studio.
L'esperienza ci insegna che la seconda lingua appresa a livello comunicativo viene appresa in modo sufficiente in un arco di tempo che varia dai 6 mesi a un anno circa, questo varia però in base anche alla provenienza.
Appaiono nonostante tutto delle difficoltà normali di apprendimento, che vengono a svanire progressivamente a meno che non siano presenti dei disturbi di apprendimento.
Discorso leggermente differente e che richiede più tempo e una esposizione maggiore alla lingua è quello della comprensione di un

testo scritto. Questa difficoltà genera come conseguenza effetti negativi sullo studio, che a sua volta aumenta il senso di incapacità sperimentata dai bambini stranieri e incrementa il loro disinteresse scolastico.

Le istituzioni scolastiche italiane, in modo particolare la scuola secondaria, si presentano poco preparate all'accoglienza e all'integrazione di nuovi alunni che, soprattutto nei momenti iniziali della carriera scolastica, hanno necessità di un sostegno culturale e psicologico per inserirsi nel nuovo mondo culturale e nel nuovo sistema di comunicazione scolastica e sociale.

Mediatori culturali

Proprio per queste motivazioni sono necessari i mediatori culturali, i quali gestiscono e coordinano i flussi e i significati comunicativi tra bambini stranieri, i loro genitori e la loro scuola.

La mancanza di questi mediatori crea problemi di comprensione linguistica tra l'istituzione scolastica e le famiglie degli alunni stranieri, i quali si sentono isolati dal resto della scuola e della comunità.

Educazione interculturale e linguistica

Uno dei punti cardine è senza dubbio la formazione professionale dei docenti italiani in ambito linguistico e interculturale, in modo che anche essi possano conoscere e affrontare nel miglior modo possibile i problemi dell'educazione interculturale e linguistica nei studenti stranieri, per i quali andrebbero applicate metodologie dell'italiano come lingua seconda e non come lingua madre.

È necessario che le scuole si attivino in tre importanti ambiti: insegnamento dell'italiano come seconda lingua, promozione dell'educazione interculturale con progetti e iniziative mirate, collaborazione con strutture formative presenti nel proprio territorio che siano specializzate sul mondo dell'immigrazione.

Osservatorio nazionale per l'integrazione degli studenti stranieri
Nel 2014 il MIUR ha istituito l'**Osservatorio nazionale per l'integrazione degli studenti stranieri** e per l'Intercultura, con l'obiettivo *di individuare soluzioni per un effettivo adeguamento delle*

*politiche di integrazione scolastica alle reali esigenze di una società sempre
più multiculturale e in costante trasformazione.*

L'osservatorio, il quale ha compiti quali: monitorare e valutare i
flussi degli studenti stranieri, promuovere e suggerire politiche per
l'integrazione degli alunni stranieri.

L'osservatorio è diretto dal Ministro ed ha al suo interno
rappresentanti degli istituti di ricerca, di associazioni ed enti di
rilievo nel settore dell'integrazione degli alunni stranieri e
dell'Intercultura, ma anche esperti del mondo accademico, culturale
e sociale e dirigenti scolastici.

Nel settembre 2014, l'Osservatorio ha redatto il documento *"Diversi
da chi? Raccomandazioni per l'integrazione degli alunni stranieri e per
l'Intercultura"*, un vademecum con raccomandazioni e proposte
operative desunte dalle migliori pratiche scolastiche per una più
efficace e corretta organizzazione dell'accoglienza e
dell'integrazione degli alunni con cittadinanza non italiana.

Le raccomandazioni ricalcano le Linee Guida nel sottolineare
l'importanza dell'apprendimento dell'italiano come seconda lingua
anche per le cosiddette "seconde generazioni" e raccomandano
l'istituzione nelle scuole di laboratori linguistici permanenti diretti
da insegnanti specializzati nell'insegnamento dell'italiano, capaci di
coordinare il lavoro di semplificazione linguistica dei contenuti
delle diverse discipline e di facilitare l'apprendimento dei linguaggi
specifici delle discipline di studio. Ciò implica un impegno
sistematico nella formazione dei docenti, ma non solo degli
insegnanti di italiano, in quanto non può essere delegata solo a loro
la responsabilità dell'apprendimento della lingua di istruzione.

(Alessandra Mochi, 2017).

Libero arbitrio e competenza morale

Il cielo stellato sopra di me, la legge morale dentro di me
Immanuel Kant

Nei confronti/scontri tra le culture le domande che nascono di frequente riguardano la coscienza morale: in special modo quando secondo il nostro punto di vista donne e bambini appartenenti ad altre culture non sono trattati con il rispetto dovuto secondo i nostri canoni.
Ma questi hanno una coscienza?
Ma questi hanno una morale?
Ma ci stiamo chiedendo se coscienza morale e competenza morale siano la stessa cosa; cosa sia il libero arbitrio e fino a che punto queste persone siano responsabili dei propri gesti.
Il tradizionale tema del libero arbitrio ha visto negli anni, anzi nei secoli, sovrapporsi molti livelli di controversia e confusione.
Se la mia neurofisiologia e psicobiologia, fatta di circuiti e mediatori chimici mi ha portato a pensare così allora non ne sono affatto responsabile.
Proviamo a verificare quali siano i requisiti per rendere una azione umana moralmente responsabile.
Cosa, dunque è necessario affinché un essere umano sia ritenuto moralmente responsabile per le sue azioni?
Questo requisito è la competenza morale. Se una persona avesse coscienza morale ma fosse moralmente incompetente sarebbe ridicolo considerarla responsabile.
Non possiamo ritenere responsabili delle loro azioni i bambini piccoli o gli adulti con ritardo mentale o demenza.

L'età dell'acquisizione della competenza morale[42] è all'incirca 8 anni. Per questi stessi motivi non riteniamo responsabile un animale che uccide un essere umano, anche deliberatamente.

Competenza morale secondo Dennet Daniel Secondo la teoria di Dennet Clement Daniel[43] (Boston 1942, vivente) logico e filosofo, una persona agente moralmente competente deve avere le 6 seguenti caratteristiche.

1.   È ben informato.
2.   Ha desideri abbastanza ben organizzati.
3.   È motivato da ragioni.
4.   Non è controllato da un altro agente.
5.   È punibile.
6.   «Avrebbe potuto fare altrimenti».

Alcune di queste sei condizioni sono ovvie ed intuitive. Proviamo comunque a commentarle.

L'ignoranza negligente non è ammissibile
Non essere a conoscenza dei bisogni e delle emozioni umane, delle leggi e dei costumi di un luogo, della religione e della storia di un popolo per impossibilità oggettiva ad accedere ai mezzi di informazione escludono una persona dal libero arbitrio. Il proprio comportamento verso quella situazione non potrebbe essere guidato in modo affidabile. Una persona moralmente responsabile ritiene un dovere formare, conservare e aggiornare la propria conoscenza del mondo.

---

[42] Dennet, Clement, Daniel La competenza Morale, Festival delle scienze "Ci sono sei condizioni affinché un essere umano sia ritenuto responsabile delle sue azioni. Sono esclusi bambini e dementi" (il Sole 24 ore 18.1.15).

[43] Dennet, Clement, Daniel La competenza Morale, Festival delle scienze "Ci sono sei condizioni affinché un essere umano sia ritenuto responsabile delle sue azioni. Sono esclusi bambini e dementi" (il Sole 24 ore 18.1.15).

Avere desideri propri....

La capacità di avere desideri indipendenti, propri, originali e di coltivarli presuppone un sé forte. Se una persona è in preda a fobie e dipendenze non ci si può aspettare che possa avere comportamenti appropriati. Senza entrare nella vera e propria psicopatologia chi non è in grado di avere desideri possiede tratti di personalità dipendente che ne fanno una possibile pedina nelle mani di altri. Chi desidera approfondire l'argomento in tema di dipendenze può approfondire con la lettura di "nella tela del ragno" di Aceranti et al. eFBI dicembre 2014.

Essere in grado di rispondere in modo appropriato alle motivazioni offerte, distinguere tra le ragioni sensate da quelle che ne sono prive, e siano in grado di rispondere in modo coerente alle domande sul perché stanno facendo ciò che stanno facendo.

Non essere controllato in senso lato, essere libero nelle scelte, non manipolato da parte di un altro agente, sia esso la religione o la politica o le influenze della famiglia. Saper preservare la propria autonomia nonostante le costrizioni.

Una persona moralmente competente deve avere interesse e capacità nel salvaguardare la propria libertà dalla punizione. Se ci si pone al di fuori ed al di sopra delle leggi, se le leggi possono essere fatte ad hoc, non viene rispettato il principio di punibilità. Le persone nelle scelte devono avere sempre qualcosa di importante da perdere. Chi non ha più nulla da perdere non è moralmente competente.

Se una persona è posta in situazioni tali da non poter agire in altro modo non è responsabile delle proprie azioni.

Se riferiamo ai terroristi dell'ISIS questa declinazione dobbiamo riconoscere che questi non possiedono certo una competenza morale.

La normativa sugli stranieri

Adolfo Antonio Bonforte

Introduzione

La nostra Costituzione all'articolo 10, secondo comma dispone che "la condizione giuridica dello straniero è regolata dalla legge in conformità delle norme e dei trattati internazionali", ma quanto prescritto, nel nostro ordinamento giuridico, è rimasto disatteso fino all'emanazione della decreto legislativo 40/1998 ed alle susseguenti modifiche apportate con il decreto legislativo 286/98 intitolato "Testo unico delle disposizioni concernenti la disciplina dell'immigrazione e norme sulla condizione dello straniero" e con la legge 189/02, la cosiddetta "Bossi-Fini". A partire dal 2007, anche al fine di recepire i numerosi indirizzi dell'Unione Europea, la disciplina di base[44] ha subito numerose modifiche, che verranno a seguito, meglio esplicate. Prima di addentrarci nel corpus delle norme che regolano la materia, appare opportuno chiarire fin da subito cosa si intenda per:

- **Apolide,** ovvero il soggetto che nessuno Stato, agli effetti della sua legislazione[45], considera come proprio cittadino. Il decreto legislativo 286/98, all'articolo 1, comma 1, stabilisce che a tale categoria di persone si applica la disciplina in materia di stranieri e tale *status* può essere riconosciuto per via:
  - giudiziaria, tramite sentenza della Corte di Appello;

---

[44] Testo unico sull'immigrazione (d. lgs. 286/98).

[45] legge 1 febbraio 1962, n. 306. Ratifica ed esecuzione della Convenzione relativa allo status degli apolidi, adottata a New York il 28 settembre 1954.

➢ amministrativa[46].

Se la richiesta viene avanzata da uno straniero, che è in possesso di permesso di soggiorno per altri motivi, viene rilasciato uno specifico permesso di soggiorno per richiesta di apolidia, che ha validità annuale ed è rinnovabile per tutta la durata del procedimento amministrativo. Qualora dovesse essere riconoscimento lo *status* di apolidia, la Questura rilascia un permesso di soggiorno e, se richiesto anche un particolare titolo di viaggio per apolidi[47].

- **Cittadino dell'Unione europea[48].** Sono definiti tali quei soggetti che hanno la cittadinanza di uno Stato membro[49].

- **Straniero.** Come previsto dall'articolo 17, paragrafo 1 del Trattato *Schengen,* viene considerato straniero *"chiunque non sia cittadino dell'Unione europea".* Il loro ingresso, soggiorno, condizione ed espulsione sono disciplinati dal decreto legislativo 286/98 e successive modificazioni e dal relativo Regolamento di attuazione[50].

- **Rifugiato.** Rientrano in tale categoria:
  - ➢ lo straniero che per motivi politici o per appartenenza a un gruppo sociale, ha timore di essere perseguitato dal proprio Paese o che non può avvalersi della protezione dello stesso;
  - ➢ l'apolide che, per le ragioni appena esposte, si trovi fuori dal territorio nel quale aveva la dimora abituale e non può o non vuole farvi ritorno.

---

[46] Ministero dell'Interno, Dipartimento per le Libertà Civili e l'Immigrazione, Direzione Centrale per i Diritti Civili, la Cittadinanza e le Minoranze

[47] tale titolo di viaggio è un documento di identità che consente al titolare di uscire dal territorio nazionale e di circolare in tutti i Paesi i cui Governi sono riconosciuti dal Governo italiano, salvo le particolari limitazioni e le condizioni previste

[48] con il novellato decreto legislativo 6 febbraio 2007, n. 30

[49] Sono assimilati ad essi i cittadini dell' Islanda, del Liechtenstein e della Norvegia).

[50] D.P.R. 39499, n. 394 e successive modificazioni

La "**Persona ammissibile alla protezione sussidiaria**" riveste invece una categoria particolare. Si tratta di soggetti[51] che pur non possedendo i requisiti per essere riconosciute rifugiate, esistono dei fondati motivi per ritenere che se ritornassero nel Paese di origine correrebbe un rischio effettivo di subire un grave danno.

- **Persone vulnerabili**[52]. La definizione è stata introdotta dall'articolo 3, paragrafo 9) della Direttiva 2008/115/Ce del Parlamento europeo e del Consiglio del 16 dicembre 2008. Rientrano in tale categoria: i minori, i minori non accompagnati, i disabili, gli anziani, le donne in gravidanza, le famiglie monoparentali con figli minori e le persone che hanno subito torture, stupri o altre forme gravi di violenza psicologica, fisica o sessuale.

- **Minore non accompagnato.** La legge 47/17, ha definito il concetto di *"minore straniero non accompagnato presente nel territorio dello Stato"*, precisando che con tale espressione è indicato colui che *"minorenne e non avente cittadinanza italiana o dell'Unione europea, si trova per qualsiasi causa nel territorio dello Stato o che è altrimenti sottoposto alla giurisdizione italiana, privo di assistenza e di rappresentanza da parte dei genitori o di altri adulti per lui legalmente responsabili in base alle leggi vigenti nell'ordinamento italiano"*. In tale categoria quindi, lo straniero di età inferiore agli anni diciotto che si trova, per una qualsiasi causa, in Italia, privo di assistenza e di rappresentanza legale.

Ingresso in Italia dello straniero o dell'apolide
Norma di riferimento: articolo 4 decreto legislativo 286/98.

---

[51] stranieri o apolidi

[52] articolo 19, del novellato decreto legislativo 286/98; articolo 28, del novellato D.P.R. 394/99

Allo straniero o all'apolide munito di valido passaporto o di documento equipollente è consentito l'ingresso nel territorio dello Stato e, se proveniente dalle frontiere esterne dello Spazio *Schengen*, l'ingresso deve avvenire attraverso i valichi di frontiera appositamente istituiti.

Egli, inoltre, deve: essere titolare dello specifico visto d'ingresso; esibire ogni documenti utile affinché possa giustificare lo scopo e le condizioni del viaggio; dimostrare la disponibilità di mezzi di sussistenza sufficienti per la durata del soggiorno e per il ritorno nel paese di provenienza[53]. Tale condizione non è necessaria per i soggiorni per motivi di lavoro o familiari.

Non può fare ingresso sul territorio delle Stato lo straniero o l'apolide che:

- sia segnalato nella banca dati di polizia, ai fini della non ammissione nello Spazio *Schengen*;
- sia considerato una minaccia per l'ordine pubblico o la sicurezza dello Stato o di uno dei Paesi con i quali l'Italia ha sottoscritto accordi per la soppressione dei controlli alle frontiere interne e la libera circolazione delle persone;
- risulti condannato, anche a seguito di patteggiamento, per i reati previsti dall'articolo 380, commi 1 e 2, del codice di procedura penale, ovvero per reati inerenti gli stupefacenti, la libertà sessuale, il favoreggiamento dell'immigrazione clandestina verso l'Italia e dell'emigrazione clandestina dall'Italia verso altri Stati o per reati diretti al reclutamento di persone da destinare alla prostituzione o allo sfruttamento della prostituzione o di minori da impiegare in attività illecite ovvero per uno dei reati previsti dalle disposizioni del titolo III, capo III, sezione II, della legge 22 aprile 1941, n. 633, relativi alla tutela del diritto di autore e degli articoli 473 e 474 del codice penale;
- risulti aver già soggiornato, nelle ipotesi di ingresso di breve durata, sul territorio Schengen, nel medesimo semestre, per

---

[53] comprovabile anche con l'esibizione del biglietto di ritorno

un periodo massimo complessivo di 90 giorni.

L'ingresso sul territorio dello Stato, eludendo i controlli di frontiera, costituisce un illecito ed il suo autore sarà destinatario del decreto di espulsione.

Disponibilità di mezzi finanziari

La disponibilità dei mezzi di sussistenza, sia per l'ingresso che per il soggiorno sul territorio nazionale, può essere dimostrata mediante l'esibizione di:

- denaro in contanti;
- fideiussione bancaria;
- polizza fideiussoria assicurativa o equivalenti titoli di credito,
- titoli di servizi prepagati o di atti comprovanti la disponibilità di fonti di reddito in Italia.

Incombe sul richiedente anche dover indicare l'esistenza di un alloggio idoneo nel territorio nazionale[54].

Per l'ingresso in Italia per motivi turistici, per affari, cure mediche, gara sportiva, invito, motivi religiosi, studio, trasporto e transito, la Direttiva del Ministro dell'Interno 1 marzo 2000 ha determinato quali debbano essere i mezzi di sussistenza:

Classi di durata del viaggio	Un partecipante	Due o più partecipanti
Da 1 a 5 giorni: quota fissa complessiva	€ 269,60	€ 212,81
Da 6 a 10 giorni: quota a persona giornaliera	€ 44,93	€ 44,93
Da 11 a 20 giorni: quota fissa	€ 51,64	€ 25,82

---

[54] ad eccezione del soggiorno per lavoro o per motivi familiari

Quota giornaliera a persona	€ 36,67	€ 22,21
Oltre i 20 giorni: quota fissa	€ 206,58	€ 118,79
Quota giornaliera a persona	€ 27,89	€ 17,04

Diversa è la situazione nel caso in cui lo straniero voglia procedere a:

- **ricongiungimento dei propri familiari.** In tale ipotesi infatti, lo straniero deve dimostrare, presso il competente Sportello Unico per l'immigrazione, sia la disponibilità di un reddito annuo, che deve essere proporzionato al numero dei familiari da ricongiungere, che di essere in grado di garantire il sostentamento in Italia dell'intero nucleo familiare. Il reddito in tale ipotesi, così come previsto articolo 29, comma 3, lettera b), del decreto legislativo 286/98, deve essere non inferiore all'importo annuo dell'assegno sociale, aumentato della metà per ogni familiare da ricongiungere;
- **ingresso per motivi di lavoro subordinato.** Per ottenere il relativo visto lo straniero deve dimostrare la disponibilità dei mezzi di sussistenza mediante l'esibizione della documentazione relativa all'attività lavorativa da svolgere;
- **ingresso per motivi di lavoro autonomo.** Al momento del rilascio dello specifico visto di ingresso, lo straniero deve dimostrare la disponibilità dei mezzi di sussistenza mediante l'esibizione di un reddito che deve essere di importo superiore al livello minimo previsto per l'esenzione dalla partecipazione alla spesa sanitaria mentre, nel caso di attività iscrivibili nel registro delle imprese, l'attestazione resa dai competenti organi deve essere superiore al triplo dell'importo annuale dell'assegno sociale.

- **ingresso per motivi di ricerca.** L'istituto di ricerca deve attestare la disponibilità dei mezzi di sussistenza, le risorse mensili messe a sua disposizione[55] e nel caso sia prevista attività lavorativa, devono essere attestate anche le condizioni di lavoro.

Il visto

La rappresentanza diplomatica o consolare dello Stato di destinazione, presente nel Paese di origine o di provenienza dello straniero, rilascia il visto che può essere definito come "l'autorizzazione all'attraversamento delle frontiere". La rappresentanza diplomatica o consolare, può rilasciare i seguenti tipi di visto:

- **uniforme** (VSU). Consente al titolare di circolare nell'intero territorio degli Stati membri;
- **con validità territoriale limitata** (VTL). Consente al titolare di circolare soltanto sul territorio di uno o più Stati membri;
- **di transito aeroportuale** (VTA). Consente al titolare di transitare nella zona internazionale di transito di uno o più aeroporti degli Stati membri;
- **nazionale** (VN). Consente sia l'ingresso per il soggiorno di lungo periodo nello Stato che ha emesso il visto che l'ingresso e la circolazione nello spazio Schengen, per un periodo massimo di 90 giorni ogni 180.

Il visto inoltre, può essere:
- di tipo A, nel caso di transito aeroportuale;
- di tipo C, nel caso di soggiorni di breve durata, aventi una validità massima di 90 giorni;
- di tipo D, nel caso di soggiorni di lunga durata. Validità di oltre i 90 giorni.

---

[55] che devono essere pari ad almeno il doppio dell'assegno sociale, nonché le spese per il viaggio di ritorno

Così come previsto dal Decreto interministeriale n. 850, dell'11 maggio 2011, le Rappresentanze diplomatico-consolari italiane, presenti in ciascuno Stato estero possono rilasciare il visto per i seguenti motivi:

adozione;
affari;
cure mediche;
invito;
lavoro autonomo;
lavoro autonomo;
costituzione di *start up* innovative;
lavoro subordinato;
lavoro subordinato di tipo stagionale;
missione;
motivi familiari;
motivi religiosi;
reingresso;
residenza elettiva;
ricerca;
studio;
transito;
turismo;
vacanze-lavoro;
volontariato.

La rappresentanza diplomatica o consolare rilascia il visto in una lingua comprensibile al richiedente[56], con allegata una comunicazione sui diritti e i doveri relativi all'ingresso ed al soggiorno in Italia.

Occorre precisare che il possesso del visto non conferisce in automatico allo straniero il diritto all'ingresso, in quanto le Autorità nazionali di frontiera al momento dell'ingresso, lo sottopongono alle prescritte verifiche delle condizioni previste per l'attraversamento delle frontiere. e

---

[56] o in lingua inglese, francese, spagnolo, arabo

Nel caso in si verifichino i presupposti necessari, lo stesso viene respinto e nei suoi confronti l'Autorità di frontiera o il Questore competente, adotteranno il provvedimento di respingimento[57].
Se viceversa lo straniero soddisfa le condizioni di ingresso, la polizia di frontiera, lo autorizza ad entrare sul territorio nazionale[58] ed appone sul passaporto o sul documento di viaggio equipollente, il timbro uniforme *Schengen*.

Sportello unico immigrazione: nullaosta preliminare

Il nostro legislatore ha previsto che per l'ingresso sul territorio nazionale per motivi di famiglia, per lavoro subordinato di breve e lungo soggiorno, per ricerca scientifica e per volontariato, lo Sportello unico per l'immigrazione (SUI), della provincia in cui il datore di lavoro ha la sede di lavoro o nel caso del familiare, dove esso è residente, verifica le condizioni e i requisiti previsti dalla norma di settore e cura il rilascio del relativo nulla osta, che trasmetterà alla rappresentanza diplomatica o consolare italiana, presente nello Stato di residenza dello straniero del quale è richiesto l'ingresso.
La Questura potrà intervenire nel procedimento, rilasciando il proprio nulla osta di polizia mediante la verifica, a seconda dei requisiti soggettivi del lavoratore, del familiare interessato all'ingresso, -del datore di lavoro o, del congiunto in Italia.

Il permesso di soggiorno

Lo straniero o l'apolide deve fare richiesta di permesso di soggiorno, al Questore della provincia in cui si trova, entro otto giorni lavorativi dal suo ingresso nel territorio dello Stato.
Per il rinnovo deve fare richiesta, al Questore della provincia in cui dimora, almeno sessanta giorni prima della scadenza.

---

[57] articolo 10 decreto legislativo 286/98

[58] articolo 7, comma 2, DPR 394/99.

Il Questore è competente per il rilascio, il rinnovo, l'aggiornamento e il duplicato dei permessi di soggiorno per:

- affidamento;
- apolidia;
- attesa riacquisto cittadinanza;
- famiglia;
- lavoro autonomo;
- lavoro autonomo – *start up*;
- lavoro subordinato;
- missione;
- motivi religiosi;
- residenza elettiva;
- ricerca scientifica;
- asilo[59];
- studio[60];
- tirocinio-formazione professionale.

L' articolo 5, del decreto legislativo 286/98 indica le condizioni e i limiti ai quali gli stranieri e gli apolidi devono sottostare per permanere sul territorio nazionale che di seguito esplicheremo.

Il richiedente, sia per il rilascio che per il rinnovo del permesso di soggiorno, deve inoltrare la richiesta, mediante la compilazione dell'apposita modulistica, inserita nel *kit* a disposizione, al Questore della provincia in cui dimora, tramite gli Uffici postali.

I costi per la procedura sono:

- € 16,00 per la marca da bollo da apporre sull'istanza;
- € 30,00 per le spese postali;
- € 30,46 quale costo del permesso di soggiorno in formato elettronico;
- da € 40,00 a € 100,00, la cifra varia in base alla durata del titolo, quale contributo per il rilascio del permesso di soggiorno, a carico dello straniero di età superiore ad anni

---

[59] esclusivamente nel caso in cui lo *status* sia stato già riconosciuto

[60] esclusivamente se è superiore a 3 mesi

diciotto.

Sia per il rilascio che il rinnovo del permesso di soggiorno elettronico i termini ordinari, decorrenti dalla data di presentazione della domanda, sono:

- 60 giorni, per il permesso di soggiorno;
- 90 giorni per il permesso di soggiorno UE per soggiornante di lungo periodo.

Lo straniero che richiede il permesso di soggiorno è sottoposto a rilievi foto dattiloscopici.

Nel caso di soggiorni di durata non superiore a tre mesi per visite, affari, turismo e studio, lo straniero deve rendere la dichiarazione di presenza.

L'articolo 5 comma 5 del decreto legislativo 286/86 statuisce che: *"Il permesso di soggiorno o il suo rinnovo sono rifiutati e, se il permesso di soggiorno è stato rilasciato, esso è revocato, quando mancano o vengono a mancare i requisiti richiesti per l'ingresso e il soggiorno nel territorio dello Stato, fatto salvo quanto previsto dall'articolo 22, comma 9, e sempre che non siano sopraggiunti nuovi elementi che ne consentano il rilascio e che non si tratti di irregolarità amministrative sanabili. Nell'adottare il provvedimento di rifiuto del rilascio, di revoca o di diniego di rinnovo del permesso di soggiorno dello straniero che ha esercitato il diritto al ricongiungimento familiare ovvero del familiare ricongiunto, ai sensi dell'articolo 29, si tiene anche conto della natura e della effettività dei vincoli familiari dell'interessato e dell'esistenza di legami familiari e sociali con il suo Paese d'origine, nonché, per lo straniero già presente sul territorio nazionale, anche della durata del suo soggiorno nel medesimo territorio nazionale"*.

Nel caso di rifiuto o di revoca del permesso di soggiorno da parte del Questore della provincia in cui dimora lo straniero, questi può proporre ricorso gerarchico al Prefetto della medesima provincia o, in alternativa, al TAR competente, entro 60 giorni dalla notifica.

Nei casi consentiti dalla legge[61] è inoltre, ammesso ricorso straordinario al Capo dello Stato, entro il termine di 120 giorni.

Permesso di soggiorno UE per soggiornanti di lungo periodo
Norma di riferimento: articolo 9 decreto legislativo 286/98 e articoli 16 e 17 DPR 394/99.

Il cittadino straniero in possesso da almeno 5 anni di un permesso di soggiorno in corso di validità, può fare richiesta del permesso di soggiorno UE per soggiornarti di lungo periodo.

Esso, ha sostituito la carta di soggiorno per cittadini stranieri e può essere rilasciato a condizione che, il richiedente dimostri sia la disponibilità di un reddito minimo non inferiore all'importo annuo dell'assegno sociale, che la disponibilità di un alloggio adeguato.

Inoltre, lo straniero non deve risultare essere pericoloso per l'ordine pubblico o la sicurezza dello Stato e deve superare un *test* di conoscenza della lingua italiana[62].

Il permesso di soggiorno UE per soggiornanti di lungo periodo consente al titolare di:

- circolare liberamente nel territorio dello Spazio *Schengen*;
- svolgere attività lavorativa subordinata o autonoma;
- soggiornare, anche per motivi di lavoro, in un altro Stato Schengen, anche per un periodo superiore ai 90 giorni[63];
- utilizzarlo quale documento di identificazione personale per non oltre 5 anni dalla data di rilascio o di rinnovo.

---

[61]solo laddove l'atto impugnato sia divenuto definitivo a seguito di presentazione del ricorso gerarchico

[62] articolo 9, comma 2 bis decreto legislativo 286/98

[63] articolo 17, DPR 394/99

Nel caso di richiesta di rinnovo, la stessa deve essere effettuata dall'interessato, corredata di nuove fotografie[64].

Il Questore qualora dovesse valutare, al termine del procedimento amministrativo teso al suo rilascio, di adottare un provvedimento di diniego, cosi come statuito dalla Corte Costituzionale, con sentenza numero 202 del 3 luglio 2013, deve tener conto anche della *"durata del soggiorno nel territorio nazionale e dell'inserimento sociale, familiare e lavorativo dello straniero"*.

Nei confronti del titolare di un permesso di soggiorno UE per soggiornarti di lungo periodo, il Questore può procedere alla revoca nelle seguenti ipotesi nel caso di:

- acquisizione fraudolenta;
- adozione di un provvedimento di espulsione[65];
- mancanza di condizioni per il rilascio;
- assenza dal territorio dell'Unione per un periodo di dodici mesi consecutivi[66];
- conferimento di permesso di soggiorno di lungo periodo da parte di altro Stato membro dell'Unione europea, previa comunicazione da parte di quest'ultimo, e comunque in caso di assenza dal territorio dello Stato per un periodo superiore a sei anni[67].

---

[64] ibidem

[65] articolo 9, comma 9 decreto legislativo 286/98.

[66] può riacquistarlo, con le stesse modalità previste per l'iniziale rilascio; tuttavia, in questa ipotesi, il periodo di regolare, pregressa, permanenza è ridotto a tre anni

[67] Ibidem

Nel caso in cui allo straniero il permesso di cui in parola, venga revocato e non sia prevista l'espulsione[68], gli verrà rilasciato un permesso di soggiorno previsto dalla vigente normativa.

La carta blu UE

La carta blu UE è stata introdotta in Italia con il decreto legislativo 108/12, che ha recepito la direttiva 2009/50/CE.

E' un particolare permesso di soggiorno riservato ai lavoratori stranieri che hanno completato in patria un percorso almeno triennale di istruzione superiore.

Questa nuova categoria di lavoratori possono fare ingresso in Italia al di fuori del regime delle "quote d'ingresso".

La richiesta del nulla osta deve essere presentata dal datore di lavoro allo Sportello Unico per l'Immigrazione.

Il relativo permesso di soggiorno elettronico, recante la dicitura *"Carta blu UE"*, viene rilasciato dal Questore con durata biennale nel caso di contratto di lavoro a tempo indeterminato ovvero con durata pari a quella del rapporto di lavoro, per più di tre mesi.

Essa equivale al permesso di soggiorno per lavoro, ma presenta alcune limitazioni in quanto non consente al suo titolare, per i primi due anni dalla data del rilascio, di svolgere altra attività lavorativa e una volta autorizzato l'ingresso e iniziato il rapporto lavorativo, lo straniero potrà lavorare esclusivamente nel settore per cui è stato autorizzato.

---

[68] l'articolo 9, commi 10 e 11, del legislativo 286/98, prevede che l'espulsione possa essere disposta nelle seguenti ipotesi: per gravi motivi di ordine pubblico o sicurezza dello Stato; nei casi di cui all'articolo 3, comma 1, del decreto-legge 27 luglio 2005, n. 144, convertito, con modificazioni, dalla legge 31 luglio 2005, n. 155; quando lo straniero appartiene ad una delle categorie indicate all'articolo 1 della legge 27 dicembre 1956, n. 1423; nei casi indicati ovvero all'articolo 1 della legge 31 maggio 1965, n. 575, sempre che sia stata applicata, anche in via cautelare, una delle misure di cui all'articolo 14 della legge 19 marzo 1990, n. 55. Ai fini dell'adozione del provvedimento di espulsione, si tiene conto anche dell'età dell'interessato, della durata del soggiorno sul territorio nazionale, delle conseguenze dell'espulsione per l'interessato e i suoi familiari, dell'esistenza di legami familiari e sociali nel territorio nazionale e dell'assenza di tali vincoli con il Paese di origine.

Lo straniero in possesso di **Carta blu rilasciata da altro stato UE**, potrà fare ingresso in Italia senza necessità del visto, solo dopo 18 mesi di soggiorno nello Stato membro che ha rilasciato la carta e potrà svolgere esclusivamente attività lavorativa altamente qualificata.

La dichiarazione di presenza

Gli stranieri che vogliono soggiornare nel nostro paese per un periodo non superiore a tre mesi per visite, affari, turismo o studio, cosi come previsto dalla legge 68/07, sono tenuti ad adempiere a precise condizioni[69]:

1. se provengono da un Paese terzo e fanno ingresso in Italia attraverso una frontiera esterna, sussiste l'obbligo di rendere la dichiarazione di presenza, che avrà valore solo per l'Italia. L'obbligo viene assolto presentandosi ai valichi di frontiera ove sarà apposta sul passaporto il l'impronta del timbro uniforme *Schengen*. Il passaporto dovrà essere timbrato anche in uscita oltre che in ingresso al fine di rendere certo il periodo di permanenza sul territorio nazionale;
2. se hanno fatto ingresso da uno Stato membro e successivamente si sono spostati in Italia, e prevedono un periodo di permanenza superiore agli 8 giorni hanno invece l'obbligo di dichiarare la loro presenza, entro otto giorni dall'ingresso in Italia, al Questore della Provincia in cui intendono soggiornare, compilando un apposito modulo, del quale ne verrà rilasciata copia e dovrà essere esibito insieme al passaporto, al fine di attestare la regolarità del soggiorno in Italia;
3. se ha fatto ingresso in Italia transitando in uno Stato

---

[69] come specificato dal Decreto del Ministro dell'Interno del 26 luglio 2007 e dalla circolare esplicativa della Direzione centrale dell'immigrazione e della polizia delle frontiere del Dipartimento della Pubblica Sicurezza del Ministero dell'Interno, n. 400/C/2007/3146/P/12.297 del 7 agosto 2007

membro ed è ospite in Italia presso una struttura alberghiera, la dichiarazione resa all'albergatore[70] costituisce dichiarazione di presenza.

L'inosservanza delle disposizioni previste può comportare l'espulsione dello straniero, qualora:

- la dichiarazione di presenza sia stata presentata in ritardo, salvo che il ritardo sia dipeso da forza maggiore;
- pur avendo regolarmente dichiarato la propria presenza, si sia trattenuto nel territorio dello Stato oltre il periodo consentito.

[70] articolo 109, commi 1 e 3 Tulps

Ius soli, ius sanguinis, ius culture

Elisabetta Adrovandi

La cittadinanza

Uno "status", o, per chi le conferisce un significato di appartenenza a un insieme di diritti e doveri espressione della cultura di cui si fa parte, un valore, da difendere, e proteggere. Comunque la si intenda, è un concetto così astratto e contemporaneamente così permeante ogni aspetto della nostra quotidianità, da risultare implicito, sottinteso, addirittura scontato. Eppure, senza la cittadinanza è impossibile l'appartenenza di diritto a qualsiasi società civile, perché, pur restando riconosciuti i diritti fondamentali della persona in quanto essere umano (anche se non ovunque), come quello alla salute, la cittadinanza conferisce quella pienezza di diritti e doveri civili e politici che nessun'altra condizione può riconoscere. E così, proprio per l'intrinseco e stretto collegamento sussistente tra quei diritti e doveri e la cittadinanza, appare naturale che essa sia in stretta relazione al rapporto parentale, poiché i genitori, oltre alla vita, donano al figlio anche l'insieme di valori e regole ai quali essi stessi improntano la loro esistenza, a loro volta appresi dai propri genitori. Per questo motivo, probabilmente, nella maggior parte degli Stati, non solo europei, ma al mondo, la cittadinanza si acquisisce per diritto "di sangue", ossia il figlio, alla nascita, assume automaticamente la cittadinanza dei genitori o di uno di essi.

Ius soli, ius sanguinis

Soltanto in alcuni Paesi, storicamente nati per i fenomeni immigratori, e privi, o meglio privati, delle popolazioni indigene, proprio per mano dei popoli colonizzatori, lo *"ius soli"*, ossia la cittadinanza acquisita per il fatto di essere nato in un determinato luogo indipendentemente da quella dei genitori, prevale rispetto allo *"ius sanguinis"*: ciò avviene negli Stati Uniti, per esempio, piuttosto che in Australia, luoghi geograficamente immensi e in cui i fenomeni immigratori sono notevolmente calmierati, che non temono, proprio per i vantaggi che lo "ius soli" può conferire, flussi di persone incontrollabili attratte dalla prospettiva che basti nascere su quel territorio per acquisirne i diritti.

In Europa, la dicotomia storica tra le modalità di acquisizione della cittadinanza, originariamente ben rappresentate e distinte tra *"ius soli"*, ossia, come si è detto, l'acquisizione della cittadinanza in base al luogo in cui si nasce, e *"ius sanguinis"*, determinata invece da quella dei genitori, ha subìto, negli anni, una serie di temperamenti e modifiche, nel tentativo (forse vano) di regolamentare il corposo flusso di immigrati e favorire la loro integrazione, soprattutto riguardo alle seconde e terze generazioni. E così, il risultato è che i ventisette Stati dell'Unione non posseggono in materia una legislazione unitaria, ma applicano i principii dello *"ius soli" e "ius sanguinis"* temperandoli: per esempio, in Germania è possibile l'acquisizione della cittadinanza tedesca per i figli di genitori extracomunitari, purché almeno uno di essi possegga un permesso di soggiorno permanente da almeno tre anni e viva stabilmente in Germania almeno da otto. In Gran Bretagna, per ottenere la cittadinanza almeno uno dei genitori deve essere cittadino britannico, oppure bisogna attendere tre anni dopo il matrimonio. In Olanda, per acquisire la cittadinanza è necessaria la maggiore età, con un pregresso di almeno cinque anni sul territorio e un permesso di soggiorno regolare. In Spagna, la cittadinanza di almeno uno dei genitori permette l'acquisizione della cittadinanza, cui si aggiunge la possibilità di ottenerla dopo dieci anni di permanenza con lavoro e permesso di soggiorno permanente, o per matrimonio, ma decorso un anno dalle nozze. In Francia, la cittadinanza può essere acquisita se si è nati da genitori stranieri ma nati in Francia, oppure con il raggiungimento della maggiore età se i genitori risiedono sul territorio da almeno cinque anni, oppure dopo i due anni di matrimonio.

Italia *"ius colturae"*

L'Italia: Come funziona qui, e perché tanto discussa è stata la proposta di legge sullo *"ius soli"*, in realtà, per gli addetti ai lavori *"ius culturae"*? Anzitutto, senza soffermarsi sulle ragioni storiche che hanno portato la nostra Nazione, come tutte quelle europee, a privilegiare la cittadinanza per diritto di sangue (tipica modalità per i Paesi a forte tendenza emigratoria), la Legge n. 91 del 5 febbraio 1992 ha rafforzato questo principio, essendo nata per favorire i figli degli Italiani all'estero, ossia la discendenza degli emigrati, introducendo tempi certamente lunghi per la naturalizzazione dei cittadini stranieri, pur tuttavia in linea con la legislazione generale (seppure, come sottolineato, non univoca) dell'Unione Europea. Questa Legge stabilisce, in sostanza, che la cittadinanza italiana può acquisirsi <u>automaticamente</u>:

- per nascita, nel caso in cui almeno uno dei due genitore sia italiano;
- per nascita sul territorio italiano, a partire dal compimento del diciottesimo anno di età;
- per adozione, nel caso di minorenne adottato da genitori italiani.

Può altresì ottenersi <u>su domanda</u>:

- il cittadino straniero (o apolide, ossia senza altra cittadinanza), dopo due anni di matrimonio con un cittadino italiano e medesima residenza, oppure purché risieda legalmente in Italia da almeno un anno qualora vi sia la presenza di figli nati o adottati con il coniuge;
- lo straniero residente all'estero, purché siano trascorsi diciotto mesi dal matrimonio con un cittadino italiano e vi sia presenza di figli naturali o adottati, oppure dopo tre anni dalla celebrazione del matrimonio (purché ovviamente non sia intervenuta separazione o annullamento).

Può, infine, chiedersi <u>per residenza</u>:

- in caso di residenza ufficiale in Italia per almeno dieci anni (per gli extracomunitari);
- se vi è residenza legale da almeno tre anni per i figli di cittadini italiani e per chi è nato in Italia;
- nell'ipotesi di residenza legale da almeno cinque anni per i maggiorenni adottati da genitori italiani, oppure per gli apolidi o rifugiati politici, o per i figli

maggiorenni di genitori che hanno già ottenuto la
cittadinanza;
- oppure, nel caso di cittadini comunitari, se vi sono
quattro anni di residenza legale, oppure cinque anni
di servizio alle dipendenze, anche all'estero, dello
Stato italiano.

Nuove proposte di modifica della legge
Già nel 1999 vi furono i primi tentativi di modificare questa
legge, prevedendo che fosse concessa la cittadinanza ai figli
nati in Italia da cittadini stranieri al compimento del quinto
anno di età, purché avessero vissuto in modo legale e
continuativo sul territorio nazionale. Da allora, diverse
proposte si sono succedute nel tempo, ma senza uscire dal
dibattito politico delle aule parlamentari, fino all'ultimo
progetto di legge, approvato alla Camera il 13 ottobre 2015,
e quindi trasmesso al senato (A.S. 2092): la proposta si fonda
essenzialmente sulla tutela dell'acquisto della cittadinanza
da parte dei minori stranieri. In particolare, essa prevede
due forme di acquisizione della cittadinanza,
1. ossia tramite lo *"ius culturae"* e in tale caso ne beneficia
    lo straniero: che sia nato in Italia o si sia trasferito entro i
    dodici anni (non è precisato se in modo regolare o
    irregolare), abbia completato un ciclo di studi di almeno
    cinque anni, che può riguardare sia l'istruzione presso la
    scuola pubblica, sia percorsi formativi professionali
    triennali o quadriennali idonei allo svolgimento di una
    attività lavorativa. In questo caso, la cittadinanza si
    acquisisce per semplice manifestazione di volontà
    espressa da un genitore legalmente residente in Italia o
    da chi esercita la potestà genitoriale. Tuttavia
    l'interessato, raggiunta la maggiore età, può entro due
    anni rinunciare alla cittadinanza, oppure rendere egli
    stesso la dichiarazione sulla volontà di acquisirla, nel
    caso in cui il genitore o l'esercente la potestà non abbia
    provveduto.
2. Oppure, tramite lo *"ius soli"*, e in questo caso la
    cittadinanza spetta: al minore straniero che sia nato in

Italia da genitori stranieri, almeno uno dei quali sia titolare di un permesso di soggiorno permanente o in possesso di un permesso di soggiorno rilasciato dalla Unione Europea per i soggiornanti di lungo periodo. Anche in questo caso, la cittadinanza si ottiene tramite la dichiarazione fornita dal genitore o dall'esercente la potestà genitoriale ed entro due anni dal compimento della maggiore età l'interessato può rinunciarvi, o può richiederla.

3. Infine, una terza ipotesi riguarda il minore straniero che sia arrivato in Italia tra il dodicesimo e il diciottesimo anno di età: in questo caso, la cittadinanza (cosiddetta "naturalizzazione"), spetta se si ha la residenza da almeno sei anni, e ha frequentato con esito positivo un ciclo di studi anche professionale.

Obiezioni alla riforma legislativa
Molto forti sono state le opposizioni a questa riforma legislativa, anche determinate dalla comune opinione (assolutamente errata) che con questa proposta di legge si volesse permettere l'acquisizione della cittadinanza italiana a tutti coloro che entrano irregolarmente sul territorio italiano e qui hanno figli, o ai minori che arrivano con i genitori tramite le varie operazioni umanitarie, come richiedenti asilo. In realtà, si tratta di una proposta di legge che mirava a naturalizzare circa 800.000 giovani stranieri che, in base a questa norma, avrebbero avuto il diritto di cittadinanza. Oltre ogni osservazione e speculazione politica, alcune osservazioni si ritengono fondamentali: anzitutto, questa proposta di legge non tiene in adeguata considerazione il valore intrinseco della cittadinanza come appartenenza a un insieme inestricabile di passato, presente e futuro, intesi come attaccamento alle proprie radici, come rispetto dei diritti e doveri che intridono quel valore, e come idea della società che si vuole costruire e che si sogna per le generazioni future. Il compimento di un

ciclo di studi primario (i cosiddetti cinque anni delle elementari), per non parlare di corsi professionali prodromici all'apprendimento di un mestiere, non possono assolutamente rappresentare una condizione sufficiente per conoscere adeguatamente la cultura nella quale si vive, soprattutto laddove si provenga da parti del mondo ove, talora, sono negati i più elementari diritti civili, e la sola scolarizzazione di per sé non rappresenta uno strumento sufficiente, se non supportato da un ambiente familiare ove le regole dello Stato ospitante sono riconosciute come le uniche cui attenersi, e soprattutto in un rodine di superiorità rispetto a qualsiasi altra. Questo, il principale punto debole di questa riforma, che, se voleva mirare all'integrazione tra popoli diversi, non è stata indirizzata nel modo giusto, poiché chi l'ha pensata ha dimenticato, più o meno volutamente, che l'integrazione è possibile soltanto laddove l'introiettamento della cultura del luogo in cui si trasferisce la propria vita è totale, e riguarda ovviamente la consapevolezza dei doveri di rispetto delle leggi, ma soprattutto il riconoscimento a quelle leggi come insieme di regole che disciplinano la convivenza civile in quello Stato quali fonti supreme cui attenersi, oltre ogni ideologia, oltre ogni religione. D'altronde, il fallimento dei tentativi di integrazione effettuati tramite le modifiche allo *ius sanguinis* introdotte negli altri Stati europei la dice lunga sul fatto che l'integrazione non passa dal fatto di nascere in un determinato luogo, crescervi, frequentare le scuole, se l'àmbito familiare resta radicato a usi, e soprattutto regole, in pieno contrasto con quelle del Paese in cui si vive, perché quello, la famiglia, è il nucleo principe e principale in cui si sviluppa la personalità dell'individuo e rappresenta le sue radici, più forti dell'ambiente esterno nel quale si sviluppa la propria identità sociale. Il diritto di sangue, per quanto si cerchi di limitarlo in favore di un diritto di cittadinanza basato sull'ambiente sociale, difficilmente sarà mai scardinato. Perché, in realtà, nulla è più forte del sangue intriso nell'arido suolo.

La normativa italiana

.....senza distinzione di sesso, di razza, di lingua, di religione, di opinioni politiche, di condizioni personali e sociali.
Art. 3 Costituzione Italiana.

La costituzione italiana

L'articolo 3 della Costituzione Italiana recita: *"Tutti i cittadini hanno pari dignità sociale e sono uguali davanti alla legge senza distinzione di sesso, di razza, di lingua, di religione, di opinioni politiche, di condizioni personali e sociali."* L'integrazione comporta quindi accanto alla titolarità dei medesimi diritti, l'impegno al rispetto dei medesimi doveri e all'assunzione delle medesime responsabilità: non solo, dunque, l'impegno a rispettare le leggi italiane, ma anche quello ad apprendere la lingua e a partecipare alla vita economica, sociale e culturale del Paese.

Questo impegno reciproco vale in particolare per l'uguaglianza di genere, di orientamento sessuale, per il rispetto della laicità dello Stato, intesa come libertà di coscienza, e completa distinzione tra autorità religiosa e autorità politica, per il rispetto della libertà personale.

La scelta di identificarsi completamente nella comunità culturale di origine o affrancarsi da essa spetta esclusivamente al singolo.

Affinché la strategia di integrazione italiana sia sostenibile la presenza degli stranieri deve essere equamente distribuita sul territorio nazionale.

A differenza di altri Paesi europei nelle realtà locali italiane non si è ancora affermato un modello insediativo caratterizzato da quartieri monoetnici, isolati dal tessuto sociale circostante.

L'ingresso e la permanenza sul territorio italiano necessitano, dunque, di essere inquadrati rigorosamente in una cornice di legalità.

Il Piano nazionale d'integrazione[71]

Il 27 settembre 2017 è stato pubblicato il Piano nazionale d'integrazione ad opera del Ministero dell'Interno e nello specifico del Dipartimento per le Libertà Civili e l'Immigrazione.

Affinché possa avvenire l'integrazione occorre informare e formare la popolazione che accoglie, rispetto alle caratteristiche e alla cultura dei nuovi giunti. Sono numerosi i minori non accompagnati, le donne spesso gravide e i giovani adulti che giungono in cerca di una vita migliore o fuggono dalla povertà o dalla guerra.

Secondo questo testo gli immigrati sono detti "titolari di protezione" a cui vanno quindi riconosciuti quei diritti essenziali che discendono dal loro status, e devono, come ogni cittadino italiano, adempire ad altrettanti doveri e responsabilità per garantire una ordinata convivenza civile. Altro problema riguarda la modalità con cui le istituzioni cercano di tutelare i diritti di chi è accolto e quelli di chi accoglie.

Accogliere chi proviene da una cultura e una tradizione differenti vuol dire provvedere alla prime necessità e bisogni primari, ma anche sviluppare interventi diretti a facilitare l'integrazione nella società e l'adesione ai suoi valori. Imporre con le leggi l'integrazione non sembra funzionare.

Il modello di integrazione che viene proposto dal Piano nazionale d'integrazione è ispirato a quanto previsto dalla Costituzione del 1948, che auspica un rapporto paritetico tra lo Stato e le confessioni religiose. L'obbiettivo è raggiungere l'autonomia personale.

Il welfare state o stato sociale è un insieme di istituti, essenzialmente di natura pubblica, il cui obiettivo è quello di tutelare i cittadini dai rischi sociali e di garantire la fruizione dei diritti di cittadinanza.

Per "rischi sociali" si intendono essenzialmente l'invalidità, la malattia, la tutela della gravidanza e dell'infanzia, la disoccupazione e la vecchiaia.

---

[71] Piano nazionale d'integrazione ad opera del Ministero dell'Interno del Dipartimento per le Libertà Civili e l'Immigrazione. Roma, 27 settembre 2017.

Nel caso dei rifugiati va dedicata attenzione alle persone con maggiore vulnerabilità, come le donne rifugiate e vittime di tratta, i minori non accompagnati e i malati.

Il Piano nazionale d'integrazione si compone di 33 pagine suddivise in otto capitoli: responsabilità istituzionale, accoglienza, percorsi di inclusione sociale, prevenzione e contrasto delle discriminazioni, partecipazione cittadinanza attiva, comunicazione istituzionale, implementazione e monitoraggio degli interventi, risorse finanziarie attivabili.

I flussi immigratori cambiano di continuo la fisionomia delle società, è prioritario per i governi misurarsi con nuovi strumenti in ordine alla gestione del pluralismo culturale e religioso.

Il Piano nazionale d'integrazione prevede un percorso interreligioso e interculturale, la formazione linguistica e l'accesso al sistema scolastico.

Riportiamo di seguito il testo integrale del Piano nazionale d'integrazione

"Il Decreto legislativo 21 febbraio 2014, n. 18 prevede che il Tavolo di Coordinamento Nazionale, insediato presso il Ministero dell'interno, predisponga ogni due anni, salva la necessità di un termine più breve, un Piano Nazionale degli interventi e delle misure volte a favorire l'integrazione dei beneficiari di protezione internazionale.[72] Nel dettaglio, il Piano Nazionale Integrazione "individua le linee d'intervento per realizzare l'effettiva integrazione dei titolari di protezione internazionale, con particolare riguardo all'inserimento socio-lavorativo, anche promuovendo specifici programmi di incontro tra domanda e offerta di lavoro, all'accesso all'assistenza sanitaria e sociale, all'alloggio, alla formazione linguistica e all'istruzione nonché al contrasto delle discriminazioni. Il Piano indica una stima dei destinatari delle misure d'integrazione, nonché specifiche misure attuative della programmazione dei pertinenti fondi europei predisposta dall'autorità responsabile".

---

[72] D.Lgs.18/2014, Art. 1, comma 1: "Ai fini della programmazione degli interventi e delle misure volte a favorire l'integrazione dei beneficiari di protezione internazionale, il Tavolo di coordinamento nazionale insediato presso il Ministero dell'interno - Dipartimento per le libertà civili e l'immigrazione, predispone, altresì, ogni due anni, salva la necessità di un termine più breve, un Piano nazionale che individua le linee di intervento per realizzare l'effettiva integrazione dei beneficiari di protezione internazionale [...]".

La caratteristica che contraddistingue i titolari di protezione dagli altri migranti è rilevabile nella prevalenza di imperativi a carattere non economico che li costringono a fuggire dalla propria quotidianità. Inoltre, non godono della protezione del proprio paese d'origine e devono ricominciare la loro vita in un nuovo paese, senza la possibilità di scegliere se tornare a casa, almeno nel breve periodo. In considerazione, quindi, della condizione di svantaggio iniziale e della particolare vulnerabilità, l'integrazione dei titolari di protezione internazionale richiede misure ad hoc rispetto a quanto previsto in generale per gli altri stranieri soggiornanti regolarmente in Italia. Così la nostra legislazione, in attuazione delle disposizioni sull'integrazione sociale previste all'articolo 42 del Testo Unico Immigrazione (decreto legislativo n. 286 del 1998), dispone che, nella predisposizione dei servizi previsti dal Sistema di accoglienza, si debba tenere conto "anche delle esigenze d'integrazione dei beneficiari di protezione internazionale promuovendo, nei limiti delle risorse disponibili, ogni iniziativa adeguata a superare la condizione di svantaggio determinata dalla perdita della protezione del Paese di origine e a rimuovere gli ostacoli che di fatto ne impediscano la piena integrazione".[73]

Da qui l'esigenza di un documento di programmazione dedicato esclusivamente ai titolari di protezione internazionale che definisca una strategia unitaria e individui strumenti efficaci per promuoverne la piena autonomia e la capacità di integrarsi pienamente nel sistema economico e sociale.

Il Piano, per esplicita previsione normativa, si concentra esclusivamente sui titolari di protezione; tuttavia le linee di intervento previste potranno essere considerate un primo passo verso un sistema integrato e inclusivo anche degli altri stranieri regolarmente soggiornanti, a dimostrazione di una matura consapevolezza del fenomeno migratorio raggiunta dal nostro Paese.

Il Tavolo di Coordinamento Nazionale insediato presso il Ministero dell'Interno, Dipartimento per le Libertà Civili e l'Immigrazione, avvalendosi di un apposito gruppo tecnico di lavoro coordinato dalla Direzione Centrale delle Politiche per l'Immigrazione e l'Asilo, ha predisposto l'elaborazione di un documento sviluppato con la piena collaborazione di tutte le rappresentanze facenti parti del Tavolo: il Ministero dell'Interno, il Ministero del lavoro e delle politiche sociali, le Regioni, l'Unione delle province Italiane (UPI), l'Associazione nazionale dei comuni Italiani (ANCI), l'Ufficio Nazionale Anti-Discriminazioni Razziali del Dipartimento per le Pari Opportunità presso la Presidenza del Consiglio dei Ministri, la Commissione Nazionale per il diritto di asilo, l'Alto Commissariato delle Nazioni Unite per i Rifugiati (UNHCR) e l'Organizzazione Internazionale per le Migrazioni (OIM). Nell'intento di rafforzare la condivisione e cooperazione inter-istituzionale considerata elemento chiave per la futura implementazione del Piano, sin dall'inizio il gruppo tecnico di lavoro ha interessato tutti i soggetti coinvolti nel processo d'accoglienza e integrazione, allargando la partecipazione al Ministero della Salute, al Ministero dell'Istruzione, dell'Università e della Ricerca, al Ministero degli Affari Esteri e della Cooperazione Internazionale, alla Conferenza Stato-Regioni, all'Ufficio Nazionale contro le Discriminazioni (UNAR) e al Tavolo Asilo. Infine, è stato ritenuto importante garantire il coinvolgimento diretto dei titolari di protezione internazionale. A questo scopo, l'UNHCR ha organizzato quattro focus group, distribuiti sul territorio

---

[73] Art. 29, comma 2, D. Lgs. n.251/07, modificato dal recente D. Lgs. n.18/2014.

nazionale, da cui sono scaturite indicazioni sulle opportunità e sulle criticità di cui il Documento ha tenuto conto. Il Documento elaborato dal predetto gruppo tecnico di lavoro costituisce il riferimento fondamentale di questo primo Piano Nazionale Integrazione.

Il Piano è rivolto a tutti gli attori impegnati nel settore dell'immigrazione e integrazione in Italia e vuole essere un documento di riferimento che identifica nuove linee d'intervento.

Il primo obiettivo è quello di coordinare tutte le iniziative già esistenti, identificando chiare priorità di azione per il biennio 2017-2018, ma anche promuovere l'attuazione di politiche e programmi di più largo respiro. La funzione, infatti, è quella di dotare l'intero sistema di specifiche linee d'indirizzo per l'integrazione e condividere la realizzazione degli obiettivi con tutti gli stakeholder, dal livello centrale, agli enti locali, fino al terzo settore.

Essendo questo il primo intervento di programmazione, si è scelto di focalizzare l'analisi sul miglioramento del sistema di accoglienza e post-accoglienza attuale, concentrandosi sulle criticità immediate e cercando di migliorare la governance generale del "sistema integrazione".

L'integrazione è un processo complesso che parte dalla prima accoglienza e ha come obiettivo il raggiungimento dell'autonomia personale.

L'integrazione richiede la sensibilizzazione e l'informazione della popolazione che accoglie e deve essere basata sui territori, nelle realtà locali e integrata nel welfare esistente.

Specifica attenzione va dedicata alle persone con maggiore vulnerabilità, come le donne rifugiate e vittime di tratta ed i minori stranieri non accompagnati.

Le priorità contenute nel Piano non sono esaustive nel rispondere alle molteplici esigenze del complesso processo d'integrazione dei titolari di protezione internazionale in Italia. Rappresentano un salto di qualità nella previsione degli strumenti e servizi di sistema nel processo d'inclusione sociale, in una prospettiva da sviluppare sulla base delle lezioni e criticità che verranno alla luce nell'implementazione di questa prima fase.

Si è consapevoli che l'integrazione richiede tempo, energie e competenze, proprio perché riguarda molti settori d'intervento che devono coinvolgere in un circolo virtuoso tutte le amministrazioni nazionali, regionali e territoriali, e che richiede risorse finanziarie che devono essere utilizzate in maniera efficace.

A. Il quadro normativo

L'articolo 2 della Costituzione Italiana "riconosce e garantisce i diritti inviolabili della persona, e richiede l'adempimento dei doveri inderogabili di solidarietà politica, economica e sociale", mentre l'articolo 10 riconosce che "allo straniero al quale sia impedito nel suo paese l'effettivo esercizio delle libertà democratiche garantite dalla Costituzione Italiana, ha diritto di asilo nel territorio della Repubblica".

Una delle disposizioni di apertura del Testo unico immigrazione in materia di programmazione e attuazione delle politiche migratorie nazionali, prevede che, nell'ambito delle rispettive competenze e dotazioni di bilancio, le Regioni e gli Enti locali "adottano i provvedimenti concorrenti al perseguimento dell'obiettivo di rimuovere gli ostacoli che di fatto impediscono il pieno riconoscimento dei diritti e degli interessi riconosciuti agli stranieri nel territorio dello Stato, con particolare riguardo a quelli inerenti all'alloggio, alla lingua, all'integrazione sociale, nel rispetto dei diritti fondamentali della persona umana" (art. 3, c. 5).

L'art. 4-bis ha previsto per la prima volta la stipula di un accordo d'integrazione, con il quale si sancisce un vero e proprio patto tra Stato e cittadino straniero, che reciprocamente si riconoscono l'assolvimento di diritti e doveri. Tale norma stabilisce che "si intende con integrazione quel processo finalizzato a promuovere la convivenza dei cittadini italiani e di quelli stranieri, nel rispetto dei valori sanciti dalla Costituzione italiana, con il reciproco impegno a partecipare alla vita economica, sociale e culturale della società".

Lo stesso principio è sviluppato nella "Carta dei valori della cittadinanza e dell'integrazione" del Ministero dell'Interno, che sottolinea l'importanza del rispetto dei valori e dei doveri: "L'Italia è impegnata perché ogni persona sin dal primo momento in cui si trova sul territorio italiano possa fruire dei diritti fondamentali, senza distinzione di sesso, etnia, religione, condizioni sociali. Al tempo stesso, ogni persona che vive in Italia deve rispettare i valori su cui poggia la società, i diritti degli altri, i doveri di solidarietà richiesti dalle leggi. Ci risponde a un concetto unitario di cittadinanza e di convivenza tra le diverse comunità nazionali, etniche e religiose in vista di un progetto di integrazione fondato sull'eguaglianza dei diritti e dei doveri per i cittadini e gli immigrati e che vuole conciliare il rispetto delle differenze di cultura e di comportamento legittime e positive con il rispetto dei valori comuni. E' necessario individuare meglio le aspettative degli immigrati, definire i loro diritti, indicare i valori e i doveri cui tutti devono attenersi per la realizzazione del progetto di integrazione complessivo e per agevolare l'armonica convivenza della comunità degli immigrati e religiose nella società italiana, nel rispetto della Costituzione e delle leggi della Repubblica."

Secondo i Principi Fondamentali Comuni della Politica d'Integrazione degli immigrati nell'UE, l'integrazione è "un processo dinamico e bilaterale di adeguamento reciproco da parte di tutti gli immigrati e di tutti i residenti degli Stati membri dell'Unione Europea" che, da una parte, "implica il rispetto dei valori fondamentali dell'UE" e, dall'altra, la "salvaguardia della pratica di culture e religioni diverse" in cui è cruciale "l'accesso degli immigrati alle istituzioni e servizi pubblici e privati, su un piede di parità con i cittadini nazionali e in modo non discriminatorio", e "l'interazione frequente di immigrati e cittadini degli Stati membri è un meccanismo fondamentale".

Anche secondo l'Alto Commissariato delle Nazioni Unite per i Rifugiati il processo d'integrazione dei rifugiati è un "processo bidirezionale dinamico e articolato, che richiede l'impegno di tutte le parti interessate, compresa la preparazione da parte dei rifugiati ad adattarsi alla società che li accoglie. Il processo di integrazione è complesso e graduale, presenta dimensioni economiche, sociali e culturali distinte ma interconnesse, tutte importanti ai fini della possibilità dei rifugiati di integrarsi con successo come membri pienamente inclusi nella società".

B. La stima dei destinatari dei servizi d'integrazione in Italia

In Italia, alla fine del 2016, erano presenti 65.765 titolari di un permesso di soggiorno per motivi di protezione internazionale, (rifugiati e protezione sussidiaria), e al 31 agosto u.s. sono 74.853, per i quali questo Piano prevede veri e propri percorsi d'inclusione sociale e integrazione di lungo respiro, con l'obiettivo finale di raggiungere l'autonomia personale.

Alla data del 31 agosto 2017 sono 196.285 le persone accolte nel sistema di accoglienza nazionale, la maggior parte richiedenti asilo, per i quali la recente legge 13 Aprile 2017, n.46, al fine di favorire l'integrazione, ha introdotto la possibilità di partecipazione - su base volontaria - alle attività di utilità sociale a favore delle collettività locali. Alla data del 31 agosto 2017 sono altresì accolti nei centri per minori n. 18.486 minori stranieri non accompagnati.

Va tuttavia considerato che l'attuale quadro complessivo evidenzia uno scenario decrescente dei flussi migratori, in virtù delle recenti linee di indirizzo politico, dell'accordo bilaterale tra il governo Italiano e il governo della Libia per il controllo dei flussi, dell'accordo con i Sindaci dei Comuni Libici e degli accordi di cooperazione con i paesi di transito.

1. RESPONSABILITÀ ISTITUZIONALI E GOVERNANCE MULTILIVELLO

1.1 Competenze istituzionali sull'integrazione: una rete multilivello

Nel quadro dei modelli di servizio per l'integrazione dei migranti, l'Italia ha istituito un sistema che può essere definito di "rete policentrica di servizi". Il legislatore ha riconosciuto esplicitamente il ruolo di numerosi attori istituzionali coinvolti nei processi d'integrazione dei migranti. L'art. 42 del Testo Unico sull'Immigrazione[74] prevede espressamente che Stato, regioni, autonomie locali, in collaborazione con le associazioni del settore, favoriscono l'integrazione dei cittadini stranieri che si trovano regolarmente in Italia. Tale ricchezza di attori, recentemente richiamata da numerosi documenti di policy comunitari, che auspicano l'attuazione dei principi di sussidiarietà e della governance multilivello, affonda direttamente nella storia e nel capitale sociale del nostro paese, da sempre caratterizzato dalla ricca presenza di autonomie e identità locali, corpi intermedi, elementi della società civile che si fanno direttamente carico di assolvere bisogni comuni.

A livello centrale, le competenze nel settore dell'immigrazione e dell'integrazione sono ripartite tra più Amministrazioni:

Il Ministero dell'Interno è direttamente competente alla verifica e al rilascio dei titoli di soggiorno in Italia e al contrasto all'immigrazione irregolare, ma anche all'erogazione dei servizi di orientamento ai cittadini di nuovo ingresso. È responsabile dei servizi di prima accoglienza dei richiedenti asilo, della gestione del sistema di protezione internazionale, dei minori stranieri non accompagnati e gestisce il Fondo Europeo per l'Asilo, Migrazione e Integrazione (FAMI). Partecipa alla programmazione dei flussi d'ingresso per motivi di lavoro e coordina i Consigli Territoriali per l'Immigrazione, organi di raccordo tra governo centrale e realtà locali presso le Prefetture. Presso il Ministero dell'Interno è insediato anche il Tavolo di Coordinamento Nazionale, istituito per favorire una più efficace e concertata pianificazione e coordinazione delle attività e composto da amministrazioni centrali e locali competenti nel settore dell'integrazione e delle politiche migratorie. Tale organo è deputato alla governance dei servizi di accoglienza ed integrazione dei migranti e rappresenta la sede di confronto fra i diversi livelli istituzionali a vario titolo coinvolti nella gestione del fenomeno migratorio.

Il Ministero del Lavoro e delle Politiche Sociali ha competenze in materia di politiche di integrazione sociale e lavorativa delle persone migranti (che realizza in collaborazione con le Amministrazioni Regionali e gli Enti Locali), in materia di politiche di tutela dei minori stranieri non accompagnati presenti nel territorio dello Stato italiano, e in materia di programmazione annuale dei flussi d'ingresso per motivi di lavoro, in collaborazione con le altre amministrazioni interessate.

---

[74] D. Lgs. 25 luglio 1998, n. 286, "Testo unico delle disposizioni concernenti la disciplina dell'immigrazione e norme sulla condizione dello straniero".

Il Ministero degli Affari Esteri e Cooperazione Internazionale ha responsabilità specifiche sul rilascio dei visti, il ricongiungimento familiare e il riconoscimento dei titoli esteri degli immigrati.

Il Ministero della Giustizia si occupa del sistema di giudizio dei ricorsi riguardante la protezione internazionale e gestisce interventi a favore di minori che sono entrati nel circuito penale tramite il Dipartimento delle Giustizia Minorile.

Il Ministero dell'Istruzione, dell'Università e della Ricerca, anche attraverso l'Osservatorio Nazionale per l'integrazione degli alunni stranieri e per l'inter-cultura, promuove politiche scolastiche a favore dell'integrazione degli alunni con background migratorio.

Il Ministero della Salute promuove l'accesso alle cure per gli stranieri e favorisce l'inclusione socio-sanitaria dei più deboli, con una particolare responsabilità nel definire le linee guida per le vittime di tortura e monitorare le violenze subite dai richiedenti di protezione internazionale prima e durante il viaggio e la loro salute fisica e mentale.

Il Ministero delle Politiche Agricole, Alimentari e Forestali si occupa dell'integrazione degli immigrati nel settore agricolo, anche attraverso corsi di formazione, orientamento e inserimento lavorativo presso aziende agricole e tramite la lotta al caporalato.

L'Ufficio Nazionale Anti-discriminazione Razziali (UNAR) istituito presso il Dipartimento per le Pari Opportunità della Presidenza del Consiglio dei Ministri, è dedicato alla prevenzione e al contrasto dei fenomeni discriminatori, promuove iniziative volte a prevenire e a contrastare le discriminazioni, la xenofobia e il fenomeno del razzismo.

1.2 Il Ruolo delle Regioni e degli Enti Locali

Dopo la riforma del Titolo V della Costituzione (attuata nel 2001), le regioni e gli enti locali rivestono un ruolo importante, non soltanto nella gestione, ma anche nella pianificazione degli interventi. Nello specifico, nell'ambito di un sistema fortemente localizzato come quello italiano, al livello centrale spettano compiti di indirizzo e ai livelli periferici compiti di programmazione operativa e di effettiva erogazione di misure e interventi in materia di inclusione dei cittadini immigrati.

Le competenze regionali in materia d'immigrazione sono attribuite dal Testo Unico sull'immigrazione a seguito del quale le Regioni hanno legiferato definendo i percorsi a garanzia dell'integrazione dei cittadini stranieri ivi compresi i titolari di protezione internazionale. Negli ultimi anni, il mutamento del fenomeno migratorio e i nuovi paradigmi sul tema dell'inclusione e dell'integrazione hanno portato molte Regioni ad adeguare le proprie leggi al fine di essere sempre più rispondenti alla realtà in costante divenire. In generale, le Regioni hanno funzioni di programmazione, indirizzo, coordinamento e valutazione delle politiche e di allocazione delle risorse finanziarie per la loro piena realizzazione, e hanno un ruolo centrale nella definizione delle politiche di welfare e di accesso ai diritti sociali.

Le più recenti normative regionali prevedono una maggiore centralità dei Comuni nell'esercizio delle funzioni inerenti i temi dell'immigrazione. I governi locali, infatti, non sono più concepiti esclusivamente come terminali delle politiche regionali, ma come veri e propri protagonisti della loro elaborazione ed implementazione, in particolare per quanto riguarda gli interventi di welfare.

Pur mantenendo differenziazioni proprie delle specifiche legislazioni regionali, gli enti locali concorrono sempre più nell'ambito delle rispettive competenze, alla programmazione in materia d'immigrazione.

Le misure di cui le Regioni e gli Enti Locali sono chiamati ad occuparsi spaziano dalla presa in carico sanitaria, educativa e sociale, all'insegnamento della lingua italiana, alla valorizzazione della cultura di origine, alla mediazione culturale nei servizi, ai corsi di formazione, all'accesso all'abitazione e all'inserimento lavorativo.

Proprio in considerazione di tali competenze, una buona politica di integrazione e inclusione sociale, per ottenere risultati efficaci e reali, deve tenere conto delle specificità dei territori per i quali è stata programmata.

È infatti ampiamente riconosciuto che i percorsi di inserimento socio-economico e di inclusione sociale debbano avere radici territoriali per produrre risultati efficaci e reali.

1.3 Il Ruolo del Terzo Settore

In Italia gli enti del terzo settore che si occupano di tutela e promozione dei diritti dei migranti e, nello specifico, di quelli dei titolari di protezione, sono una realtà molto diffusa su tutto il territorio nazionale. Una parte di questi da alcuni anni ha trovato un luogo di coordinamento e d'iniziativa comune nel Tavolo Asilo, l'unico strumento ufficiale di partecipazione del terzo settore a livello istituzionale, anche grazie alla sua inclusione nel Tavolo di Coordinamento Nazionale. Si tratta di organizzazioni molto diverse per tipologia e dimensioni, e per le attività che svolgono: dalle associazioni locali o nazionali nate con l'obiettivo specifico di occuparsi d'immigrazione e/o diritto d'asilo, a reti associative di grandi dimensioni, d'ispirazione religiosa o laica, che tra le tante attività svolgono anche quelle relative a questo ambito diffusamente sul territorio italiano, fino alle articolazioni italiane di reti associative e/o coordinamenti internazionali.

Le organizzazioni del terzo settore svolgono un ruolo significativo nei seguenti ambiti:

Informazione e sensibilizzazione della popolazione italiana sul diritto d'asilo, sulle cause dei flussi riguardanti sfollati, richiedenti asilo, rifugiati e profughi, nonché sulle caratteristiche della loro presenza in Italia, Europa e nel mondo.

Accoglienza, assistenza, informazione e orientamento a livello locale e nazionale, con azioni volte a sostenere le persone in cerca di protezione in Italia, a partire dal loro arrivo nel nostro Paese e durante il percorso di inserimento a livello locale. Le associazioni da questo punto di vista svolgono un ruolo centrale nel costruire le condizioni per l'avvio e il consolidamento di processi positivi d'inclusione sociale e integrazione.

Tutela e promozione dei diritti. In particolare le associazioni intervengono, anche attraverso operatori specializzati e mediatori linguistici, oltre che con l'ausilio di legali specializzati, fin dall'arrivo alla frontiera, laddove possibile, per consentire ai potenziali richiedenti asilo l'accesso alla procedura e successivamente una corretta relazione con le istituzioni che intervengono nel processo di riconoscimento del titolo di soggiorno. Le associazioni seguono l'iter della procedura in tutte le sue fasi e cercano di garantire il rispetto della legislazione vigente, tutelando i diritti dei titolari di protezione.

Attività volte ad influenzare le scelte e gli orientamenti delle amministrazioni pubbliche e dei governi locali, regionali e nazionali, nonché delle istituzioni nazionali e internazionali e dell'UE. In questo ambito le associazioni svolgono, sia singolarmente che collettivamente, azioni volte a orientare le scelte di comuni, regioni e governo nazionale, organizzando campagne politico-culturali di carattere generale (ad esempio sul diritto d'asilo). Le associazioni svolgono anche azioni rivolte ai gruppi politici e ai parlamenti, per modificare la legislazione in favore di una maggiore tutela dei diritti delle persone in cerca di protezione o già titolari di un titolo di soggiorno.

In conclusione, è utile sottolineare come, in Italia, il ruolo delle organizzazioni del Terzo Settore sia centrale nei processi di integrazione sociale delle persone di origine straniera.

2.   L'ACCOGLIENZA: IL PRIMO PASSO VERSO L'INTEGRAZIONE

La fase dell'accoglienza rappresenta un'opportunità fondamentale per ricevere il supporto necessario a iniziare un percorso d'inclusione nella società italiana. Per tale ragione utilizzare nel migliore dei modi il periodo di accoglienza, prevedendo che alcune attività di supporto all'integrazione siano offerte fin da subito anche ai richiedenti oltre che ai beneficiari di protezione internazionale, risulta una scelta strategica indispensabile per qualsiasi politica d'integrazione.

Ai fini di un'efficace politica di sostegno all'integrazione, è urgente superare il sistema di accoglienza straordinaria e ampliare l'adesione dei comuni al sistema SPRAR. Nelle more che il sistema SPRAR diventi l'unico sistema di seconda accoglienza, i centri di accoglienza straordinaria dovranno omologare i propri servizi e attività volti all'integrazione (formazione linguistica, lavorativa e orientamento ai servizi) a quelli offerti nel sistema SPRAR. Inoltre, i centri temporanei devono essere distribuiti sulla base del recente Piano di ripartizione concordato con l'ANCI, che prevede il coinvolgimento degli enti locali e la strutturazione di un'accoglienza diffusa, permettendo ai servizi della seconda accoglienza di assumere un carattere di complementarietà rispetto al sistema di welfare locale, coinvolgendo gli attori sociali attivi sul territorio e utilizzando una più ampia rete sociale di supporto.

L'obiettivo è di portare a piena attuazione l'Intesa sancita in Conferenza unificata nel 2014 e rendere il sistema di accoglienza più orientato all'integrazione, elevando il livello dei servizi offerti nel sistema di accoglienza straordinario (CAS), iniziando subito i percorsi d'integrazione e rafforzando le iniziative esistenti attraverso:

La creazione delle condizioni che consentano il precoce avvio del percorso d'integrazione sin dalla prima accoglienza, in particolare includendo l'insegnamento della lingua e l'orientamento culturale sin dall'inizio.

Nelle more del superamento del sistema di accoglienza straordinaria e della piena attuazione a livello nazionale del sistema SPRAR, l'implementazione dei servizi volti all'integrazione in tutte le strutture, con particolare attenzione ai CAS, specialmente nei casi in cui essi svolgano il ruolo di centri di seconda accoglienza.

La previsione nei bandi per la gestione dei centri di accoglienza di figure professionali competenti, in grado di lavorare in contesti multiculturali e di mediazione sociale, assicurando particolare attenzione a situazioni di vulnerabilità, alle differenze di genere e all'unità dei nuclei familiari.

2.1 Le donne rifugiate e richiedenti protezione internazionale

Nonostante negli ultimi anni le donne continuino a rappresentare solo il 15% circa delle persone sbarcate sulle coste italiane, i dati evidenziano un leggero ma stabile aumento del loro numero, che è passato da 21.434 nel 2015 a 24.133 al 2016; alla fine di agosto 2017 sono 11.074. In particolare, l'ultimo biennio ha visto un significativo incremento nel numero di donne nigeriane che è passato da 5.000 nel 2015 a 11.009 nel 2016, mentre alla fine di agosto 2017 sono 4.977. La Nigeria è così divenuta la prima nazionalità per numero di arrivi e quasi la metà del totale.

La maggioranza di queste donne arriva in Italia dopo un viaggio caratterizzato da abusi, violenze e vari tipi di sfruttamento. Il sistema di accoglienza deve, quindi, prestare particolare attenzione alle specifiche vulnerabilità di genere. Molte di queste donne hanno bisogno di particolare supporto nel superare traumi, con assistenza psicologica e medica dedicata, la presenza di staff con esperienza in materia di violenza di genere, il coinvolgimento dei servizi sociali locali e di vari a ori de a società civile.

Alla luce della sempre maggiore attenzione e della crescente importanza che l'Italia e la comunità internazionale stanno giustamente riservando alla violenza di genere, e in ragione delle specificità di cui sono portatrici le donne rispetto sia all'accoglienza, sia al percorso d'integrazione nel suo complesso, si segnalano alcuni principi e azioni che dovranno costituire parte integrante di ogni intervento in cui la persona beneficiaria sia donna:

Attenzione specifica deve essere riservata alle donne vittime di tratta a scopo di sfruttamento sessuale - un fenomeno in costante aumento - per l'attivazione dei meccanismi di protezione previsti dalla normativa vigente e il referral agli enti di tutela specializzati. In particolare è necessario che vengano realizzate e implementate le azioni previste dal Piano Nazionale di Azione contro la tratta e il grave sfruttamento di esseri umani, adottato nel Febbraio 2016

Fin dalle prime azioni di assistenza, è necessario prestare particolare attenzione alle vulnerabilità derivanti da violenza di genere (ad es. violenza sessuale, violenza domestica, mutilazioni genitali femminili) creando meccanismi di monitoraggio e reporting, anche tramite la mappatura delle strutture già esistenti in loco e il raccordo con le stesse

Devono ugualmente essere poste in essere procedure standard in materia di prevenzione e di risposta alla violenza sessuale e di genere per il personale che lavora in strutture di accoglienza (con la partecipazione delle stesse donne rifugiate allo sviluppo dei meccanismi di prevenzione e di risposta)

Al fine di rendere efficace la prevenzione, particolare attenzione sarà dedicata anche alla logistica delle strutture di accoglienza, prevedendo alloggi e servizi igienici separati per le donne e con altri accorgimenti idonei a garantirne la maggior sicurezza possibile

Le strutture devono disporre di personale femminile di riferimento, in particolare per i servizi di mediazione culturale, quelli legali e quelli medici in modo tale da informare le donne dei servizi offerti, come pure di promuovere la loro salute anche riproduttiva, facilitare l'accesso a servizi specialistici per le vittime di violenze e le vittime di tratta

Verrà assicurato sostegno alle donne con esigenze di accoglienza particolari, quali le donne incinte, le madri di figli minori e le altre categorie vulnerabili.

2.2 I minori stranieri non accompagnati (MSNA)

Da diversi anni all'interno dei flussi migratori si evidenzia una presenza sempre più significativa di minori stranieri non accompagnati (MSNA). Negli ultimi due anni in particolare il numero di MSNA sbarcati sulle coste Italiane è raddoppiato, passando da 12.360 nel 2015 a 25.846 nel 2016 ed alla fine di agosto 2017 sono 13.131. Si tratta di minori provenienti da diversi Paesi (prevalentemente Egitto, Gambia, Albania, Eritrea e Nigeria) che arrivano o restano soli sul territorio nazionale e sono in prevalenza maschi (intorno al 90% contro un 10% femminile), tra i quindici e i diciassette anni, anche se non mancano minori più giovani che richiedono servizi che tengano conto della loro particolare fragilità. Un recente studio dell'UNICEF, basato su interviste di minori di 11 nazionalità sia in Libia che in una serie di Paesi di transito, mostra come i tre quarti dei minori intervistati abbiano vissuto violenze e aggressioni nel tragitto verso l'Italia.

Per rafforzare il sistema di accoglienza dei minori, in linea con i recenti provvedimenti legislativi, si richiama l'attenzione su alcuni principi e azioni da intraprendere, tutte improntate ad assicurare l'effettivo rispetto del principio del superiore interesse del minore garantendo sempre la sua piena partecipazione:

Consolidare il sistema di accoglienza sancito dal Decreto Legislativo 142/2015, così come modificato ed integrato dalla legge n. 47 del 07 aprile 2017.

Garantire il coordinamento delle iniziative dedicate ai MSNA, sia a livello nazionale che locale.

Riconoscere ai Comuni risorse economiche e di personale adeguate alla presa in carico, soprattutto in presenza di particolari fragilità.

Standardizzare i tempi per le procedure d'identificazione e di determinazione dell'età al fine di assicurare un pronto rilascio del titolo di soggiorno, anche in assenza di documentazione attestante l'identità del minore.

Rafforzare le procedure di individuazione delle famiglie di origine e le tempestive opportunità di ricongiungimento familiare.

Garantire tempi rapidi per la nomina di un tutore, anche volontario, che abbia l'effettiva competenza, disponibilità di tempo e terzietà

Individuare per i soggetti più vulnerabili percorsi di affidamento familiare.

Prevedere servizi di supporto per i tutori volontari e le famiglie affidatarie.

Prevedere l'iscrizione al SSN e l'esenzione dal pagamento del ticket per tutti i minori non accompagnati, ancorché non sia stato ancora nominato un tutore.

Prevedere interventi specifici di presa in carico sanitaria in regime residenziale per i casi complessi, quali ad esempio il disagio mentale.

Garantire l'inserimento scolastico, con particolare riguardo ai CPIA, avendo cura di prevedere percorsi di conoscenza e accompagnamento tra pari (peer tutoring si tratta di un metodo basato su di un approccio cooperativo all'apprendimento. Gli allievi vengono divisi in coppie o in piccoli gruppi e si sceglie di volta in volta uno di loro che svolge il ruolo di docente e spiega ai suoi colleghi il tema da trattare).

Il percorso d'integrazione socio-economica dei minori richiede un impegno particolarmente gravoso e il raccordo e la collaborazione con una rete di istituzioni e attori sul territorio: i servizi sociali e sanitari locali, il Tribunale per i minorenni e il giudice tutelare presso il Tribunale ordinario, la Questura, le agenzie educative pubbliche, le scuole di ogni ordine e grado, inclusi i centri provinciali per l'istruzione degli adulti (CPIA), i Centri per l'impiego, etc. Si tratta di interlocutori indispensabili per conseguire risultati concreti in termini d'integrazione e inclusione sociale che, tuttavia, richiedono la creazione di un efficace sistema dei seguenti servizi di welfare.

3. PERCORSI DI INCLUSIONE SOCIALE: PRIORITÀ PROGRAMMATICHE, MISURE E STRUMENTI DI ATTUAZIONE

3.1 Il Dialogo interreligioso

Negli ultimi anni è emersa in maniera sempre più evidente l'importanza della promozione del dialogo Interculturale e Interreligioso, come strumento di integrazione e anche per contrastare la cultura del razzismo e il rischio di una crescente Islamofobia.

Viene riconosciuto il ruolo sociale delle comunità di fede degli immigrati in relazione ai processi di integrazione. I luoghi di culto, in particolare, svolgono funzioni complesse e articolate, di carattere religioso, sociale e culturale, politico ed economico. In alcuni di essi, ad esempio, vengono organizzati corsi di italiano per i nuovi arrivati, si forniscono informazioni di natura burocratico-amministrativa, si distribuiscono viveri e abiti alle persone più povere. È da rilevare anche l'impegno di numerosi soggetti religiosi nel campo dell'accoglienza ai rifugiati.

La pluralità di presenze religiose, collegata ai diversi gruppi etnici, ha disegnato uno scenario estremamente variegato da cui emerge chiaramente il fatto che l'Italia è diventata un paese multiculturale, multietnico e multi-religioso.

In questa direzione si muove il Patto nazionale per un Islam italiano, recentemente sottoscritto che Stato e comunità islamiche si impegnano a rispettare.

Il Documento segna una nuova fase istituzionale di collaborazione con le principali rappresentanze delle comunità musulmane.

Tra gli impegni si evidenziano i punti essenziali: adesione ai valori della Costituzione, parità dei diritti tra uomo e donna, moschee aperte a tutti, un albo pubblico degli imam, prediche in italiano, trasparenza sui finanziamenti, collaborazione con le autorità nella lotta al radicalismo religioso.

L'obiettivo è continuare il percorso di collaborazione con le comunità, in particolare:

Proseguire nel cammino del dialogo e della reciproca conoscenza attraverso incontri con le comunità di fede, l'approfondimento scientifico delle diverse realtà religiose e il monitoraggio delle loro presenze sul territorio italiano.

Portare avanti la formazione degli esponenti delle comunità religiose presenti in Italia che non hanno stipulato intese con lo Stato, che dovrà prevedere la trattazione di materie giuridiche, sociologiche e storiche, volte a favorire una maggiore conoscenza della realtà istituzionale e sociale in Italia.

Supportare la politica in materia di apertura di luoghi di culto, che rientra a pieno titolo nel diritto alla libertà religiosa garantito dalla Costituzione. Al riguardo, si evidenzia la necessità di misure che da una parte garantiscano piena applicazione alle norme costituzionali in materia di libertà di culto e, dall' altra, favoriscano la piena integrazione dei luoghi di culto sul territorio nazionale nel pieno rispetto dei principi costituzionali e delle normative in materia urbanistica e di sicurezza.

3.2 *La formazione linguistica*

L'apprendimento della lingua italiana rappresenta un diritto ma anche un dovere poiché costituisce il presupposto essenziale per un concreto percorso d'inserimento sociale, fondamentale per l'interazione con la comunità locale, per l'accesso al mercato del lavoro e ai servizi pubblici.

L'obiettivo è incentivare l'apprendimento della lingua italiana in tutto il sistema di accoglienza con particolare attenzione alla strutturazione dei "Piani regionali per la formazione linguistica" anche grazie alla continuità offerta dai finanziamenti FAMI.
In particolare:

Per meglio valutare il livello di alfabetizzazione e di capacità linguistica dello studente si deve prevedere sempre un test iniziale che aiuti a definire il livello e la metodica d'insegnamento più adatta.

Prevedere iniziative di supporto specifico per gli analfabeti

Rendere obbligatoria la partecipazione degli ospiti, sin dalla prima accoglienza, ai corsi di lingua svolti nei centri, adottando tutte le misure necessarie per migliorare e semplificare la partecipazione, inclusa la previsione di incentivi collegati a percorsi di inclusione socio-lavorativa e di penalità economiche (pocket money).

Incentivare la partecipazione a corsi di lingua offerti sul territorio presso i centri per la formazione degli adulti o tramite organizzazioni del terzo settore, favorendo anche iniziative di relazione con il contesto sociale accogliente e l'inserimento lavorativo.

Prevedere corsi di lingua con insegnanti specializzati nell'insegnamento dell'italiano di livello L2, con l'utilizzo di metodologie interattive e sperimentali.

3.3 L'accesso all'istruzione e il riconoscimento di titoli e qualifiche

Insieme all'apprendimento della lingua italiana, la possibilità di accedere all'istruzione è uno dei pilastri per un vero percorso d'integrazione. Questo percorso richiede investimenti in termini di costi, impegno e tempo, ma anche un'attenzione particolare alle fasce di fragilità sociale, quali i minori stranieri non accompagnati che soffrono di un'alta dispersione scolastica. Il sistema scolastico italiano, universalistico e gratuito, potrà colmare alcune difficoltà con azioni di sistema rivolte al supporto delle famiglie dei titolari di protezione e con l'ausilio di esperti esterni al sistema scolastico.

Un fattore di facilitazione all'inserimento sociale dei titolari di protezione è il riconoscimento dei titoli e delle qualifiche acquisiti nel paese di origine. Ad oggi, il riconoscimento formale dei titoli prevede una procedura molto complessa, che risulta difficilmente praticabile per i titolari di protezione internazionale: la lunghezza, i costi e i complessi passaggi burocratici per il riconoscimento, infatti, rappresentano fattori fortemente disincentivanti. Inoltre, i titolari di protezione spesso non hanno con sé i certificati originali dei titoli conseguiti e, proprio a causa delle ragioni che li hanno portati alla migrazione, non possono rivolgersi alle autorità consolari del Paese d'origine per ottenerli.

L'obiettivo è di creare misure a concreto sostegno dell'istruzione media e superiore e garantire il riconoscimento di studi e competenze pregresse. In particolare:

Dare piena attuazione al Vademecum del MIUR, con particolare riferimento: all'inserimento immediato dei minori, sensibilizzando i docenti rispetto alle loro specifiche vulnerabilità, e al miglioramento dell'informazione sul sistema scolastico italiano.

Rafforzare la disponibilità di percorsi di alfabetizzazione per i titolari di protezione analfabeti e contrastare la dispersione scolastica tramite: l'inclusione di mediatori socio-culturali, l'apertura degli edifici scolastici oltre i tempi classici della didattica; l'inserimento di una didattica integrativa finalizzate a sostenere la motivazione allo studio.

Potenziare le misure a supporto della prosecuzione degli studi superiori e universitari, diffondendo le positive iniziative in atto con diverse Università e valutando la possibilità di potenziare i corsi di scuola secondaria di I e II grado per stranieri, migliorando anche la rete di questi corsi col sistema di accoglienza e la partecipazione delle donne.

Uniformare le procedure per il riconoscimento e la valorizzazione dei titoli e delle qualificazioni pregresse, standardizzando metodi di valutazione alternativi in caso d'irreperibilità dei documenti ufficiali.

Rendere effettivo il diritto-dovere dei minori all'istruzione e alla formazione, tramite percorsi formativi specializzati che consentano di accedere anche alle politiche attive del lavoro.

Promuovere tra i docenti e gli studenti una corretta informazione sui temi dell'asilo e sui rifugiati anche attraverso l'elaborazione di specifici percorsi didattici come quelli suggeriti dal sito internet www.viaggidaimparare.it realizzato dal MIUR e dall'UNHCR.

Sperimentare programmi di sponsor-ship tra studenti per assistere e accompagnare giovani titolari di protezione iscritti alle Università italiane, seguendo modelli internazionali come quello Canadese.

3.4 La formazione e la valorizzazione delle capacità

Un aspetto che richiede particolare attenzione è la verifica e la valorizzazione delle esperienze pregresse dei titolari di protezione per favorire l'incontro con i bisogni del mercato del lavoro. Gli interventi volti all'integrazione socio-lavorativa richiedono, da un lato, strumenti e linee guida omogenei su tutto il territorio; dall'altro, la collaborazione tra attori dell'accoglienza e mondo del lavoro, quali servizi per l'impiego, sindacati e associazioni datoriali. Altro aspetto da seguire è quello del sostegno alla creazione d'impresa, all'autoimpiego (poiché i titolari di protezione riscontrano difficoltà di accesso al credito per l'impossibilità di fornire adeguate garanzie) ed al concreto inserimento nel settore lavorativo, anche con iniziative già proposte con i PON.

L'obiettivo, partendo dal rafforzamento delle molte iniziative esistenti, è quello di:

Creare un'offerta formativa in grado di rispondere all'assolvimento dell'obbligo scolastico e formativo per accedere alle politiche attive del lavoro sin dalla minore età.

Promuovere strumenti quali il tirocinio di formazione e orientamento e l'apprendistato, con una particolare attenzione alle categorie vulnerabili e alle donne.

Favorire la diffusione di esperienze pilota (quali Inside, Percorsi e Protocolli con Confindustria e Union Camere).

Standardizzare procedure per il riconoscimento delle competenze pregresse, al fine di orientare i percorsi di riqualificazione professionale

Incentivare la partecipazione al Servizio Civile Nazionale.

Promuovere la progettazione di interventi volti ad allargare ai beneficiari di protezione internazionale la possibilità di usufruire delle agevolazioni fiscali previste nella legislazione sulle cooperative sociali (L. 381/1991), per almeno i primi due anni dopo il loro riconoscimento.

Promuovere la capacità d'impresa, soprattutto in settori innovativi, anche tramite la promozione di strumenti quali il micro-credito, i servizi di supporto allo start-up d'impresa, favorendo l'accesso al credito da parte dei beneficiari di protezione internazionale.

3.5 L'accesso all'assistenza sanitaria

L'accesso all'assistenza sanitaria è un diritto sancito dalla Costituzione Italiana. Nel nostro Paese è garantita a tutti i cittadini di Stati non appartenenti all'Unione Europea, regolarmente soggiornanti, iscritti al Servizio Sanitario Nazionale (SSN), parità di trattamento e piena uguaglianza di diritti e doveri rispetto ai cittadini italiani per quanto attiene all'assistenza sanitaria erogata in Italia. Tuttavia, l'offerta e l'accesso ai servizi sanitari da parte dei titolari di protezione risulta eterogenea, con disuguaglianze che gravano in modo particolare sui soggetti più vulnerabili, come le vittime di tratta, di tortura o di stupri, i lavoratori sfruttati, i minori non accompagnati e i sopravvissuti ai naufragi. Gli elementi più critici riguardano la mancanza di conoscenza dei servizi disponibili, le differenze linguistiche, i diversi atteggiamenti culturali nei confronti della salute e dell'assistenza sanitaria e la mancanza di una rete sociale di supporto.

L'obiettivo è di arrivare a una piena implementazione dell'accordo Stato-Regioni per la salute dei migranti sancito nel 2012, con un aumento e una standardizzazione degli interventi volti a semplificare l'accesso al servizio sanitario nazionale in tutte le regioni Italiane.

In particolare:

Monitorare a livello nazionale e regionale l'applicazione dell'accordo Stato-Regioni del 2012 valutando la programmazione degli interventi sanitari a livello territoriale.

Supportare una sistematica rilevazione dei bisogni della fascia di popolazione più vulnerabile che includa nello specifico i titolari di protezione, con il coinvolgimento delle comunità e di associazioni con particolare riferimento a salute mentale e disabilità, minori, donne, mutilazioni genitali femminili (MGF), violenza di genere (GBV), e gruppi di persone LGBTI.

Rafforzare l'organizzazione e l'offerta dei servizi definendo percorsi dedicati alle condizioni cliniche, con particolare attenzione alle patologie psichiatriche e disturbi post traumatici, all'ampliamento e la migliore diffusione di servizi aperti e gratuiti, al potenziamento delle attività di prevenzione con particolare riferimento a vaccinazioni, screening e tutela della salute materno-infantile.

Potenziare la formazione del personale sanitario anche sulla normativa vigente in tema di protezione internazionale, nonché sui valori e aspetti culturali che possono influire sulla valutazione clinica e sulla corretta relazione operatore-paziente, aumentando anche l'utilizzo di mediatori e personale interculturale.

Migliorare la quantità e qualità d'informazione sui diritti e sull'uso appropriato dei servizi sanitari. Rafforzare le capacità di accedere e comprendere le informazioni in ambito sanitario e l'utilizzo dei servizi.

Dare piena attuazione alle Linee guida sulle vittime di tortura, in particolar modo sulle priorità di formazione.

Promuovere la revisione della normativa nazionale sull'esenzione del ticket sanitario in modo che tenga in considerazione anche le esigenze dei titolari di protezione internazionale.

3.6 L'accesso all'alloggio e alla residenza

Gli enti locali prevedono che l'uscita dall'accoglienza dai centri SPRAR venga accompagnata con un supporto all'autonomia abitativa, anche tramite la selezione di annunci immobiliari, la locazione di stanze in appartamenti con connazionali, o un supporto economico per l'affitto. I centri CAS dovranno andare in questa direzione, omologando i propri servizi al supporto all'autonomia abitativa.

Nella consapevolezza della situazione di emergenza abitativa che coinvolge le fasce deboli di tutto il paese, l'obiettivo per il prossimo biennio è che le persone titolari di protezione possano accedere alle risorse che il welfare territoriale mette a disposizione.

In particolare:

Occorre estendere l'accesso alle possibili soluzioni abitative, rendendo territorialmente omogenea l'erogazione di servizi e sviluppando standard minimi per l'accesso ai servizi abitativi.

Creare le condizioni perché i piani per l'emergenza abitativa regionali o locali prevedano percorsi di accompagnamento per i titolari di protezione in uscita dall'accoglienza, verificando anche la possibilità di includerli negli interventi di edilizia popolare e di sostegno alla locazione.

Incentivare fin dalle ultime fasi di accoglienza l'avvio di percorsi volti a favorire iniziative di coabitazione (affitti condivisi, condomini solidali) come pure la sperimentazione di pratiche di buon vicinato.

Prevedere programmi d'intervento sociale per rispondere alle complessità relative agli insediamenti informali nei centri urbani, stabilendo procedure di accompagnamento alla fuoriuscita anche attraverso la ricognizione degli edifici pubblici in disuso da destinare all'abitare sociale.

Dare applicazione al Piano d'intervento finalizzato al miglioramento delle condizioni di svolgimento dell'attività lavorativa stagionale di raccolta dei prodotti agricoli, previsto dall'art.9 della L. 199/2016.

Successivamente al periodo di accoglienza chi è costretto a ricorrere a soluzioni precarie ed informali, non potendo dimostrare legittimamente la dimora nell'immobile, spesso non riesce ad ottenere l'iscrizione anagrafica né, di conseguenza, i diritti e i servizi ad essa connessi. È importante sottolineare come l'iscrizione anagrafica sia uno dei presupposti necessari per avviare e proseguire qualsiasi percorso d'inclusione sociale. Derivano dalla residenza diritti e servizi come: l'assistenza sociale, i sussidi erogati su base comunale, l'iscrizione nelle liste per l'assegnazione dell'alloggio di edilizia pubblica, il rilascio della carta d'identità e di altre certificazioni anagrafiche necessarie, ad esempio, al conseguimento della patente o al ricongiungimento familiare, e l'apertura di un conto corrente.

A fine biennio l'obiettivo è anche quello di garantire, su tutto il territorio nazionale, la possibilità effettiva dell'iscrizione anagrafica e l'acquisizione della residenza a tutti i titolari di protezione internazionale.

In particolare:

Partendo dalle Linee Guida dell'ANCI sulla residenza, elaborare a livello centrale procedure omogenee e semplificate che i comuni possano utilizzare per attuare le procedure di regolarizzazione della residenza per i titolari di protezione.

Rafforzare il servizio di affiancamento e monitoraggio che possa seguire le situazioni di difficoltà sottoposte dagli enti locali o da coloro che richiedono il servizio, rafforzando il confronto e collaborazione con ANUSCA.

3.7 Il ricongiungimento familiare

Il ricongiungimento familiare e la possibilità di poter ricostruire un minimo nucleo familiare, crea la base per una vera integrazione. La separazione dei membri di una famiglia, infatti, può avere conseguenze devastanti per il benessere psicofisico delle persone. Per un titolare di protezione questa separazione è spesso accompagnata dall'assenza di notizie dei propri familiari e l'incertezza sulla loro incolumità. Questa condizione d'insicurezza determina un profondo disagio psicologico che può rappresentare un forte ostacolo al percorso d'integrazione.

Rispetto ai presupposti per l'ottenimento del nulla osta al ricongiungimento familiare i titolari di protezione internazionale godono di una disciplina di maggior favore rispetto agli altri stranieri. Infatti, nella domanda di ricongiungimento i titolari di protezione internazionale non devono dimostrare la disponibilità di un alloggio conforme ai requisiti igienico-sanitari, né un reddito minimo annuo. Con la legge n.46 del 13 aprile 2017, sono state superate anche alcune criticità legate alla tempistica della procedura, riducendo a 90 giorni il tempo necessario per il rilascio del nulla osta. La normativa a favore dei titolari di protezione, tuttavia, continua a scontare alcune criticità, riconducibili ai tempi procedurali per il rilascio del visto, dovuto alle difficoltà per i rifugiati di provare i vincoli familiari con i familiari da ricongiungere e ai costi del trasferimento.

L'obiettivo è di:

Aumentare la durata di validità del nulla osta, da sei a dodici mesi, modificando l'articolo 29 o 29 bis del TUI, e creare canali agevolati presso le Prefetture e le rappresentanze diplomatiche per le richieste presentate dai titolari di protezione internazionale.

Attuare una modifica normativa (integrando il 29-bis del TUI) per il rilascio di laissez-passer, possibilmente dal Ministero degli Esteri, nel caso in cui il familiare non disponga di un passaporto nazionale o di altro documento di viaggio, una volta accertato il diritto dello straniero al ricongiungimento.

3.8 L'informazione su diritti e doveri individuali e l'orientamento ai servizi

Il percorso d'inclusione sociale deve rendere effettivo l'accesso alle informazioni su diritti e doveri individuali e sui servizi disponibili sul territorio, oltre che un adeguato orientamento alla fruizione di questi ultimi. Molti titolari di protezione, infatti, incontrano difficoltà legate all'insufficiente conoscenza dei servizi offerti, alla disomogeneità delle procedure amministrative e alla mancata conoscenza del funzionamento della pubblica amministrazione.

 L'obiettivo è:

Potenziare l'informazione dei titolari di protezione internazionale sui loro diritti e doveri (art. 21 D. Lgs. 251/2007)

Incentivare l'utilizzo delle tecnologie informatiche prevedendo un unico portale dedicato e una applicazione multimediale in diverse lingue che guidi nel processo di accoglienza e integrazione.

Supportare l'apertura di sportelli informativi o di orientamento ai servizi per beneficiari di protezione internazionale nei Comuni dove maggiore è la loro presenza.

4. PREVENZIONE E CONTRASTO ALLE DISCRIMINAZIONI

L'Italia già nel 2015 ha varato il Piano nazionale d'azione contro il razzismo, la xenofobia e l'intolleranza (Decreto del Ministero del Lavoro e delle Politiche sociali - 7 agosto 2015). Tuttavia, secondo l'Ufficio Nazionale Anti-Discriminazioni Razziali (UNAR), i casi di discriminazioni riguardanti titolari di protezione internazionale sono in aumento. Questi includono discriminazioni dirette e indirette, casi di molestie e hate speech online, ma anche violenze e aggressioni contro i centri di accoglienza e le persone o associazioni che li gestiscono.

L'obiettivo è di:

sostenere l'implementazione del sopracitato Piano e investire in un sistema in grado di prevenire, documentare e contrastare le più comuni forme di discriminazione. In particolare:

Impegnare le amministrazioni regionali e comunali a rafforzare la rete dei centri antidiscriminazione, garantendo la presenza di questi centri (seguendo il modello di Milano) presso i municipi delle grandi città o i comuni dove sono dislocati centri di accoglienza.

Rendere sistematica e rafforzare la formazione alle forze di polizia, in particolare quelle che operano presso le frontiere, e realizzare percorsi di formazione per la Polizia municipale sulla discriminazione, la mediazione e la normativa sulla protezione internazionale.

Realizzare e diffondere percorsi di formazione per gli operatori dei servizi sociali e dei centri di accoglienza sulla condizione dei paesi di origine e di transito, sulla discriminazione, la mediazione, la comunicazione interculturale e la normativa sulla protezione internazionale, coinvolgendo anche gli stessi titolari.

Rafforzare la funzione di coordinamento e supporto tra i sistemi di tutela e assistenza delle vittime di tratta e dei richiedenti asilo, così come previsto dall'art.10 comma 1 del D.Lgs. 24/2014, in linea con le azioni portate avanti dalla cabina di regia nell'ambito del Piano nazionale anti-tratta istituita presso la Presidenza del Consiglio dei Ministri.

Mettere in rete le associazioni che si occupano della tutela di donne, vittime di tratta e di grave sfruttamento lavorativo, minoranze sessuali e di genere (persone LGBT) e persone con disabilità, prevedendo momenti di formazione per gli operatori dell'accoglienza ad opera di queste associazioni.

Sperimentare la mediazione di comunità o di quartiere nei territori dove siano presenti centri governativi di accoglienza e progetti SPRAR.

5. *PROCESSI DI PARTECIPAZIONE E CITTADINANZA ATTIVA*

La creazione e il potenziamento di occasioni d'incontro fra titolari di protezione e la società Italiana sono importanti per contribuire allo sviluppo di un senso di appartenenza e stabilità ma altresì per lo scambio e la conoscenza reciproca con i cittadini italiani. A tale scopo, il supporto alle iniziative d'incontro fra titolari di protezione e autoctoni, occasioni di socializzazione quali eventi sportivi, artistici e culturali, ma anche forme di associazionismo e di volontariato, devono essere viste come importanti occasioni volte a favorire l'integrazione dei titolari di protezione internazionale.

In questo senso, particolarmente importante è la partecipazione dei titolari di protezione alle attività di volontariato. Attraverso il volontariato, infatti, i titolari possono rafforzare il proprio senso di "appartenenza" all'Italia, contribuendo in maniera attiva al benessere collettivo della società ospitante mettendo a disposizione il proprio tempo, le proprie competenze e il proprio "saper fare". Parimenti, è importante che i titolari di protezione vengano messi in condizione di poter partecipare alle iniziative sportive, ed alle attività culturali del luogo di dimora, nonché aderire alle associazioni ricreative e sportive nei luoghi di residenza o di dimora.

L'obiettivo è la messa in atto di politiche e strumenti attraverso cui i titolari di protezione fin da subito si possano esprimere come attori protagonisti nei luoghi in cui vivono.
In particolare:

Potenziare le iniziative di volontariato già presenti in molte realtà locali per facilitarne la loro diffusione su tutto il territorio nazionale anche in base alle ultime novità normative in materia.

Includere, in un nuovo patto di accoglienza da stipularsi con le persone accolte, l'opportunità di partecipare a iniziative solidali (volontariato, lavori di pubblica utilità, servizio civile) quali strumenti utili al percorso d'integrazione, esplorando anche la possibilità di avviare progettazioni sperimentali su lavori di utilità sociale, da attuare in enti pubblici e non-profit.

Mettere a sistema, coinvolgendo la società civile, occasioni d'incontro e socializzazione fra rifugiati e autoctoni supportando anche forme di associazionismo delle persone accolte.

Attivare percorsi di socializzazione riservati ai minori accolti tramite l'accesso ad attività sportive utilizzando le opportunità esistenti (Protocollo Ministero dell'Interno-CONI) e individuando nuovi interventi.

Favorire il contributo dei titolari, in forma singola o associata, nella definizione delle politiche sull'asilo come la loro partecipazione nei Consigli territoriali per l'immigrazione.

Promuovere attività nell'ambito dell'arte e dello spettacolo nelle quali partecipino attivamente cittadini italiani e titolari di protezione.

6. COMUNICAZIONE ISTITUZIONALE E SENSIBILIZZAZIONE

Il processo d'integrazione può trarre un impulso significativo da una rafforzata comunicazione istituzionale. Risulta urgente adottare strategie di comunicazione che favoriscano il dialogo fra i titolari e le comunità ospitanti demolendo le false rappresentazioni. É importante che i vari livelli di governo - nazionale, regionale e locale - sviluppino un'attività di comunicazione strutturata e coordinata sia verso i titolari di protezione che verso la cittadinanza, avviando nello stesso tempo un'azione di comunicazione interna tra i soggetti istituzionali che, a vario titolo, sono competenti in tema d'inclusione sociale.

Per sostenere una corretta informazione, nel rispetto della Carta di Roma e per contrastare rappresentazioni che alimentano razzismo, xenofobia e discriminazione l'obiettivo è:

Istituire un gruppo di lavoro con le amministrazioni interessate che pianifichi una strategia unitaria di comunicazione che coinvolga la società civile e il mondo del volontariato, le federazioni sportive e le associazioni culturali, includendo anche atleti e artisti come testimonial.

Unire in questa strategia di comunicazione le tre giornate istituzionali (il 21 Marzo – Giornata Mondiale per l'eliminazione delle discriminazioni razziali, il 20 Giugno – Giornata Mondiale del Rifugiato e il 3 Ottobre – Giornata Mondiale della memoria e dell'accoglienza) in un unico percorso narrativo.

Promuovere campagne di comunicazione e strutturare azioni di counter speech (discorso generato dall'odio) sui social media e social network che contrastino il fenomeno dell'hate speech (incitazione all'odio) e favoriscano una contro-narrazione.

7. IMPLEMENTAZIONE E MONITORAGGIO DEGLI INTERVENTI

Le priorità programmatiche incluse in questo Piano non possono essere esaustive nel rispondere alle molteplici necessità dei titolari di protezione internazionale in Italia. Rappresentano, per un inizio e sono il risultato di un importante lavoro svolto in cooperazione con tutte le amministrazioni competenti. Nel loro insieme, rappresentano un'impostazione che sarà sviluppata in futuro sulla base delle lezioni e delle criticità che emergeranno dell'implementazione.

Questo Piano rappresenta quindi il primo passaggio nella costruzione di un sistema integrazione in Italia, e identifica le priorità necessarie per favorire una maggiore integrazione dei titolari di protezione internazionale. Si è consapevoli del fatto che l'integrazione richiede tempo, energie e competenze, proprio perché riguarda vari settori d'intervento che devono coinvolgere in un circolo virtuoso tutte le amministrazioni nazionali, regionali e territoriali.

Al fine di dare continuità al lavoro svolto sino ad oggi, e che ha permesso la stesura di questo Piano, si istituirà un Tavolo Integrazione che seguirà l'implementazione e il monitoraggio dell'attuazione degli interventi proposti. Il Tavolo Integrazione svolgerà tale funzione avvalendosi del supporto dei tavoli regionali, che come stabilito dalle linee d'indirizzo predisposte dal Ministero dell'Interno: "nel loro ambito di competenza, esercitano il monitoraggio sull'attuazione del Piano Nazionale Integrazione e di tutti gli altri Piani o programmi adottati dal Tavolo di coordinamento nazionale. I tavoli regionali inviano annualmente una relazione sull'attività svolta nel corso dell'anno, entro il 15 gennaio dell'anno successivo, che include osservazioni e proposte al Tavolo di Coordinamento Nazionale, anche al fine di contribuire alla stesura del Piano Integrazione, tenuto conto delle iniziative assunte dai Consigli territoriali per l'immigrazione".

L'obiettivo è quello di rafforzare la governance del "sistema di integrazione", potenziando il dialogo inter-istituzionale, oltre che tra centro e territorio, anche tra i vari dicasteri a livello nazionale, i differenti assessorati a livello regionale e comunale, le amministrazioni territoriali e le Prefetture, tra gli attori istituzionali e gli interlocutori del terzo settore.

In particolare, il Tavolo Integrazione potrà svolgere un ruolo di supporto del Tavolo di Coordinamento Nazionale nella predisposizione di linee di indirizzo per l'implementazione del Piano da inviare ai tavoli regionali, con il coinvolgimento dei Consigli Territoriali per l'immigrazione, identificando gli obiettivi e le attività da sviluppare nel biennio di riferimento.

Lo sviluppo del Piano d'Integrazione avrà, quindi, una forte dimensione locale, per tale ragione i tavoli regionali e i consigli territoriali per l'immigrazione avranno un ruolo nel raccordo del Piano. Verrà, inoltre, esplorata l'opportunità di costruire in alcune regioni un progetto pilota di supporto al territorio nello sviluppo di un Piano Regionale.

Il Tavolo Integrazione, inoltre, potrà svolgere un ruolo di raccordo tra le amministrazioni centrali e quelle periferiche nella predisposizione della Campagna di Comunicazione istituzionale proposta nel capitolo 6.

Il Tavolo Integrazione strutturerà, altresì, un Piano di monitoraggio con i seguenti obiettivi:

> *valorizzare i risultati raggiunti e gli interventi effettuati a livello nazionale, regionale e locale in relazione ai bisogni e alle priorità programmatiche segnalate nel Piano Nazionale;*

> *rilevare dati quantitativi e qualitativi che permettano di avere indicazioni utili per un'analisi delle condizioni dell'integrazione dei titolari di protezione;*

> *identificare esperienze significative e aree di maggiore criticità in relazione alla diversa tipologia delle azioni individuate nel Piano;*

> *dare un supporto alle attività decisionali, a livello centrale e sul territorio.*

La fase di monitoraggio dovrà rappresentare un momento di verifica di quanto il Piano abbia colto priorità e ispirato buone prassi per l'integrazione nel biennio d'interesse, ma anche per il rilancio di nuove aree d'intervento in futuro. I risultati del monitoraggio, infatti, dovranno essere presi in considerazione per la stesura del secondo Piano Nazionale Integrazione per il successivo biennio.

8. RISORSE FINANZIARIE ATTIVABILI

Il sostegno finanziario agli interventi previsti dal Piano - percorsi d'inclusione sociale, di partecipazione, azioni per l'informazione e per il contrasto alla discriminazione - proviene prevalentemente dai fondi europei, con cui sono state già avviate, ed anche realizzate, talune progettualità volte a superare la condizione di svantaggio e vulnerabilità che caratterizza i titolari di protezione internazionale.

La programmazione comunitaria dei fondi 2014-2020 prevede diversi strumenti finanziari che possono supportare il processo di integrazione, quali il Fondo Asilo Migrazione e

Integrazione (FAMI), il Fondo Sociale Europeo (FSE), il Fondo per lo Sviluppo Regionale (FESR).

Oggi l'obiettivo prioritario da perseguire è quello di mettere in relazione sinergica le diverse progettualità realizzate con i predetti fondi per utilizzare al meglio le risorse finanziarie attivabili, superando la settorialità di programmazione che può condurre alla discontinuità ed anche alla duplicazione degli interventi. Il luogo deputato per sviluppare la strategia da seguire e la pianificazione degli interventi è proprio il Tavolo Integrazione che nasce con questo Piano e che prevede la compresenza degli attori istituzionali competenti in modo da definire congiuntamente le priorità di realizzazione delle linee di intervento.

Attesa la sua composizione trasversale può senz'altro concorrere a dare maggiore uniformità alle azioni a livello nazionale e regionale, armonizzando nel quadro delle azioni fissate dal Tavolo di Coordinamento Nazionale, l'utilizzo delle risorse nella realizzazione di un disegno condiviso e favorendo, così, l'utilizzo complementare dei fondi stessi. Il dialogo inter-istituzionale e intersettoriale fra Amministrazioni centrali, Regioni e Enti locali, con le linee d'intervento programmate dal Piano, diventa, così, il cardine di una "politica integrata" capace di fornire risposte concrete ai molteplici fabbisogni (scuola, lavoro, salute, accesso ai servizi) e trovando, anche, supporto nella riprogrammazione dei fondi comunitari, rivisitata proprio in virtù degli obiettivi del Piano stesso.

<u>Fondo Asilo Migrazione e Integrazione (FAMI)</u>, gestito dal Dipartimento per le libertà civili e l'immigrazione del Ministero dell'Interno, dà la possibilità di costruire un percorso di integrazione in base alle linee fondamentali del Piano.

Si passa dalla formazione linguistica, base essenziale e porta d'accesso all'effettiva partecipazione alla vita pubblica, all'inserimento socio-lavorativo, che assume un rilievo centrale quale componente del processo di integrazione e realizzazione personale, con servizi di orientamento e accompagnamento all'inserimento stesso, ivi compresa la possibilità di partecipare al Servizio Civile Nazionale. Anche l'accesso all'assistenza sanitaria può essere potenziato utilizzando specifici progetti con azioni per la tutela della salute dei titolari di protezione portatori di specifiche vulnerabilità psico-fisiche.

Una linea di intervento dedicata e privilegiata è prevista dal FAMI, per le categorie vulnerabili, in particolare donne, anche vittime di tratta, e minori stranieri non accompagnati, a partire già dalla fase di accoglienza. Infine, trovano spazio finanziamenti per azioni di prevenzione e contrasto alle discriminazioni così come per i servizi di informazione, indispensabili per rendere fruibili e trasparenti le politiche governative di inclusione e per far crescere nei beneficiari la consapevolezza di far parte integrante del paese che ha dato loro accoglienza.

<u>Misure Emergenziali</u>

La Commissione Europea ha, di recente, messo a disposizione <u>100 milioni di euro</u> a valere sulle Misure Emergenziali del Fondo Asilo Migrazione e Integrazione che potranno essere utilizzati per iniziative rivolte a sostenere l'integrazione con progetti provenienti dagli enti territoriali, in coerenza cn le priorità individuate nel Piano.

<u>Fondo Sociale Europeo (FSE) e Fondo Europeo per lo Sviluppo Regionale (FESR)</u>

Le risorse rese disponibili da tali fondi sono state ripartite nell'ambito dei programmi operativi nazionali e regionali di varie Amministrazioni. Ci consente una poliedrica attenzione al tema dell'integrazione, nelle diverse specificità delle amministrazioni che se ne occupano.

In particolare:

Il <u>PON Legalità</u>, gestito dal Dipartimento della Pubblica Sicurezza del Ministero dell'Interno, che prevede interventi per promuovere l'inclusione sociale ed economica nelle regioni meno sviluppate. Il programma prevede la possibilità di finanziare (con il FESR) strutture e servizi finalizzati all'inclusione sociale. Una delle Linee di Azione mira a sviluppare, promuovere e rafforzare i processi di integrazione nel tessuto sociale delle fasce marginalizzate degli immigrati regolari, ivi compresi titolari di protezione internazionale, mediante percorsi di integrazione sociale per il completamento dei servizi di base (servizi di alfabetizzazione, assistenza sanitaria, orientamento legale ed amministrativo e formazione di base) già erogati con altre fonti di finanziamento (es. fondi ordinari, fondo FAMI) che comprendono servizi di formazione professionale, di orientamento al lavoro e avvio di startup; servizi di orientamento alle prospettive future del mercato del lavoro italiano e servizi per agevolare l'incontro tra domanda e offerta alloggiativa.

I <u>PON "Inclusione" e PON "Sistemi di politiche attive per l'occupazione"</u> gestiti dal Ministero del Lavoro e delle Politiche Sociali che prevedono l'implementazione di politiche attive per l'integrazione nel mercato del lavoro dei beneficiari di protezione internazionale e dei MSNA (tirocini, corsi di formazione). Anche in questo caso, sono misure di accompagnamento al FAMI nelle tematiche dell'integrazione, nonché misure per il contrasto alla discriminazione.

Il PON "Per la Scuola"

Il programma è gestito dal Ministero dell'Istruzione, dell'Università e della Ricerca e prevede azioni per l'innalzamento del livello di istruzione della popolazione adulta ivi compresi corsi di alfabetizzazione per stranieri nonché interventi per la riduzione del fallimento formativo e della dispersione scolastica e formativa degli studenti anche stranieri. In un'ottica di complementarietà si aggiungono le risorse nazionali che finanziano le attività degli enti territoriali nel cui ambito il titolare di protezione fruisce di interventi e servizi:

il Fondo nazionale per le politiche e i servizi dell'asilo, gestito dal Dipartimento per le libertà civili e l'immigrazione del Ministero dell'Interno, al fine di assicurare, nell'ambito della rete SPRAR, il finanziamento dei servizi di accoglienza e prima integrazione.

Il Fondo nazionale politiche sociali, a titolarità del Ministero del Lavoro e delle Politiche Sociali, viene suddiviso fra le Regioni e contribuisce insieme ai fondi degli enti territoriali alla presa in carico sociale.

Il Fondo nazionale per le politiche migratorie, a titolarità del Ministero del Lavoro e delle Politiche Sociali, che rappresenta una quota parte del Fondo Nazionale per le politiche sociali, in complementarietà ed in coerenza con i Programmi nazionali, destina risorse per interventi a favore dell'integrazione dei titolari di protezione internazionale, in aggiunta a quanto già eventualmente previsto nei programmi operativi regionali e nei Piani regionali.

Il Fondo sanitario nazionale, a titolarità del Ministero della Salute che contribuisce insieme ai fondi degli enti territoriali alla presa in carico sanitaria."

Esiste un Islam italiano?

..tutti hanno diritto di professare liberamente la propria fede religiosa in qualsiasi forma, individuale o associata, di farne propaganda e di esercitarne in privato o in pubblico il culto, purché non si tratti di riti contrari al buon costume.
Art 19 Costituzione Italiana

Poiché la maggior parte delle persone che giungono sul nostro territorio come migranti sono di fede islamica ci siamo chiesti se fosse possibile un dialogo inter-religioso con le persone di religione islamica presupposto per la loro integrazione nel nostro paese.

Patto nazionale per un Islam italiano
Il dialogo interculturale e interreligioso prevede occasioni di incontro, confronto e scambio reciproco nelle comunità, prevenire e contrastare il diffondersi di fenomeni di razzismo e, in particolare, di islamofobia.
Le comunità di fede possono così rappresentare i luoghi privilegiati dell'attuazione delle politiche di integrazione.
Nel febbraio 2017 è stato sottoscritto il Patto nazionale per un Islam italiano, espressione di una comunità aperta, integrata e aderente ai valori e ai principi dell'ordinamento statale.

Riportiamo di seguito il testo integrale del Patto nazionale per un Islam italiano[75]
"PATTO NAZIONALE PER UN ISLAM ITALIANO, ESPRESSIONE DI UNA COMUNITÀ APERTA, INTEGRATA E ADERENTE AI VALORI E PRINCIPI DELL'ORDINAMENTO STATALE
Redatto con la collaborazione del Consiglio per i rapporti con l'Islam italiano Recepito dal Ministero dell'interno I rappresentanti delle associazioni e delle comunità islamiche chiamati a far parte del Tavolo di confronto presso il Ministero dell'interno

---

[75] *Il Ministro dell'Interno: per il Consiglio per le relazioni con l'islam italiano: Le Organizzazioni islamiche: C.I.I. U.A.M.I. A.D.M.I. C.I.C.I. ASS.NE CHEIKH AHMADOU BAMBA A.I.PAKISTANA "MUHAMMADIAH".*

Richiamato il principio supremo di laicità dello Stato quale "garanzia della libertà di religione in regime di pluralismo confessionale e culturale";

Visti gli articoli 2,3,8 e 19 della Costituzione volti a: - riconoscere e garantire "i diritti inviolabili dell'uomo sia come singolo sia nelle formazioni sociali ove si svolge la sua personalità" e richiedere "l'adempimento dei doveri inderogabili di solidarietà politica, economica e sociale" (art. 2);

stabilire "l'uguaglianza dei cittadini davanti alla legge, senza distinzione di sesso, di razza, di lingua, di religione, di opinioni politiche, di condizioni personali e sociali" (art.3);

stabilire che "tutte le confessioni religiose sono egualmente libere davanti alla legge" e "hanno diritto di organizzarsi secondo i propri statuti, in quanto non contrastino con l'ordinamento giuridico italiano" (art. 8);

affermare che "tutti hanno diritto di professare liberamente la propria fede religiosa in qualsiasi forma, individuale o associata, di farne propaganda e di esercitarne in privato o in pubblico il culto, purché non si tratti di riti contrari al buon costume" (art. 19);

Visti la legge n. 1159/1929, recante "Disposizioni sull'esercizio dei culti ammessi nello Stato e sul matrimonio celebrato davanti ai ministri dei culti medesimi" e il R. D. 28 febbraio 1930, n. 289, recante "Norme per l'attuazione della legge n. 1159/1929, sui culti ammessi nello Stato e per coordinamento di essa con le altre leggi dello Stato";

Considerata la presenza rilevante anche in Italia di un "nuovo pluralismo religioso" che comprende numerose associazioni, cittadini e residenti che nel rispetto della Costituzione fanno riferimento alla religione islamica;

Ritenuto di dover contribuire a favorire la convivenza armoniosa e costruttiva tra le diverse comunità religiose per consolidare la coesione sociale e promuovere processi di integrazione;

Considerato il ruolo rilevante che le associazioni islamiche svolgono nell'azione di contrasto a ogni espressione di radicalismo religioso posta in essere attraverso propaganda, azioni e strategie contrarie all'ordinamento dello Stato; • Ritenuto proficuo il dialogo da tempo instaurato con le Istituzioni italiane e, in particolare, con il Ministero dell'Interno;

Preso atto del lavoro preliminare compiuto presso il Ministero dall'Interno dal Consiglio per i Rapporti con l'Islam italiano;

si impegnano a:

1.   Favorire lo sviluppo e la crescita del dialogo e del confronto con il Ministero dell'Interno, con il contributo del Consiglio per i Rapporti con l'Islam italiano;

2.   Proseguire nell'azione di contrasto dei fenomeni di radicalismo religioso, anche attraverso forme di collaborazione che offrano alle autorità e alle istituzioni strumenti di interpretazione di un fenomeno che minaccia la sicurezza della collettività, ivi compresi cittadini e residenti di fede islamica;

3.   Promuovere un processo di organizzazione giuridica delle associazioni islamiche in armonia con la normativa vigente in tema di libertà religiosa e con i principi dell'ordinamento giuridico dello Stato;

4.   Promuovere la formazione di imam e guide religiose che, in considerazione del ruolo specifico e delicato che rivestono nelle comunità di riferimento e delle funzioni che possono essere chiamati a svolgere in luoghi come ospedali, centri di accoglienza, istituti di pena etc., possano anche assumere il ruolo di efficaci mediatori per assicurare la piena attuazione dei principi civili di convivenza, laicità dello Stato, legalità, parità dei diritti tra uomo e donna, in un contesto caratterizzato dal pluralismo confessionale e culturale;

5.   Proseguire nell'organizzazione di eventi pubblici che attestino l'efficacia del dialogo interculturale sia valorizzando il contributo del patrimonio spirituale e culturale della tradizione islamica alla vita della società italiana, sia nella costruzione di percorsi di integrazione degli immigrati musulmani e di contrasto al radicalismo e al fanatismo religioso, agendo in sinergia con le istituzioni italiane. In tale ottica particolare rilevanza assumerà il ruolo delle giovani generazioni;

6.   Favorire le condizioni prodromiche all'avvio di negoziati volti al raggiungimento di Intese ai sensi dell'art. 8, comma 3, della Costituzione;

7.   Proseguire nell'impegno di garantire che i luoghi di preghiera e di culto mantengano standard decorosi e rispettosi delle norme vigenti (in materia di sicurezza e di edilizia) e che tali sedi possano essere accessibili a visitatori non musulmani, anche attraverso programmi di apertura e di visite guidate dei centri islamici da parte di persone con competenze pedagogico-didattiche e comunicative, attente a valorizzare le occasioni di scambio e dialogo con la comunità civile locale;

8.   Facilitare i contatti e le relazioni delle Istituzioni e della società civile con le associazioni islamiche, rendendo pubblici nomi e recapiti di imam, guide religiose e personalità in grado di svolgere efficacemente un ruolo di mediazione tra la loro comunità e la realtà sociale e civile circostante;

9.   Adoperarsi concretamente affinché il sermone del venerdì sia svolto o tradotto in italiano, ferme restando le forme rituali originarie nella celebrazione del rito, così come le comunicazioni sulla vita della comunità o dell'associazione; 10.   Assicurare massima trasparenza nella gestione e documentazione dei finanziamenti, ricevuti, dall'Italia o dall'estero, da destinare alla costruzione e alla gestione di moschee e luoghi di preghiera;

Il Ministero rinnova l'intendimento a:

1.   Sostenere e promuovere, in collaborazione con le associazioni Islamiche, eventi pubblici intesi a rafforzare ed approfondire il dialogo tra le Istituzioni e la comunità islamica, valorizzando il contributo del patrimonio spirituale, culturale e sociale che le comunità musulmane offrono al Paese, favorendo percorsi di integrazione degli immigrati musulmani e contrastando il radicalismo e il fanatismo religioso;

2.   Valorizzare i programmi e le azioni avviati tramite il Dipartimento per le libertà civili e l'immigrazione - Direzione centrale per gli Affari dei Culti;

3.   Favorire specifici percorsi volti a supportare le associazioni islamiche nella elaborazione di modelli statutari coerenti con l'ordinamento giuridico italiano anche ai fini di eventuali richieste di riconoscimento giuridico degli Enti come enti morali di culto (ex l. 1159/1929 e il R. D. 28 febbraio 1930, n. 289) da parte delle "Associazioni Islamiche" ovvero di istanze di riconoscimento dei ministri di culto islamici, ai sensi dell'art. 3 della legge 1159/1929;

4.   Considerare la rilevanza del nuovo pluralismo religioso, in coerenza con il quadro normativo di riferimento nazionale e comunitario e con gli attuali orientamenti giurisprudenziali della Corte Europea per i diritti dell'uomo;

5.   Consolidare le esperienze formative per ministri di culto di confessioni prive di intesa, in linea con quella già avviate dal Dipartimento per le libertà civili e l'immigrazione - Direzione centrale per gli Affari dei Culti;

6.   Favorire l'organizzazione, d'intesa con le associazioni e Comunità islamiche partecipanti al Tavolo di confronto, il Consiglio per le relazioni con l'Islam e alcune Università, corsi di formazione per i ministri di culto musulmani;

7.   Estendere sul territorio l'esperienza, positivamente sperimentata in alcune aree, della costituzione dei "tavoli interreligiosi" all'interno dei Consigli territoriali per l'immigrazione delle Prefetture, in modo da offrire anche all'islam italiano uno spazio di confronto diretto con le Istituzioni locali;

8.   Avviare un programma per la predisposizione e distribuzione di kit informativi di base in varie lingue concernenti regole e principi dell'ordinamento dello Stato unitamente alla normativa in materia di libertà religiosa e di culto;

9.   Programmare uno o più incontri di rilievo nazionale e pubblico tra le Istituzioni e i giovani musulmani in tema di cittadinanza attiva, dialogo interculturale e contrasto all'islamofobia, al fondamentalismo e alla violenza ecc.;

10.   Promuovere una conferenza con l'ANCI dedicata al tema dei luoghi di culto islamici in cui richiamare il diritto alla libertà religiosa che si esprime anche nella disponibilità di sedi adeguate e quindi di aree destinate all'apertura o alla costruzione di luoghi di culto nel rispetto delle normative in materia urbanistica di sicurezza igiene e sanità, dei principi costituzionali e delle linee guida europee in materia di libertà religiosa. In tale ottica saranno incoraggiate analoghe iniziative a livello territoriale soprattutto nelle realtà dove si registrano eventuali criticità."

"

Bibliografia

1. American Psychiatric Association. *Diagnostic and Statistic Manual of Mental Disorders, V Edition*. American Psychiatric Association, Washington, DC. 2013.
2. Aragona M, e Geraci S, *Quando le ferite sono invisibili. (Vittime di tortura e strategie di cura)*. 2014.
3. Pendragon Bachtin M, *Estetica e romanzo. Teoria e storia del discorso narrativo*. Einaudi: Torino. 1997.
4. Beneduce R, *Sofferenza mentale e alterità fra storia, dominio e cultura*. Carrocci. 2007.
5. Bessel V, *Stress traumatico. Gli effetti sulla mente, sul corpo e sulla società delle esperienze intollerabili*. Raffaello Cortina Editore. 2014.
6. Demetrio D, *Raccontarsi*. Cortina: Milano. 1996.
7. Farello P, Bianchi F, Laboratorio dell'autobiografia. Erickson Trento 2001.
8. Ferrari G, (10 dicembre 2004 - 13 maggio 2005). *L'asilo nella storia, Relazione tenuta all'Università degli Studi di Roma "La Sapienza", Facoltà di Scienze Politiche, Cattedra di Diritto Internazionale, il 4 febbraio 2005, nell'ambito del XIII Corso Multidisciplinare Universitario Migrazione ed asilo: Unione Europea ed area mediterranea*
9. Frankl V, *Uno psicologo nel Lager*. Ares: Milano. 1975.
10. Lanzerini F, *Asilo e diritti umani, l'evoluzione del diritto d'asilo nei diritti umani*. Giuffrè editore: Milano. 2009.
11. Levi P, *Se questo è un uomo*. Einaudi: Torino. 1947.
12. Mazzetti M, *Strappare le radici. Psicologia e Psicopatologia di donne e uomini che migrano*. L'Harmattan Italia: Torino. 1996.
13. Pennebaker WJ, *Scrivi cosa ti dice il cuore, autoriflessione e crescita personale attraverso la scrittura di sé*. Erickson. 2015.
14. Sironi F, *Boureaux et Victimes. Psycologie de la Torture*. Odile Giacob: Paris. 1999.

15. Che cos'era il "Passaporto Nansen "?, in Focus, n°64, febbraio 2012, p. 66.

16. Assente E, *Enzo Jannacci, il poeta che non vuole vivere da artista*, Milano, Giornale La Repubblica, 2013.Autori vari, *Non solo curare, ma prendersi cura*, Milano, Conferenza OMeCeO Milano, 2016.

17. Barbieri, G, Pennini, A, *Le responsabilità del coordinatore delle professioni sanitarie*, Milano, Mc Graw Hill, 2011.

18. Lazzarottio P, Presbitero F, Ortles, da *"dormitorio modello a Casa dell'Accoglienza"*, Milano, Edizioni biografiche, 2009.

19. Pontello G, *Management infermieristico*, Milano, Masson, 1998.

20. Geri C, Il percorso di una social application: *"Anziani più Convolti & Più Sicuri"*, Milani, Bollettino Cardiologico, 2014.

21. Bandura A, *Aggression: a social learning analysis*, Prentice-Hall Englewood Cliff, New York. 1973.

22. Dal Lago A, *Non persone. L'esclusione dei migranti in una società globale,* Feltrinelli, Milano, 1999.

23. Miller D, et al. The hypothesis suggests that the failure to obtain a desired or expected goal leads to aggressive behavior. *Frustration and aggression*, Yale University Press, New Haven, 1939.

24. Milgram S, *Behavioral study of obedience*. Journal of Abnormal and Social Psychology, 67, 371-378, 1963.

25. Milgram S, *Obedience to Authority*. New York: Harper & Row. 1974.

26. Miller Berkowitz L, The frustration-aggression hypothesis revisited, in: Berokowitz (ed.), Roots of aggression, Atherton Press, New York, 1969.Lewin K, Lippitt R, e White R, "Patterns of aggressive behaviour in experimentally created social climates", Journal of Social Psychologt", 10: 271-299, 1939.

27. Skinner BF, Beyond Freedom and Dignity. Hackett, Indiana, 1971.

28. Wacquant L, Parola d'ordine: tolleranza zero. La trasformazione dello stato penale nella società neoliberale, Milano, Feltrinelli, 2000.

29. Meltzer D, Harris M, *Il ruolo educativo della famiglia. Un modello psicoanalitico del processo di apprendimento*, tr. it. Torino, Centro Scientifico Editore, 1986.

30. Zuccari F, *Senza dimora: un popolo invisibile, una sfida per il servizio sociale, Carocci, Roma 2007.*

31. Bonadonna F, *Il nome del barbone. Vita di strada e povertà estreme in Italia*, Derive Approdi, Roma, 2005.

32. Schmitt J, C, *La storia dei marginali*, in Jacques Le Goff (a cura di) "La nuova storia", Mondadori, Milano, 1980.

33. Grinberg L, Grinberg R, (1990), *Psicoanalisi dell'emigrazione e dell'esilio*, tr. it. Milano, Angeli, 1990.

34. Giovannetti M, *L'accoglienza incompiuta. Le politiche dei comuni italiani verso un sistema di protezione nazionale per i minori stranieri non accompagnati, Collana studi e ricerche Anci, Il Mulino, Bologna 2008.*

35. Impagliazzo M, *Il caso Zingari, Leonardo International* ed., Milano, 2008.

36. Castel R, *L'insicurezza sociale. Che significa essere protetti?* Einaudi, Torino, 2004.

37. Albanesi V, *Per una lettura dell'emarginazione*, Torino, 1985.

38. Winnicott D, *"Gioco e realtà"*, Armando Editore, Roma, 1974.

39. Achotegui J, *La depresión en los immigrantes: una perspectiva transcultural.* Editorial Mayo. Barcelona, 2002.

40. Grinberg L, e Grinberg R, *Psicoanalisi dell'Emigrazione e dell'Esilio*, Angeli, Milano, 1990.

41. BION WR, *Apprendere dall' esperienza*, Armando Armando, Roma 1972.

42. Moro MR, *Genitori in esilio*, Cortina, Milano 2002.

43. Moro MR, *Bambini di qui venuti da altrove*, Angeli, Milano 2005.

44. Schwartz SJ, Unger JB, Zamboanga BL, Szapocznik J, *Rethinking the concept of acculturation: Implications for theory and research.* American Psychologist Association 65, 273-251. 2010.

45. Caponi E, Agnello I, Stella A, *Famiglie migranti e servizi di salute mentale: alcuni temi che emergono da una prima revisione*

della letteratura scientifica. Psichiatria e Psicoterapia 2012. 31, 3, 170-185.

46. Ministero dell'interno. *Rapporto sulla criminalità in Italia. Analisi, Prevenzione, Contrasto.* 2009.

47. Suppa V, *Immigrazione e criminalità: considerazioni generali sul fenomeno - Ministero dell'Interno -* Relazione sulla presenza in Italia e sulle situazioni di irregolarità, 1997.

48. Medici Senza Frontiere, *"I frutti dell'ipocrisia. Storie di chi l'agricoltura la fa. Di nascosto"*, Rapporto MSF, 31 marzo 2005.

49. Clement DD, *La competenza Morale, Festival delle scienze "Ci sono sei condizioni affinché un essere umano sia ritenuto responsabile delle sue azioni. Sono esclusi bambini e dementi"* Il Sole 18.1.15.

50. Saad L, *Anti-Muslim sentiments faily commonplace*, in Gallup Poll News Service 10 agosto 2006, 27 dicembre 2007 da *http://www.gallup.com/poll/24073*.

51. Esposito JL, Mogahed D, *Tutto quello che dovresti sapere sull'Islam e che nessuno ti ha mai raccontato.* New compton editori, dicembre 2009.

52. Gallup Poll Editor, *the Gallup Poll the Islamic Word: subscriber report,* Gallup, Inc. Princeton, NJ 2002.

53. Miller A, *La rivolta del corpo. Come superare i danni di un'educazione violenta,* 2005.

54. Miller A, *Riprendersi la vita. I traumi infantili e l'origine del male,* 2009.

55. Freud A, *L'Io e i meccanismi di difesa"* Psycho, 1942.

56. Winnicot DW, *"Dal Luogo delle Origini"* 1971.

57. Winnicot DW, *"Gioco e realtà"* Roma: Armando, 1974.

58. Bowlby J, *Attaccamento e perdita* vol.1, vol.2, vol.3, 2000.

59. Bowlby J, *Costruzione e rottura dei legami affettivi* 2007.

60. Bowlby J, *Una base sicura* 1989.

61. Shore AN, *"I disturbi del sé. La disregolazione degli affetti"*, 1994.

62. Bonino S, Saglione G, *Aggressività e stili educativi familiari,* "Psicologia Contemporanea", 41, pp. 17-23, 1980.

63. Cirillo S, *"la famiglia maltrattante"* Raffaello Cortina ed 1989.

64. Williams FP, *"Devianza e criminalità"* il mulino 1994.

65. Palmonari A, *"Aspetti cognitivi della socializzazione in età evolutiva"* il mulino 1978.

66. Ammaniti M, *"Manuale di psicopatologia dell'infanzia"* Raffaello Cortina ed 2001.

67. Aceranti A, et al *"Le Radici della Violenza"* in *"genesi del crimine violento"* con LUDES Gabrielli et al. 19.02.2013.

68. Aceranti A, et al *"Neurofsiologia e psicobiologia delle emozioni"* edizioni e EFBI, novembre 2015.

69. Aceranti A, et al *"Infanzia ed adolescenza"* edizioni e EFBI, marzo 2015.

70. Quirico D, *il paese del male*. Neri Pozza Bloom, 2013.

71. Adonis *violenza e islam* 2013.

72. Napoleoni L, *Lo stato del terrore*, Feltrinelli, 2014.

73. Mohahed D, *Islam, quello che nessuno ti ha mai raccontato*. New compton editori, 2009.

74. Il terrorismo Suicida Talal Asad, *Una chiave per comprendere le ragioni*. Raffaello cortina editore, 2009.

75. *Il Corano*, Newton Compton Editor, edizione 2015.

76. Blum A, Asal V, Wilkenfeld J, *Nonstate Actors, Terrorism, and Weapons of Mass Destruction, International Studies* Review, 7. 2005.

77. Speckhard A, & Ahkmedova K, *The Making of a Martyr: Chechen Suicide Terrorism, Studies in Conflict and Terrorism*, 29, 5, 1-65, 2006.

78. Speckhard A, *Soldiers for God: A Study of the Suicide Terrorists in the Moscow Hostage Taking Siege. The Roots of Terrorism: Contemporary Trends and Traditional Analysis*, Edited by Oliver McTernan, NATO Science Series, Bruxelles 2004.

79. Speckhard A, *ISIS and The Rise of Homegrown Terrorism in the West*, Security Solutions Magazine, 2015.

80. De Stefano C, Piacentini L, Saverio I, *I nuovi scenari del terrorismo internazionale di matrice jihadista*, Rubbettino Editore, Soveria Mannelli. Trento 2011.

81. *The Islamic Imagery Project. Visual Motifs in Jihadi Internet Propaganda, Combating Terrorism Center*, United States Military Academy, West Point. Combating Terrorism Center 2006.

82. Shea DA, e Gottron F, *Small-scale Terrorist Attacks Using Chemical and Biological Agents: An Assessment Framework and Preliminary Comparisons*, Congressional Research Service, Washington DC, 2004.

83. Gupta DK, *Toward an Integrated Behavioral Framework for Analyzing Terrorism: Individual Motivations to Group Dynamics*, Department of Political Science San Diego State University, San Diego, 2005.

84. Bakker E, *Forecasting the Unpredictable: A Review of Forecasts on Terrorism 2000 – 2012*, The International Centre for Counter-Terrorism, L'Aia. 2009.

85. Weimann G, *New Terrorism and New Media, Commons Lab of the Woodrow Wilson International Center for Scholars*, Washington DC. 2014.

86. Chaliand G, and Blin A, *The history of Terrorism from antiquity to Al qaeda (Edward Schneider, Kathr yn Pulver, e Jesse Browner, Trad.)*, University of California Press, Los Angeles. 2007.

87. Richardson HW, Gordon P, James E, II Moore *Global Business and the Terrorist Threat*, Edward Elgar Publishing, Northampton. 2009.

88. Saikia J, e Stepanova E, *Terrorism. Patterns of Internationalization, Sage Publications* India pvt, New Delhi, 2009.

89. Victoroff J, *The Mind of the Terrorist: A Review and Critique of Psychological Approaches*, The Journal of Conflict Resolution, 49, 1, 3-42, 2005.

90. Horgan J, *The Psychology of Terrorism*, Routledge, New York. 2005.

91. Matusitz J, *Terrorism and Communication A Critical Introduction*, Sage Publications, Thousand Oaks. 2013.

92. Borum R, *Psycohology of Terrorism*, University of South Florida, Tampa 2004.

93. Mowatt-Larssen R, *Al-Qaeda Weapons of Mass Destruction Threat: Hype or Reality?* Belfer Center, Harvard Kennedy School, (2010).

94. Rene A, *Larche Global Terrorism Issues and Developments.* Nova Science Publishers, Inc - New York, (2008).

95. Rex A, *The Sociology And Psychology Of Terrorism: Who Becomes A Terrorist and Why?*, Federal Research Division Library of Congress, University Press of the Pacific, Washington DC (2005).

96. Tinè S, *Historie de Girondins*, Del Prisma, Catania. (2012).

97. D'Auria S, *Intrecci criminali. Riciclaggio e terrorismo*, Gnosis, 1, 24-45, 2013.

98. Bowman S, *Weapons of Mass Destruction: The Terrorist Threat*, Congressional Research Service, Washington DC, 2002.

99. The National Counterterrorism Center Report on Terrorism 2011, Office of the Director of National Intelligence National Counterterrorism Center, Washington DC, 2011.

100. United Nations Office On Drugs And Crime The Use Of The Internet For Terrorist Purposes, United Nations, New York, 2012.

101. Seth Carus W, *Bioterrorism and Biocrimes. The Illicit Use of Biological Agents Since 1900*, Center for Counter proliferation Research National Defense University, Washington DC, 1998.

102. Laqueur W, *The New Terrorism. Fanaticism and the Arms of Mass Destruction*, Oxford University Press, Oxford, 1999.

103. Reich W, *Origins of Terrorism: Psychologies, Ideologies, Theologies, States of Mind*, Woodrow Wilson Center Press, Washington DC. 1998.

104. William E, *Terrorism and Mass Media, Communication Research Trends*, 21, 1. Biernatzki 2002.

105. UNDP, Rapporto su Lo Sviluppo Umano - Sradicare la Povertà, Rosenberg & Sellier, Torino 1997.

106. Commissione Europea, Comunicazione della Commissione al Consiglio, al Parlamento europeo, al Comitato economico e sociale europeo e al Comitato delle Regioni, Bruxelles 27.1.2005.

107. Istat, La povertà in Italia 2008, Statistiche in breve 2009.

108.	Ravaillon M, Chen S, Sangraula P, *New Evidence on the Urbanization of Global Poverty - Poverty and Inequality Research* - The World Bank 2007.

109.	UN Habitat, Global Urban Observatory, 2006.

110.	Istat, statistiche in breve, 29 dicembre 2009, Condizioni di vita e distribuzione del reddito in Italia Anno 2008.

111.	Curbet J, *Insicurezza, giustizia e ordine pubblico tra paure e pericoli*, Donzelli, Roma 2008.

112.	Franzini M, *Ricchi e poveri, l'Italia e le disuguaglianze inaccettabili*, Università Bocconi Editrice, Milano 2010.

113.	Giovannetti M, *L'accoglienza incompiuta. Le politiche dei comuni italiani verso un sistema di protezione nazionale per i minori stranieri non accompagnati*, Collana studi e ricerche Anci, Il Mulino, Bologna 2008.

114.	Castel R, *L'insicurezza sociale. Che significa essere protetti?* Einaudi, Torino 2004.

115.	Parlamento Europeo - Commissione per lo sviluppo regionale, Documento di lavoro sul ruolo della politica di coesione nell'integrazione delle comunità e dei gruppi vulnerabili, 12.2.2008.

116.	Layte R, e Whelan CT, *Cumulative disadvantage or individualisation? A comparative analysis poverty risk and incidence*, in "European Societies" 2002

117.	AA. VV., Quelli che non contano. Materiali di studio sull'emarginazione, Padova 1978

118.	Meltzer D, Harris M, (1983), *Il ruolo educativo della famiglia. Un modello psicoanalitico del processo di apprendimento*, tr. it. Torino, Centro Scientifico Editore, 1986.

119.	Zuccari F, *Senza dimora: un popolo invisibile, una sfida per il servizio sociale*, Carocci, Roma 2007.

120.	Bonadonna F, *Il nome del barbone. Vita di strada e povertà estreme in Italia*, Derive Approdi, Roma, 2005.

121.   Schmitt JC, *La storia dei marginali,* in Jacques Le Goff (a cura di) "La nuova storia", Mondadori, Milano, 1980.

122.   Grinberg L, Grinberg R, (1990), *Psicoanalisi dell'emigrazione e dell'esilio,* tr. it. Milano, Angeli, 1990.

123.   Giovannetti M, *L'accoglienza incompiuta. Le politiche dei comuni italiani verso un sistema di protezione nazionale per i minori stranieri non accompagnati,* Collana studi e ricerche Anci, Il Mulino, Bologna 2008.

124.   Impagliazzo M, *Il caso Zingari,* Leonardo International ed., Milano 2008.

125.   Castel R, *L'insicurezza sociale. Che significa essere protetti?* Einaudi, Torino 2004.

126.   Albanesi V, *Per una lettura dell'emarginazione,* Torino 1985

127.   Winnicott D, *"Gioco e realtà",* Armando Editore, Roma, 1974

128.   Achotegui J, 2002. *La depresión en los inmigrantes: una perspectiva transcultural.* Editorial Mayo. Barcelona

129.   Grinberg L, e Grinberg R, *Psicoanalisi dell'Emigrazione e dell'Esilio,* Angeli, Milano 1990

130.   BION WR, *Apprendere dall' esperienza,* Armando Armando, Roma 1972

131.   Moro M R, *Genitori in esilio,* Cortina, Milano 2002

132.   Moro M R, *Bambini di qui venuti da altrove,* Angeli, Milano 2005

133.   Schwartz SJ, Unger JB, Zamboanga BL, Szapocznik J 2010 Rethinking *the concept of acculturation: Implications for theory and research.* American Psychologist Assotiation 65, 273-251.

134.   Caponi E, Agnello I, Stella A, *Famiglie migranti e servizi di salute mentale: alcuni temi che emergono da una prima*

revisione della letteratura scientifica. Psichiatria e Psicoterapia 2012. 31, 3, 170-185.

Sitografia

1. Alain CHARBONNIER, Terrorismo: una definizione per una risposta adeguata, *http://gnosis.aisi.gov.it/gnosis/Rivista9.nsf/ServNavig/23* Url consultato 27 gennaio 2015.
2. Ali S. Khan,Alexandra M. Levitt e Michael J. Sage, Biological and Chemical Terrorism:Strategic Plan for Preparedness and Response *http://www.cdc.gov/mmwr/preview/mmwrhtml/rr4904a1.ht m* Url consultato il 3 febbraio 2015.
3. Amnesty International, Guantanamo: Un Decennio Di Violazioni Dei Diritti Umani *http://www.amnesty.ch/it/attualita/news/2012/stati-uniti-guantanamo-un-decennio-di-violazioni-dei-diritti-umani* Url 24 aprile 2015.
4. Andrew Pollack, Quanti misteri dietro l'azienda che produce il siero anti virus *http://ricerca.repubblica.it/repubblica/archivio/repubblica/2 014/08/22/quanti-misteri-dietro-lazienda-che-produce-il-siero-anti-virus08.html* Url consultato 13 aprile 2015.
5. Anti-Defamation League, International Terrorist Symbols Database, *http://archive.adl.org/terrorism/symbols/* Url consultato 23 febbraio 2015.
6. Arda Bilgen, Terrorism and the Media: A Dangerous Symbiosis *http://www.e-ir.info/2012/07/22/terrorism-and-the-media-a-dangerous-symbiosis/* Url consultato 13 aprile 2015.
7. Antonio Castaldo, Boston, bombe sulla maratona: tre mortiTra le vittime bimbo di 8 anni, aspettava il papà *http://www.corriere.it/esteri/13_aprile_15/boston-bombe-maratona_a4abd788-a601-11e2-956c-2114dad3bbcc.shtml* Url consultato 24 aprile 2015.

8. Cbsnews, U.S. underestimating threat of chemical terror attack, report says *http://www.cbsnews.com/news/u-s-underestimating-threat-of-chemical-terror-attack-report-says/* Url consultato 6 marzo 2015.

9. Ciro SBAILÒ, Definizione empirica e soluzioni temporanee Terrorismo contemporaneo nuove minacce e vecchi diritti, *http://gnosis.aisi.gov.it/gnosis/Rivista8.nsf/ServNavig/11* Url consultato il 27 gennaio 2015.

10. Claudia Benatti, Prefazione del libro: "Virus letali e terrorismo mediatico" *http://www.disinformazione.it/virusletali2.htm* Url consultato 20 febbraio 2015

11. Complexity Institute, Scenari complessi – Come si organizzano le cellule terroristiche?, *http://www.complexityinstitute.it/?p=7385* Url consultato il 23 gennaio 2015.

12. Corrieredellasera.it, Le nuovi armi del bioterrorismo *http://www.corriere.it/speciali/bioterrorismo/bioterrorismo.shtml* 20 febbraio 2015.

13. Daniela Grill, Dare la vita o perderla, le donne kamikaze in medio oriente *http://riforma.it/it/articolo/2014/10/10/dare-la-vita-o-perderla-le-donne-kamikaze-medio-oriente* Url consultato 17 aprile 2015.

14. Deborah Schurman-Kauflin, Profiling Terrorist Leaders. Common characteristics of terror leaders, *https://www.psychologytoday.com/blog/disturbed/201310/profiling-terrorist-leaders* Url consultato 9 febbraio 2015.

15. Drtomoconnor, Superterrorism and Weapons of Mass Destruction *http://www.drtomoconnor.com/3400/3400lect06b.htm* Url consultato 20 febbraio 2015.

16. Elena Zacchetti, Che cos'è L'ISIS, spiegato bene, *http://www.ilpost.it/2014/06/19/isis-iraq/* Url consultato il 27 gennaio 2015.

17. Elio Cogno, "L'uso di Internet per terroristi": il dossier Onu sulla 'propaganda' low cost *http://www.ilfattoquotidiano.it/2012/10/30/luso-di-*

internet-per-terroristi-dossier-onu-sulla-propaganda-low-cost/398106/ Url consultato 8 marzo 2015.

18. Emmanuela C. DEL RE, Strategie di contrasto. Profilo del potenziale terrorista, *http://gnosis.aisi.gov.it/gnosis/Rivista11.nsf/ServNavig/13* Url consultato Il 27 gennaio 2015.

19. Ennio Caretto, Superterroristi, incubo del 2000. " Colpiranno al cuore le citta' con gas, ordigni nucleari e batteriologici " *http://archiviostorico.corriere.it/1995/luglio/30/Superterroris ti_incubo_del_2000_co_0_9507307487.shtml* Url consultato 20 febbraio 2015.

20. Eugenio Dacrema e Silvia Favasuli, L'Isis parla la nostra lingua, per questo fa paura, *http://www.linkiesta.it/comunicazione-isis-carlo-freccero* Url consultato il 29 gennaio 2015.

21. Eutalio, Profilo psicologico di Osama Bin Laden *http://multescatola.com/lenciclopedia/profilo-psicologico-di-osama-bin-laden.html* Url consultato 15 aprile 2015.

22. Fatima Lahnait, Donne kamikaze, o della jihad al femminile *http://www.ossin.org/integralismo-terrorismo-/donne-kamikaze-o-della-jihad-al-femminile.html* Url consultato 15 aprile 2015.

23. Francesca Pierantozzi, Parigi, blitz contro i fratelli Kouachi: Lilian, il tipografo nascosto per 8 ore sotto il lavandino *http://www.ilmessaggero.it/PRIMOPIANO/ESTERI/parigi_blitz_fratelli_kouachi_lilian_tipografo_nascosto/notizie/11 12024.shtml* Url consultato 25 marzo 2015.

24. Francesco Matino, Il terrorismo si abbatte anche sull'ambiente: bracconaggio e mercato nero per finanziarsi *http://altrimondinews.it/2015/01/10/il-terrorismo-si-abbatte-anche-sullambiente-bracconaggio-e-mercato-nero-per-finanziarsi/#* Url consultato 17 aprile 2015.

25. Francesco Spinazzola, Virus Ebola, numeri e cause di un'epidemia *http://www.ilfattoquotidiano.it/2014/04/23/virus-ebola-numeri-e-cause-di-unepidemia/960832/* Url consultato 13 aprile 2015.

26. Gianluca ANSALONE, Una sfida a tutela della sicurezza. L'estremismo animalista *http://gnosis.aisi.gov.it/Gnosis/Rivista27.nsf/servnavig/15* Url consultato 13 aprile 2015.

27. Gianluigi CESTA, Islamico e islamista la commistione pericolosa. Al Qaeda e i Media strategie di comunicazione, *Http://gnosis.aisi.gov.it/gnosis/Rivista29.nsf/ServNavig/17* Url consultato 23 gennaio 2015.

28. Gnosis, Per Aspera Ad Veritatem n.25. Il nuovo terrorismo, *http://gnosis.aisi.gov.it/sito/Rivista25.nsf/servnavig/25* Url consultato 27 gennaio 2015.

29. Guidasicilia, Le strategie terroristiche di Cosa nostra *http://www.guidasicilia.it/le-strategie-terroristiche-di-cosa-nostra/news/151745* Url consultato 23 gennaio 2015.

30. Il Louvre con la Bibbia, Stele di vittoria e crudeltà assira, *http://www.louvrebibbia.it/index.php/louvrebible/default/article?id_article=141*Url Consultato 25 marzo 2015.

31. Il Messaggero, Isis, due francesi e un gallese tra i tagliatori di teste: riconosciuti in un video http://www.ilmessaggero.it/PRIMOPIANO/ESTERI/isis_francese_gallese_boia_jihadisti_riconosciuti_video/notizie/1016428.shtml Url consultato 10 aprile 2015.

32. Il Velino.it, Terrorismo è (anche) comunicazione: le strategie mediatiche da Al Qaeda all'Isis, *http://www.ilvelino.it/it/article/2015/01/17/terrorismo-e-anche-comunicazione-le-strategie-mediatiche-da-al-qaeda-a/4c5bac1c-3abf-48a7-8047-28958d961056/* Url consultato 23 gennaio 2015.

33. James F. Jarboe "The Threat of Eco-Terrorism" *http://www.fbi.gov/news/testimony/the-threat-of-eco-terrorism* Url consultato 10 aprile 2015.

34. Jennifer Delgado, Terrorismo: viaggio nella mente di un terrorista, *http://www.angolopsicologia.com/2012/12/terrorismo-viaggio-nella-mente-di-un.html* Url consultato 3 febbraio 2015.

35. La Republica, Il Sud non smette di bruciare 524 incendi: "Terrorismo ambientale"

http://www.repubblica.it/2007/06/sezioni/cronaca/incendi/ri epilogo-mercoledi/riepilogo-mercoledi.html Url consultato 10 aprile 2015.

36. Lettera 43, Isis contro al Qaeda per leadership terrore. Al Zawahiri spera nel al piano Usa contro al Baghdadi. Per rinascere in Afghanistan. Col mullah Omar.*http://www.lettera43.it/cronaca/isis-contro-al-qaeda-per-leadership-terrore_43675140474.htm* Url consultato 8 aprile 2015.

37. L'Huffington Post Strage di Nassiriya, 12 novembre 2003. Dieci anni fa l'attacco. Enrico Letta: "Memoria tragica, pensiero alle famiglie", *http://www.huffingtonpost.it/2013/11/12/strage-di-nassiriya-12-novembre-2003-dieci-anni_n_4258316.html* Url consultato 8 aprile 2015.

38. L'Huffington Post, Video pilota giordano arso vivo: incongruenze e errori dell'Isis nelle immagini dell'esecuzione di Muath Kasasbeh, *http://www.huffingtonpost.it/2015/02/05/video-pilota-giordano-arso-vivo-errori-isis_n_6619704.html* Url consultato 8 aprile 2015.

39. Library, Simbolismo del terrorismo *http://multescatola.com/biblioteca/computer/simbolismo-del-terrorismo.php* Url consultato 20 febbraio 2015.

40. Loretta Napoleoni, Isis: la 'tigre del terrorismo' si nutre di ossigeno mediatico *http://www.ilfattoquotidiano.it/2015/02/22/isis-tigre-terrorismo-si-nutre-ossigeno-mediatico/1445488/* Url consultato 13 aprile 2015.

41. Luigi Malerba, Il paradiso dei kamikaze, *http://ricerca.repubblica.it/repubblica/archivio/repubblica/2 001/11/01/il-paradiso-dei-kamikaze.html* url consultato il 17 aprile 2015.

42. Luis Enrique Martín Otero, Cambiamento Climatico e guerra ambientale. Un nuovo terrorismo? *http://www.geopolitica-rivista.org/24635/cambiamento-climatico-e-guerra-*

ambientale-un-nuovo-terrorismo/ Url consultato 10 aprile 2015.

43. Manuela De Luca, Se gli ambientalisti diventano come i terroristi dell'Isis *http://www.ecoreport.tv/se-gli-ambientalisti-diventano-come-i-terroristi-dellisis/* Url consultato 13 aprile 2015.

44. Marco Montemagno, Terrorismo online: le strategie internetiche utilizzate, *http://www.webisland.net/article1136.html* Url consultato 23 gennaio 2015

45. Maré Almani, Che cos'è il terrorismo? *http://finimondo.org/node/1252* Url consultato 26 gennaio 2015.

46. Maria Ciaramella, 213 miliardi di dollari l'anno, il business del terrorismo ambientale *http://www.slowfood.it/213-miliardi-di-dollari-lanno-il-business-del-terrorismo-ambientale/* Url consultato 10 aprile 2015.

47. Maria Gabriella Puglisi, Elefanti in via di estinzione, il WWF punta il dito sul terrorismo: armi in cambio di zanne *http://www.napolitime.it/64519-elefanti-in-via-di-estinzione-il-wwf-punta-il-dito-sul-terrorismo-armi-in-cambio-di-zanne.html* Url consultato 17 aprile 2015.

48. Maria Luisa Gargiulo, La Paura: che cos'è? *http://www.psychomedia.it/pm/grpind/sport/gargiulo4.htm* Url consultato 24 aprile 2015.

49. Maurizio Molinari, Isis, due francesi e un britannico fra i "boia" *http://www.lastampa.it/2014/11/17/esteri/isis-un-francese-e-un-britannico-fra-i-boia-8bI6Zaub14pDt51Q8iplBP/pagina.html* Url consultato 10 aprile 2015.

50. Mednat.org, Terrorismo Mediatico - Terrorismo Iatrogeno. Impotenza Del Suddito *http://www.mednat.org/terrorismo_mediatico.htm* Url consultato il 20 febbraio 2015.

51. NSW, Terrorist attacks using chemicals *https://www.secure.nsw.gov.au/For-business/Chemical-Security/Terrorist-attacks-using-chemicals.aspx* Url consultato 6 marzo 2015.

52. Patrick FORESTIER, Confessioni di un terrorista algerino. La sconvolgente testimonianza di un emiro del GIA, *http://gnosis.aisi.gov.it/sito/Rivista17.nsf/servnavig/26* Url consultato 27 gennaio 2015.
53. Peppe Ruggiero, La terra dei fuochi a nord di Napoli *http://www.nazioneindiana.com/2006/11/10/la-terra-dei-fuochi-a-nord-di-napoli/* Url consultato 10 aprile 2015.
54. Piccola Era Glaciale, L'Ecoterrorismo Di Green Peace https://piccolaeraglaciale.wordpress.com/2013/10/22/leco terrorismo-di-green-peace/ Url consultato 13 aprile 2015.
55. Rai Storia, Muore la brigatista rossa compagna Mara, *http://www.raistoria.rai.it/articoli/muore-la-brigatista-rossa-compagna-mara/13263/default.aspx* Url consultato 17 aprile 2015.
56. Resistenza Razionalista, A.L.F.ed Ecoterrorismo, *https://difesasperimentazioneanimale.wordpress.com/2014/01/15/ecoterrorismo/#comments* Url consultato 13 aprile 2015.
57. Riccardo Palma, Terrorismo Islamico: tra criminal profiling ed analisi sociologica del fenomeno *http://www.crimelist.it/index.php?option=com_content&task=view&id=792&Itemid=128* Url consultato 15 aprile 2015.
58. Richard K. Betts, The New Threat of Mass Destruction *http://www.foreignaffairs.com/articles/53599/richard-k-betts/the-new-threat-of-mass-destruction* Url consultato 4 marzo 2015.
59. Robert Johnston, Summary of historical attacks using chemical or biological weapons *http://www.johnstonsarchive.net/terrorism/chembioattacks.html* Url consultao 4 marzo 2015.
60. Rossana Miranda, Così le organizzazioni terroristiche sfruttano Internet, *http://www.formiche.net/2014/06/16/cosi-le-organizzazioni-terroristiche-sfruttano-internet/* Url consultato 8 aprile 2015.
61. Sergio Angeletti, I cercatori d'oro avvelenano l'amazonia, *http://archiviostorico.corriere.it/1994/gennaio/23/cercatori_oro_avvelenano_Amazzonia_co_0_9401231293.shtml* Url consultato il 13 aprile 2015.

62. Soraya Sarhaddi Nelson, Disabled Often Carry Out Afghan Suicide Missions *http://www.npr.org/templates/story/story.php?storyId=1527 6485* Url consultato 12 febbraio 2015.

63. Tgcom24, Nuova Zelanda, gli ecoterroristi: "Contamineremo il latte in polvere" *http://www.tgcom24.mediaset.it/mondo/nuova-zelanda-gli-ecoterroristi-contamineremo-il-latte-in-polvere-_2099921-201502a.shtml*. 13 aprile 2015.

64. The FBI, Terrorism 2002-2005, *http://www.fbi.gov/stats-services/publications/terrorism-2002-2005* Url consultato 3 febbraio 2015.

65. Tori DeAngelis, Understanding terrorism.Psychologists are amassing more concrete data on the factors that lead some people to terrorism—and using those insights to develop ways to thwart it *http://www.apa.org/monitor/2009/11/terrorism.aspx* Url consultato 9 febbraio 2015.

66. Ugo Leo, Che cos'è l'Ebola? Tutto quello che c'è da sapere sulla malattia *http://www.lastampa.it/2014/07/30/esteri/che-cos-lebola-tutto-quello-che-c-da-sapere-sulla-malattia-ycguIc9P4OZovUrDw9DNBL/pagina.html* Url consultao 13 aprile 2005.

67. Understanding terrorism, Terrorist personality and life experience *http://understanding-terrorism01.blogspot.it/2009/10/terrorist-personality-and-life.html* Url consultato 9 febbraio 2015.

68. Wikipedia, Anni di piombo, *http://it.wikipedia.org/wiki/Anni_di_piombo* Url consultato 26 gnnaio 2015.

69. Wikipedia, Antrace *http://it.wikipedia.org/wiki/Antrace* Url consultato 6 marzo 2015.

70. Wikipedia, Arma biologica *http://it.wikipedia.org/wiki/Arma_biologica* Url consultato 4 marzo 2015.

71. Wikipedia, Arma di distruzione di massa *http://it.wikipedia.org/wiki/Arma_di_distruzione_di_massa* Url consultao 4 marzo 2015.

72. Wikipedia, Arma radiogica http://it.wikipedia.org/wiki/Arma_radiologica Url consultato 4 marzo 2015.

73. Wikipedia, Armi chimiche http://it.wikipedia.org/wiki/Armi_chimiche Url consultato 4 marzo 2015.

74. Wikipedia, Attacchi all'antrace del 2001, *http://it.wikipedia.org/wiki/Attacchi_all%27antrace_del_20 01* Url consultato 17 aprile 2015.

75. Wikipedia, Attacco suicida *http://it.wikipedia.org/wiki/Attacco_suicida* Url consultato 12 febbraio 2015.

76. Wikipedia, Attentati del 7 luglio 2005 a Londra, Url consultato il 27 gennaio 2015.

77. Wikipedia, Attentati dell'11 marzo 2004 a Madrid, *http://it.wikipedia.org/wiki/Attentati_dell%2711_marzo_20 04_a_Madrid* Url consultato 27 gennaio 2015.

78. Wikipedia, Attentati dell'11 settembre 2001, *http://it.wikipedia.org/wiki/Attentati_dell%2711_settembre _2001* Url consultato 26 gennaio 2015.

79. Wikipedia, Attentato alla maratona di Boston. *http://it.wikipedia.org/wiki/Attentato_alla_maratona_di_B oston* Url consultato 8 aprile 2015.

80. Wikipedia, Attentato alla metropolitana di Tokyo, *http://it.wikipedia.org/wiki/Attentato_alla_metropolitana_ di_Tokyo* url consultato il 17 aprile 2015.

81. Wikipedia, Attentato alla sede di Charlie Hebdo, *http://it.wikipedia.org/wiki/Attentato_alla_sede_di_Charlie _Hebdo* Url consultato il 29 gennaio 2015.

82. Wikipedia, Bioterrorism *http://en.wikipedia.org/wiki/Bioterrorism* Url consultato 12 febbraio 2015.

83. Wikipedia, Bioterrorismo *http://it.wikipedia.org/wiki/Bioterrorismo* Url consultato 12 febbraio 2015.

84. Wikipedia, Bombardamenti atomici a Hiroshima e Nagasaki, *http://it.wikipedia.org/wiki/Bombardamenti_atomici_di_Hi roshima_e_Nagasaki* Url consultato 18 aprile 2015.
85. Wikipedia, Chemical terrorism *http://en.wikipedia.org/wiki/Chemical_terrorism* Url consultato 6 marzo 2015.
86. Wikipedia, Ecoterrorismo *http://it.wikipedia.org/wiki/Ecoterrorismo* Url consultato il 12 febbraio 2015.
87. Wikipedia, Environmental terrorism *http://en.wikipedia.org/wiki/Environmental_terrorism* Url consultato 10 aprile 2015.
88. Wikipedia, Greenpeace *http://it.wikipedia.org/wiki/Greenpeace* Url consultato 13 aprile 2015.
89. Wikipedia, Guerra in Afghanistan (1979-1989), *http://it.wikipedia.org/wiki/Guerra_in_Afghanistan_%2819 79-1989%29* Url consultato 17 aprile 2015.
90. Wikipedia, Kamikaze, *http://it.wikipedia.org/wiki/Kamikaze* Url consultato 17 aprile 2015.
91. Wikipedia, Kurdistan Workers' Party *http://en.wikipedia.org/wiki/Kurdistan_Workers%27_Party* Url consultato 24 febbraio 2015
92. Wikipedia, No TAV *http://it.wikipedia.org/wiki/No_TAV* Url consultato 13 aprile 2015.
93. Wikipedia, Suicide attack *http://it.wikipedia.org/wiki/Attacco_suicida* Url consultato 12 febbraio 2015.
94. Wikipedia, Tamil Eelam *http://it.wikipedia.org/wiki/Tamil_Eelam* Url consultato 24 febbraio 2015.
95. Wikipedia, Terra dei fuochi *http://it.wikipedia.org/wiki/Terra_dei_fuochi* Url consultato 10 aprile 2015.
96. Wikipedia, Terrorism, *http://en.wikipedia.org/wiki/Terrorism* Url consultato 9 febbraio 2015

97. Wikipedia, Terrorismo *http://it.wikipedia.org/wiki/Terrorismo* Url consultato 23 gennaio 2015.

98. Wikipedia, Theodore Kaczynski *http://it.wikipedia.org/wiki/Theodore_Kaczynski* Url consultato 4 marzo 2015.

99. Wikipedia, Tigri Tamil *http://it.wikipedia.org/wiki/Tigri_Tamil* Url consultato il 12 febbraio 2015.

100. Wikipedia, Tokyo subway sarin attack *http://en.wikipedia.org/wiki/Tokyo_subway_sarin_attack* Url consultato 6 marzo 2015.

101. Wikipedia, Unabomber *http://it.wikipedia.org/wiki/Unabomber* Url consultato 4 marzo 2015.

102. http://www.comune.milano.it/wps/portal/ist/it/servizi/Iniziative_e_Progetti.

103. http://www.evidencebasednursing.it/icm/seminario_2007.

104. http://www.medicivolontariitaliani.org. (2006).

105. **Bibliografia/Sitografia**

106. [1] www.psicologi-italiani.it

107. [2] **https://it.wikipedia.org**.

108. [3] Tratto da PsychologyToday

109. **https://www.psicologi-italiani.it/psicologi/area-pubblica/il-lavoro-dello-psicologo-e-dello-psicoterapeuta/cosa-motiva-la-promiscuita-sessuale.html**

110. [4] https://www.corrispondenzaromana.it/morale-la-promiscuita-sessuale-mette-a-serio-rischio-la-fertilita-e-la-salute/

111. [5] Sessuologia Medica – trattato di psicosessuologia, medicina della sessualità e salute della coppia – Milano 2017 Seconda edizione

112.   [6] Integrazione possibile? I edizione Gennaio 2018

113.   [7] ECDC Annual Epidemiological report. Respiratory Tract Infections-Tuberculosis 2014: Tuberculosis surveillance and   monitoring in Europe 2014.

114.   [8] Ministero della Salute. Dati pubblicati su Osservasalute 2014

115.   [9] Rapporto Ministero della Salute, 2008. Tubercolosi in Italia

116.   [10] Ministero della Salute. Dati pubblicati su Osservasalute 2014

117.   [11] Aggiornamento delle nuove diagnosi di infezione da HIV e dei casi di AIDS in Italia al 31 Dicembre 2013 Notiziario dell'Istituto Superiore di Sanità 2014. Supplemento 1 – Volume 27 – Numero 9

118.   [12] Ebola Situation Reports.

119.   [13] Henao-Restrepo AM, Longini IM, Egger M, et al. Efficacy and effectiveness of an rVSV-vectored vaccine expressing Ebola surface glycoprotein: interim results from the Guinea ring vaccination cluster-randomised trial. The Lancet 2015

120.   [14] Gnolfo F e Santone G. La fuga impossibile: il trauma continuo dei migranti forzati. Salute Internazionale 10.06.2009.

121.   [15] Ferite Invisibili: riabilitazione psico-sociale delle vittime di tortura, violenza e altri traumatismi psichici tra gli immigrati e i rifugiati. - **www.saluteinternazionale.info**

122.   [16] Francesco Castelli (Società Italiana di Medicina Tropicale e Salute Globale), Salvatore Geraci (Società Italiana di Medicine delle Migrazioni), Stella Egidi (Medici Senza Frontiere)

123.   [17] Sessuologia Medica – trattato di psicosessuologia, medicina della sessualità e salute della coppia – Milano 2017- Seconda edizione

124.   [18] Dichiarazione approvata a New York il 10 dicembre 1948 dall'Assemblea generale delle Nazioni Unite

125.   [19] Integrazione possibile? – I Edizione Gennaio 2018

126.   [20] Manuale di sessuologia in 2701 parole di Dino Cafaro

127.   [21] **www.consultoriautogestita.wordpress.com**

128.   [22] www.wikipedia.org/wiki/Durex

129.   [23] www.skuola.net

Autori

Andreas Aceranti, Psichiatra, Criminologo Clinico, specializzato in Analisi Comportamentale e Profiling al Trinity College di Londra, è Professore Associato di Psichiatria all'Università degli Studi di Lugano (LUdeS) di cui coordina il Centro di Criminologia. Consulente per la Procura e per le Forze dell'Ordine, esercita come formatore e dirige l'Unità Analisi Comportamentale dell'Istituto Europeo di Scienze Forensi e Biomediche.
Responsabile Scientifico dell'Istituto Leonardo Da Vinci di Bergamo, della scuola Synapsi per Osteopati e per MCB. Autore e coordinatore di numerose pubblicazioni.
È stato titolare della cattedra di Criminologia Clinica e Psicopatologia Forense e di quella di Psicologia Giuridica presso *l'Università degli Studi di Novedrate in Como, Roma, Messina e Bari.*

Luana Cunsolo, catanese, lavora come Operatore Socio Sanitario, in un piccolo ospedale presso un reparto chiamato SUAP (speciale unità di accoglienza permanente) dove si occupa della gestione del paziente critico in coma semi-permanente o in stato vegetativo. Terminato il liceo si è dedicata al volontariato in Brasile a San Paolo in particolare nelle favelas, zone molto povere e degradate del paese, li nessuna assistenza psicologica o infermieristica, il mio semplice aiuto anche se breve fu molto apprezzato dagli abitanti del paese. In viaggio di nozze si recò in Kenya, dove visitò i bambini negli orfanotrofi portando quadermi e matite.. "orfanotrofi" aventi muri inesistenti costriuti con fango.. il livello di povertá era molto alto e l'assitenza quasi inesistente. Conseguito il diploma di Infermiera Volontaria della Croce Rossa Italiana svolse diversi servizi infermieristici tra cui quello riguardante l'accoglienza ai rifugiati degli sbarchi continui di migranti presso il porto di Catania..

Federica Monte, laureata in Scienze e tecniche psicologiche e in psicologia clinica ha una formazione specialistica in criminologia e psicopatologia forense. Ha condotto uno studio epidemiologico sul fenomeno dei migranti e collabora con l'Unità Analisi Comportamentale dell'Istituto Europeo di Scienze Forensi e Biomediche di cui dirige la Collana "Antropologia e Società.

Barbara Di Giovanni, Operatore Socio-Sanitario Specializzato presso una Casa di Cura, moglie, mamma e Infermiera Volontaria di Croce Rossa. In Croce Rossa sono Responsabile dell'Emergenza, Soccorritore Aereo e Ufficiale di Collegamento una figura collante fra il Migrante, Ministero Salute e Nosocomi. Dal 2013 mi occupo di questo settore a supporto del Vulnerabile nella Gestione e Assistenza dei Migranti negli sbarchi. La gestione di questo settore è molto complessa ti sottrae tanto tempo, ma ti ricambia con tante emozioni che ti danno una linfa vitale che non puoi farne a meno.
Tutto questo ha dato seguito a storie belle, brutte, drammatiche e di rinserimenti in contesti sociali diversi dalle loro origini ma perfettamente integrati nella nostra vita sociale. Il mio pensiero...
Cosa si fa.. cosa non si è fatto..... cosa andrebbe fatto....

Angelo Garanzini, lavora come Operatore Socio Sanitario presso l'area funzionale intensiva emergenza urgenza del Pronto Soccorso. Si è occupato in passato di disabili fisici e psichici medio-gravi. Ha lavorato in un centro minori stranieri in stato di abbandono con mansione di custode operatore.
Ha collaborato in un centro accoglienza rifugiati Progetto Morcone, di Busto Arsizio per i richiedenti asili, rifugiati, titolari di protezione sussidiaria ed umanitaria. Si è dedicato all'assistenza di detenuti in pene alternative, detenuti in fine pena ed ex detenuti, con mansione di custode diurno/notturno ed operatore, collaborazione attiva in cucina e attività ludiche, ascolto relazione orientamento riflessivo di rinforzo dell'essere, stimolazione all'impegno e al raggiungimento di obbiettivi personali gratificanti e risocializzanti. Ha lavorato presso un centro accoglienza rifugiati supportando gli ospiti nel complesso iter della richiesta di asilo o nelle pratiche per il rinnovo del Permesso di Soggiorno per Protezione Internazionale.
Ha partecipato al progetto SRAR per nuclei famigliari richiedenti asilo e titolari di protezione umanitaria, sussidiaria e internazionale. Ha lavorato presso la Casa Magenta "La Vincenziana" in qualità di custode presso il centro di accoglienza per rifugiati, distribuzione pasti, mansioni di lavanderia, distribuzione beni prima necessità, copertura del centro in orario notturno, accompagnamenti presso ospedali e/o medici ecc.

Adolfo Antonio Bonforte, è laureato in Scienze giuridiche ad indirizzo penalistico-criminologico ed in Giurisprudenza. Nominato Direttore del Dipartimento di Scienze Giuridiche e Forensi dell'Istituto Europeo di Scienze Forensi e Biomediche, è inoltre assistente di cattedra di Criminologia Clinica e Psicologia Giuridica. Nel 2016 gli è stata conferita la qualifica di cultore della materia in Diritto penale. È da anni docente presso la Scuola Allievi Agenti della Polizia di Alessandria in Diritto della Sicurezza Pubblica, Illeciti Amministrativi e Atti di Polizia Giudiziaria.

Ionela Nicolae, Infermiera, ha lavorato presso Ospedale di Pneumoftiziologia, Constanta, Romania dal 2000 per 10 anni come Asistent Medical Principal, nella RSA "Don Felice Cozzi" di Corbetta per 3 anni e nella Casa dell'Accoglienza "Enzo Jannacci" per 5 anni dal 2012 al 2017 come Infermiera, attualmente ritornata all'Ospedale di Pneumoftiziologia, Constanta. Come Infermiera ha dedicato il suo operato con alta responsabilità e con professionalità, come richiede la nostra deontologia professionale, a tutti i pazienti indifferentemente del colore della pelle o dello stato sociale, perché davanti alla sofferenza siamo tutti uguali.

Sergio Novelli, bioingegnere, specializzato in ingegneria dei Tessuti Biologici, Biomateriali e Biotecnologie. Ha svolto attività di ricerca e sviluppo in ambito tissutale, attualmente è docente di Biofisica e Biomeccanica presso il polo svizzero dell'università di Ostrava e membro del CeRFAS centro di ricerca e formazione in ambito sanitario presso l'università e-Campus.

Elena Spini, Dirige il corso di Laurea in Scienze Infermieristiche presso l'Università "Nostra Signora del Buon Consiglio" "Elena Gjika" Lagja, Beqir Dardha Rruga 11 Nentori. Esperienza ventennale nel campo delle adozioni internazionali, svolge attività di docenza in area critica, ed in scienze infermieristiche. È autrice di numerose pubblicazioni in temi sociali, sulla gestione del paziente in area critica, sul disagio giovanile, sulla percezione del dolore, sull'eutanasia nei bambini con disabilità.

Simonetta Vernocchi, lavora come internista in un ospedale pubblico. Professore a contratto per diverse Università (*Tor Vergata di Roma, Università degli Studi di Novedrate, Universitas Ostraviensis* repubblica Ceca, *Nostra Signora del Buon consiglio Elbasan,* Albania, Akademia della *University in Czestochowa* Polonia, *dell'Associazioni Interstudi Europea* Chiasso, *e di Unipolisi)* relativamente alle tematiche di fine vita, fisiologia e fisiopatologia, semeiotica, health promotion, malattie dell'apparato respiratorio. Docente nella *scuola Adleriana di Psicoterapia di Milano* relativamente alle tematiche di neurofisiologia e di etica. Collabora con la *Caritas Internazionale* circa le tematiche di interesse sociale, promozione della salute e di etica, con corsi e seminari e diffondendo le pratiche del BLS, ha collaborato per anni con l'ambulatorio medico di Legnano dedicato agli extracomunitari sprovvisti di permesso di soggiorno. Ha contribuito alla progettazione ed alla realizzazione dell'*Hospice Altachiara di Gallarate* che ha diretto per 5 anni. Ha fatto parte del comitato etico dell'*Istituto Humanitas Mater Domini* dalla sua costituzione fino al 2011. Si occupa di ricerca e pubblicazioni in differenti settori in special modo per l'*Istituto Europeo di Scienze Forensi e Biomediche.*

www.ingramcontent.com/pod-product-compliance
Lightning Source LLC
Chambersburg PA
CBHW050907260726
48660CB00001B/65